浙江省高职院校“十四五”重点立项建设教材

新编21世纪高等职业教育精品教材·电子商务类

新媒体运营

（第二版）

主　编 / 李　平
副主编 / 周　鑫　聂丽萍　张妩莹

明德强技　AI赋能　产教融合　资源丰富

中国人民大学出版社
·北京·

图书在版编目（CIP）数据

新媒体运营 / 李平主编 . -- 2 版 . -- 北京 ： 中国人民大学出版社，2025.5. --（新编 21 世纪高等职业教育精品教材）. -- ISBN 978-7-300-33926-9

Ⅰ . G206.2

中国国家版本馆 CIP 数据核字第 20258D16J5 号

浙江省高职院校“十四五”重点立项建设教材

新编 21 世纪高等职业教育精品教材 · 电子商务类

新媒体运营（第二版）

主　编　李　平

副主编　周　鑫　聂丽萍　张妧莹

Xinmeiti Yunying

出版发行	中国人民大学出版社		
社　　址	北京中关村大街 31 号	**邮政编码**	100080
电　　话	010－62511242（总编室）		010－62511770（质管部）
	010－82501766（邮购部）		010－62514148（门市部）
	010－62511173（发行公司）		010－62515275（盗版举报）
网　　址	http://www.crup.com.cn		
经　　销	新华书店		
印　　刷	北京宏伟双华印刷有限公司	**版　　次**	2021 年 5 月第 1 版
开　　本	787 mm × 1092 mm　1/16		2025 年 5 月第 2 版
印　　张	14.25	**印　　次**	2025 年 5 月第 1 次印刷
字　　数	326 000	**定　　价**	45.00 元

前　言 ▸ PREFACE

本书以习近平新时代中国特色社会主义思想为指导，坚持党对教育事业的全面领导，全面落实立德树人根本任务，贯彻落实党的二十大精神进教材，用党的二十大精神培根铸魂、启智润心。本书根据新媒体运营人才市场的实际需求，以项目化设计为引领，设计了新媒体运营入门、微信公众号运营、抖音电商运营、新媒体平台运营四个项目，涵盖了包括内容选题、文章编辑排版、活动运营、用户运营、数据运营等在内的整个项目化流程，融入了最新的AI技术应用，对读者的理论分析能力、动手能力以及解决实际问题的能力进行全方位的训练。本书既可以作为高等职业院校电子商务类相关专业教学的参考教材，又可以为新媒体运营者的工作提供借鉴。

本书以项目化方式构建内容体系，主要分为四大项目。

项目一重点介绍了新媒体的概念、发展趋势、新媒体运营部门的人员配置及分工、新媒体运营人才所具备的能力，以及新媒体运营工作流程，旨在引导读者全面认识新媒体，并了解新媒体运营相关岗位。

项目二重点介绍了微信公众号的概念、分类、群发消息、自定义菜单设置、运营规范、内容规划、选题，微信文案的写作和编辑方法，微信公众号的用户运营、活动运营、数据运营、推广手段，旨在引导读者掌握微信公众号的运营流程，掌握微信公众号的运营技能。

项目三重点介绍了抖音短视频的流量推荐机制，抖音账号的定位、开设的基本要素，抖音短视频的免费、付费运营，抖音小店的基础操作，以及商品卡的流量入口及优化、商家自播、短视频挂车的方法，旨在引导读者掌握抖音短视频的运营流程，掌握抖音小店的运营技能。

项目四重点介绍了头条号、百家号、微博、知乎的概念、功能、特点、营销模式、文案写作，新媒体矩阵、新媒体平台分发的概念，旨在引导读者掌握一些常用新媒体平台的运营流程和基本运营技能。

本书的修订工作由嘉兴职业技术学院李平、周鑫、聂丽萍，以及浙江嘉欣丝绸股份有限公司企业专家张妩莹共同完成。此外，嘉兴南洋职业技术学院等院校教师、职教专家、行业专家对教材修订提出了建议。其中，浙江嘉欣丝绸股份有限公司张妩莹承担项目一任务二修订及“训练营”栏目的编写任务，嘉兴久众贸易有限公司、浙江五芳斋电子商务有限公司相关人员参与项目三任务二、任务三的修订。公司优质资源与教材内容充分结合，使得专业技能培养贯穿整本书，教材的适用性、实用性得到最大化体现，教材内容更加能够反映行业发展的最新动态，教材职教特色更加凸显。

本书部分内容来自网络，如有侵权请联系作者。由于时间仓促，疏漏之处在所难免，欢迎读者批评指正。

编者

目 录 ▸ CONTENTS

项目一

新媒体运营入门

知识目标

1. 掌握新媒体、公域流量、私域流量的概念
2. 熟悉新媒体行业的发展趋势
3. 了解新媒体运营部门的人员配置及分工
4. 掌握新媒体运营的职责、具备的能力
5. 熟悉新媒体平台的特点
6. 掌握新媒体运营工作流程

能力目标

1. 能够运用所学知识分析新媒体运营人才需求
2. 能够为从事新媒体运营工作进行自我分析
3. 能够分析公域流量和私域流量的营销特点
4. 能够运用所学知识分析新媒体运营工作的环节

素养目标

1. 关注社会热点和公共问题，培养新媒体运营思维
2. 培养遵纪守法、科学严谨的精神和态度
3. 提升对新媒体行业的认可度，树立爱岗敬业的观念

任务一

认知新媒体

故事导入

小王是一名高职院校的学生，进入大三后，他开始着手工作事宜，会经常浏览招聘网站。小王听说新媒体行业的发展前景很不错，于是找到在企业负责新媒体工作的学长，向其请教了两个问题：

1. 什么是新媒体？
2. 新媒体行业的发展趋势如何？

课前提问

如果你是小王的学长，你如何回答以上问题？

相关知识点

新媒体的定义

一、新媒体的定义及特点

（一）新媒体的定义

新媒体属于传播学中的概念，这个“新”字主要是相对于传统媒体而言的。传统媒体如《人民日报》，其特征是作为一个点将信息覆盖整个社会面。新媒体的这一概念最早由美国哥伦比亚广播电视台（CBS）技术研究所所长 P. 戈尔德马克于 1967 年提出。他在其发布的一份关于开发电子录像（EVR）的报道中将电子录像称为“新媒体”。1969 年，美国传播政策总统特别委员会主席罗斯托在向尼克松总统提交的报告书中多次使用“新媒体”一词。由此，“新媒体”一词开始在美国社会流行并逐渐扩展到全世界。

新媒体可定义为新的技术支撑体系下出现的媒体形态，依托现代化、电子化手段，实现个体与个体之间、点对点之间信息的输出与接收，如数字杂志、数字报纸、数字广播、数字电视、数字电影、手机短信、微博、微信等。相对于报刊、户外、广播、电视四大传统意义上的媒体，新媒体被形象地称为“第五媒体”。

我们最熟悉的新媒体如博客、微博、贴吧、微信，近年来热门的直播、抖音，都采用点对点的信息交流方式。新媒体的出现使得每一个个体走到了台前，不少人成为某范围或领域的 KOL（关键意见领袖）。以数字技术为代表的新媒体打破了媒体之间的壁垒。

（二）新媒体的特点

新媒体的特点如图 1-1 所示。

图 1－1　新媒体的特点

1. 传播方式双向化

传统媒体信息传播的方式是单向的、线性的、不可选择的。这表现为特定的时间内由信息的发布者向受众发布信息，受众被动接收信息，缺少信息的反馈。这种静态的传播使得信息流畅性弱、传播效果不佳。而新媒体传播方式是双向的，每个受众既是信息的接收者，又是信息的传播者，互动性强、传播效果明显。

2. 接收方式移动化

无线移动技术的发展使得新媒体具备移动性的特点。移动互联网技术使得用手机浏览网页、看电视等实现动态化，不仅仅局限于固定场所。

3. 传播行为个性化

微博、微信、博客、播客等新的传播方式使得每一个人都可以成为信息的发布者，受众可以个性化地表达自己的观点，传播自己关注的信息。传播内容与传播形式实现了“我的地盘我做主”。

4. 传播速度实时化

相对于传统媒体的传播方式，借助互联网技术，新媒体的信息传播速度更快，受众可以实时接收信息，实时做出相应反馈。

5. 传播内容多元化

从传统媒体到新媒体，最大的变化体现为传播内容的多元化和融合化。传统纸质媒体通过平面展示文字信息、图片信息，而新媒体同时传播集文字、图片、声音等于一体的信息已成为可能，增加了信息量，拓展了信息维度。

6. 企业宣传便利化

以往的企业宣传仅仅是录制企业宣传片或将宣传页上传到官网，不利于小型企业的发展。而在新媒体平台的协助下，小型企业可以简单、便捷地实现自我宣传的目的。

二、新媒体行业发展情况

中国的新媒体行业发展迅速，以极快的速度完成了对传统媒体行业的迭代。在这个过程中，中国的新媒体行业经历了几个重要的阶段。第一是移动互联网的兴起。智能手机的普及让更多人能够随时随地访问互联网，推动了移动应用程序的多样化，如微信、微博等成了人们日常生活中不可或缺的工具。第二是社交媒体的崛起。新媒体平台如微博、微信公众号等成了人们分享信息、获取新闻和互动的重要渠道，吸引了大量用户和广告主，推动了广告和营销行业的快速增长。第三是视频内容的爆发式增长。在线视频平台如优酷、腾讯视频、爱奇艺等提供了大量的影视、综艺、短视频等内容，满足了人们对于丰富多样的视听娱乐的需求。同时，直播平台也迅速兴起，吸引了大量的网红、主播和粉丝。第四是数据驱动和智能化的发展。随着大数据和人工智能的应用，新媒体行业开始注重数据分析、用户画像和个性化推荐，将内容和广告更加精准地传递给目标受众，提升了用户体验和市场营销效果。

三、主流新媒体平台

（一）微信

微信是一款由腾讯公司开发的即时通信和社交媒体应用程序，由腾讯广州研发中心产品团队打造。该团队经理张小龙所带领的团队曾成功开发过 Foxmail、QQ 邮箱等互联网项目。微信最初作为一款即时通信应用程序推出，如今已构建一个完整的生态系统，成为一款综合性的通信和社交媒体应用程序。微信的简便性、便捷性和社交互动性使其成为人们日常生活中不可或缺的工具之一。

朋友圈是微信的社交分享平台，用户可以在其中发布动态、图片和短视频，并与朋友互动，进行评论和点赞。用户可以分享生活中的点滴、旅行经历、美食等内容。

微信公众平台是给个人、企业和组织提供业务服务与用户管理能力的全新服务平台。微信公众平台账号分为：服务号、公众号、小程序和企业微信。服务号给企业和组织提供更强大的业务服务与用户管理能力，并提供品牌推广、新闻资讯、娱乐等服务。媒体和个人可通过公众号发布文章、图文消息、音频和视频，建立与用户的互动。小程序提供了各种功能和服务，如购物、预订、新闻阅读、游戏等，丰富了用户的使用体验。企业微信是企业的专业办公管理工具。

（二）微博

微博是中国最具影响力的社交媒体平台之一，2009 年由新浪公司推出，当时它是一个类似于 Twitter（现为 ×）的微型博客平台。微博的快速传播和用户增长使其在中国迅速崛起，成为中国最热门的社交媒体平台之一。目前，微博已成为用户分享新闻、兴趣、生活点滴和实时热门话题的主要渠道。面对微信的竞争和用户需求的变化，微博逐渐从简单的微型博客平台转型为内容聚合和社交媒体平台。微博加强了与媒体、明星和品牌的合作，推出了直播、短视频和广告等新功能。微博拥有庞大的用户基础，具有实时性和话题性的特点，同时不断适应用户需求，扩展内容形式和商业合作，以保持在中国社交媒体市场的影响力。

（三）抖音

抖音是一款由字节跳动公司开发的短视频社交应用程序。通过改进算法和推广策略，抖音以简洁易用的界面、丰富多样的短视频内容和个性化推荐而受到用户的喜爱。用户可以拍摄、编辑和分享 15 ～ 60 秒的短视频，短视频涵盖广泛的主题，如音乐、舞蹈、美食等。用户可以通过简单的拍摄和编辑工具制作有趣和富有创意的短视频，与其他用户分享自己的才艺、日常生活和创作作品。抖音的推荐算法非常强大，可根据用户的兴趣、互动行为和位置等因素，提供个性化的视频推荐，使用户能够发现感兴趣的内容，增加了用户黏性，提升了用户体验。抖音提供了丰富的社交互动功能，用户可以评论、点赞和分享其他用户的视频。用户之间可以相互关注和互动，形成社交网络和用户群体，促进用户之间的交流和互动。抖音的内容主要以娱乐、音乐、舞蹈和美食等为主题，反映了年轻人喜爱的潮流文化。抖音的短视频和挑战活动也成为流行文化的一部分，引领着时尚趋势。

在中国取得成功后，抖音将目光投向国际市场。通过推广和本地化策略，抖音国际版 TikTok 逐渐在海外市场获得了用户，增强了影响力，尤其在美国和印度等国家取得了成功。

（四）知乎

知乎是知识分享和问答社区平台，用户可以在该平台上提出问题、回答问题、分享知识和参与讨论。在早期阶段，知乎主要吸引了一些对知识和学习感兴趣的用户，并逐渐发展起一定规模的用户社区。在之后的发展中，知乎通过邀请制度和推广活动吸引更多的用户加入，并致力于提供高质量的问题和答案等内容。知乎逐渐成了吸引专业人士和知名领域专家的平台。知乎大 V 是知乎上具有较大影响力和专业知识的用户，他们提供了优质的问题回答和专业内容。

如今，知乎推出了知乎 Live 和知识付费两个功能，进一步丰富了平台的形式和内容。知乎 Live 是知乎推出的实时问答互动产品，用户可以通过它与专业人士进行实时互动。知识付费则允许用户通过付费获取专业人士的精选内容和课程。

（五）今日头条

今日头条是一款由字节跳动公司于 2012 年推出的个性化信息推荐应用程序。它通过算法分析用户的兴趣和行为，提供个性化的新闻、资讯、视频和娱乐内容。在成立与发展初期，今日头条主要关注新闻资讯的个性化推荐，通过算法和人工编辑的结合，向用户提供根据其兴趣和偏好推荐的新闻及其他内容。在用户增长与内容扩展阶段，今日头条得到快速发展，并逐渐扩大了内容的范围。除了新闻资讯外，今日头条开始向用户推荐和提供其他领域的内容，如娱乐、科技、生活、体育等，内容的扩展吸引了更多用户的加入。在视频内容兴起阶段，今日头条开始加大对视频内容的投入，推出了今日头条视频和抖音等短视频应用程序，以满足用户对视频内容的需求。短视频在今日头条平台上取得了巨大的成功，吸引了大量的用户和内容创作者。在国际拓展阶段，今日头条将目光投向国际市场，并在海外市场推出了一些适应当地用户需求的版本。通过本地化和推广策略，今日头条在国际市场获得了用户和影响力，并扩大了全球范围内的用户基础。

四、公域流量与私域流量

（一）公域流量

公域流量是指由平台拥有和控制的流量，主要来源于各大公共平台或搜索引擎，即平台决定流量分发。淘宝、今日头条等是常见的公域流量平台。举例来说，淘宝的商业模式不是对入驻商家抽成，而是卖流量给商家。商家依靠平台获取流量，商家想获得更多的流量就需要向平台付费，商家不能完全掌控自己的流量分发，流量获取靠付费。这种模式的弊端是商家对每次流量的使用都需要支付高昂的费用。优点是商家流量获取方式相对简单，花钱购买，付费可得。

常见的公域流量平台可分为四大板块：电商平台（淘宝、京东、拼多多等）、信息分发平台（今日头条、百家号等）、社区平台（微博、知乎、贴吧等）、短视频平台（抖音、快手等）。一般来说，消费者只认可平台，即使换一个商家，消费者仍认可该平台。资源属于消费者信赖的平台或者品牌，而不属于商家自身。例如：客户愿意在淘宝或美团下单是基于对其的信任；客户都有固定的消费倾向，买东西去淘宝购物平台，点外卖上美团。客户或者粉丝都是公域流量。

（二）私域流量

私域流量即自己掌控的流量。个人号、微信群等是典型的私域流量。在个人号中，用户可以完全自我掌控流量分发、内容推介，不需要付费或者因附带转化链接与二维码而被平台限制。私域流量最大的特点是直接触达用户，无付费、无限流。这种直接触达用户的方式有利于增加用户的信任感。此外，私域流量可反复利用，更适合复购属性强的产品，有利于提高复购率。

私域流量是在初次产生关系基础上相对封闭的信任流量。怎么理解呢？以微信为例，如果你想要看李四的朋友圈，你必须先加李四微信，成为他的好友，然后你才有权限去翻看他的朋友圈。如果一个人通过了你的好友验证，说明了你们之间是基于之前的某种关系而产生了交集。这个交集关系是双向的，可以称之为信任度。这就是为什么大多数人刚使用微信的时候，好友基本上都是家人、亲戚、好友、同学、同事等。这也是每个微商新人可以在微信中快速出单的原因，因为有信任的关系作背书，所以不管是经验丰富的微商还是新人，都可以大大提高转化率。当这些好友被透支之后（透支的原因有很多，有的是因为信任缺失，有的是因为方法不当，还有的是因为产品复购率低），微商只能慢慢地基于各种社会弱关系（或者说利益关系和服务关系），通过“引流”，将自己的私域流量池做大。综上，私域流量就是一个基于信任关系的封闭性平台上的流量池。

公域流量与私域流量的对比如图 1-2 所示。

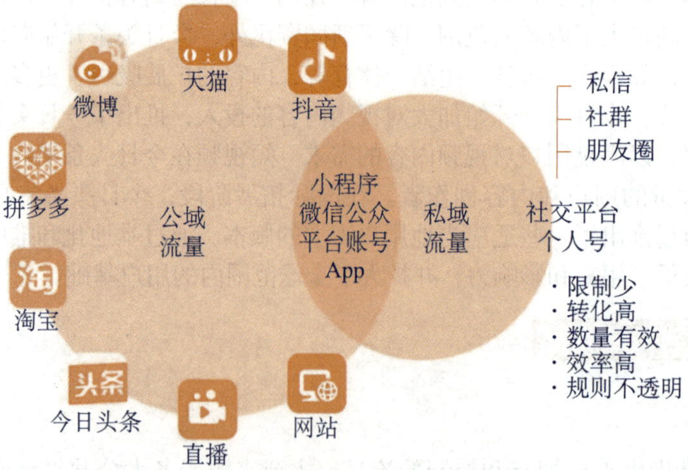

图 1-2　公域流量与私域流量的对比

课堂测试

人工智能时代，请结合 AI 技术举例说明目前新媒体的新技术与发展趋势。

提示：新媒体发展日新月异，可从自身入手，先谈谈自己对新媒体的看法，再扩展到其他领域。

案例分享

新媒体营销全扫描

2023 年 6 月，小鹅通联合艾瑞咨询共同发布《2023 年中国私域运营洞察白皮书》。报告显示，随着公域平台流量红利的见顶，私域运营模式将会变得越来越重要，成为企业降本增效、获取精准客户、实现商业全链路闭环的关键所在。报告中对私域运营核心环节拆解如下：

1. 公域引流：搭建流量漏斗，聚合公域渠道，将用户沉淀至私域流量池

公域引流是私域运营的第一步。企业应根据自身的货场属性，结合目标用户的渠道分布特征，选择合适的公域触点。通过在公域渠道内嵌入引流信息，企业可以将用户沉淀至自己的私域流量池。典型的沉淀方式包括关注公众号 / 视频号、添加导购微信、加入品牌社群、在品牌终端完成交易转化等。

2. 内容运营：构建多元化内容矩阵，层层递进，传递品牌价值

私域环境中的内容形态多种多样，企业基于对用户的分层画像，构建营销内容、核心内容和高净值内容的三层矩阵，通过品牌展示、认知加深、价值提升的层层递进，实现用户价值与产品利益的双向增长。

3. 营销转化：根据用户标签设置营销玩法，将流量从公域转入私域

首先，企业需要思考如何将公域流量转化到私域空间，采用哪些玩法和策略促成用户最终购买行为；其次，企业应关注应用哪些营销工具可以增加用户黏性、提升用户价值，并根据不同的产品选择对应的转化方式和留存策略，如通过社群互动等方式增加用户黏性，提升用户信任和品牌认可度，实现购买转化，并持续通过微信公众号推文等形式与用户保持联系，提升用户的忠诚度和复购可能性。

4. 用户运营：从单点触达到群体激活，将老用户发展为新流量

传统营销活动是基于企业视角，围绕用户的产品需求而展开的。而私域下的用户运营逐渐变成围绕用户的体系构建，涉及体验、心理等附加价值。以内容为核心的运营轻流程而重质量，在做交易变现之前，通常需要先通过图文、短视频、直播等内容影响用户，再以完整的数据体系驱动成交。

5. 交易变现：应用线上线下双通路，在直播、平台搜索与分销环节变现

私域运营的交易变现环节关注的是企业如何将引入私域的流量进入实际客户池，切实产生交易行为。其核心要素在于企业应关注用户与企业产生互动的完整链路，包括早期的触达、核心的交易与转化，以及后续的裂变与复购。为打通此变现链条，企业需提供支持在线支付的交易平台。目前，私域流量变现的途径已不局限于私域商城，直播带货、短视频带货、付费课程等均可以成为私域交易的渠道。企业可以

利用 SaaS 工具进行店铺装修、商品陈列，并进行包括库存管理、物流跟踪、经营数据分析等在内的管理工作。

6. 核心价值：联通公私域，提升企业与用户互信，延长用户生命周期

私域运营的关键在于发挥内容的创造性、洞察性与黏性，串联起从流量获取到转化再到留存的全链路，并充分发挥私域 SaaS 的产品能力矩阵，助力交易变现。在公域流量导入，私域营销、运营链路完成后，转化环节不局限在私域内。通过将用户在公域和私域内的行为打通，汇总更全面的行为数据，亦可以提升最终的商业化效果。

资料来源：广告人知识星球．小鹅通联合艾瑞咨询发布《2023 年中国私域运营洞察白皮书》[EB/OL].（2023-06-12）[2024-02-24]. 知乎平台．

训练营

请判断以下传统媒体是否有新媒体的对应形态；如有，请列举具体的产品或 App（见表 1-1）。

表 1-1　传统媒体对应的新媒体

传统媒体	新媒体	举例
报纸		
电视		
楼宇广告		
广播		
杂志		
音乐碟片		

任务二　了解新媒体运营

故事导入

小王经过了解后，对新媒体行业相关工作产生了浓厚的兴趣，他经常浏览网站并查看企业招聘新媒体相关人员的信息，但是小王对招聘的要求看不太明白，是不是只要会微信聊天、转发文章或发视频就可以了呢？于是，小王下决心要了解以下问题：

1. 新媒体运营有哪些工作岗位？需要具备什么样的技能？
2. 新媒体运营工作流程是怎样的？

课前提问

如果你是小王，你如何回答以上问题？

相关知识点

新媒体运营流程

一、新媒体运营的定义

新媒体运营是通过现代互联网技术手段，利用微信、微博、今日头条等新媒体平台工具，策划优质的、具有高度传播性的内容和线上活动，向用户宣传推广，提高用户参与度，提高品牌知名度，从而充分利用粉丝经济，达到品牌宣传、产品推广曝光、产品营销等相应营销目的的商业活动。

二、新媒体运营岗位

新媒体运营岗位既是一个复合型岗位，又是一个工作岗位类别。企业招聘时对岗位的表述不一，但是只要工作内容是符合以上表述的，都可以归纳为新媒体运营岗位。岗位名称如：新媒体文案编辑、新媒体编辑及运营、新媒体营销专员、新媒体运营编辑、新媒体运营专员、新媒体运营助理、新媒体运营主管、微信运营专员……

随着 5G 技术的成熟，越来越多的人工智能被应用到各个领域。传统企业纷纷触网，新媒体运营是任何互联网企业都不可或缺的职位，较高的薪资和较好的发展前景也是众多人转型、入行的动力。从智联招聘等网站可以看出，新媒体运营岗位全国月平均薪资在 6 000 ～ 8 000 元，新媒体行业人员晋升速度较快，2 ～ 3 年后月薪普遍达到 1 万～1.2 万元，3～5 年后可达到 1.5 万～2 万元。

（一）新媒体部门基本组织架构

新媒体部门基本组织架构如图 1-3 所示。

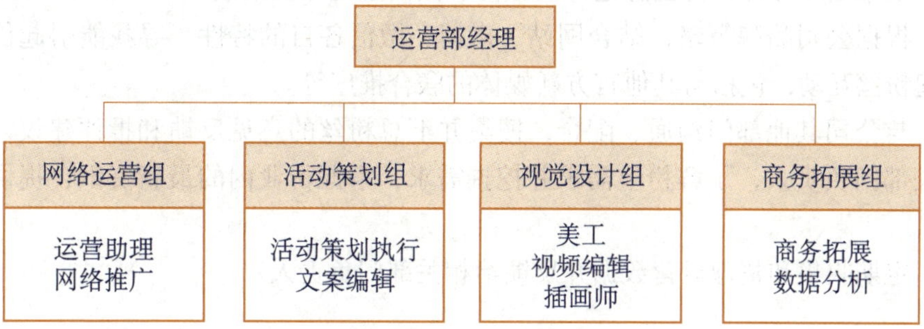

图 1－3　新媒体部门基本组织架构

（二）职责细分

按照运营岗位职责，新媒体部门可分成 4 个运营小组。

1. 网络运营组

网络运营组包括运营助理和网络推广两个岗位。其中运营助理岗位负责微信、微博、社群及其他线上媒体平台运营管理；负责组织策划、活动流程、活动预期、活动成本、活动收益、活动效果、活动问题及改进。网络推广岗位负责依据各种活动专题，进行内容的传播推广；负责微信、微博及其他线上媒体平台的推广。

2. 活动策划组

活动策划组包括活动策划执行、文案编辑两个岗位。其中活动策划执行岗位负责策划各种活动。文案编辑岗位依据活动策划方案，编写文案、广告语；负责微信公众号、微博及其他线上媒体平台文案编写。

3. 视觉设计组

视觉设计组包括美工、视频编辑、插画师三个岗位。其中美工岗位负责依据策划方案，设计相应元素并制作 H5 页面。视频编辑岗位根据策划、文案编写的方案，制作相应视频、音频；负责视频、音频素材的采集、剪辑。插画师岗位负责根据活动策划方案，绘制原创图画元素。

4. 商务拓展组

商务拓展组包括商务拓展、数据分析两个岗位。商务拓展岗位负责开发线上线下媒体、用户资源；负责引导用户进驻自媒体平台，并组织销售、运营。数据分析岗位负责相应行业市场、平台数据调研分析，制作数据报告；负责建立会员数据库，并开展会员营销。

图 1-3 为较大规模的公司新媒体部门基本组织架构，可根据具体情况对岗位人员进行合并和调整。创业初期，公司可根据情况只选择最核心的 4 名配置人员：新媒体运营 1 人、活动策划执行 1 人、文案 1 人、媒体商务渠道拓展 1 人。更有甚者，一名新媒体运营专员要承担以上所有工作。

（三）工作内容

（1）网络媒体信息推广，包括企业新闻事件、行业相关信息等内容的发布、传播。

（2）自主网络媒介平台的开发与维护，运作官方网站、微博、微信，确保人气的提升。

（3）根据上级方针，有创意地开展微博、微信上的相关活动。

（4）根据公司品牌策略，结合网站、微博、微信各自的特性，寻找能引起传播的话题，引起粉丝互动，包括与其他官方新媒体的联合推广等。

（5）与公司其他部门沟通、配合，搜集并汇总粉丝的意见反馈和批评建议，及时反馈给相关部门负责人，了解粉丝需求并挖掘需求，掌握行业内的最新资讯，提供有质量的内容。

（6）定期收集和整理运营数据并反馈给相关部门负责人。

（四）任职条件

（1）热爱互联网，熟悉各种 Web2.0 产品应用；对微博、SNS、博客、论坛等产品有浓厚兴趣或深刻认识，并且善于把握用户的各层次需求。

（2）大专及以上学历。

（3）有较强的洞察力和创新能力，具有一定的敏感性，善于把握最佳的发布时机。

（4）注重团队合作，善于沟通，富有创意，具有服务意识。

（5）具备良好的数据分析能力、语言及文字表达能力、跨团队协作能力。

（6）勤劳肯干，能够承担较大的工作压力，并且能按时完成上级交代的工作事项。

（7）具有较强的规划、分析能力和创新意识，敏感地对待产品和数据的运营，思维清晰而有条理。

（8）具备良好的职业素质和敬业精神。

（五）工作能力

新媒体运营者需要具备以下能力来支持日常的工作。

（1）平台使用能力：新媒体平台主要有微信公众号、微博、今日头条、百家号、知乎等，新媒体运营者需要熟悉这些平台的后台操作设置与功能使用，并熟悉每个平台的特点。

（2）文案写作能力：新媒体运营者应具有基本的文字功底和写作能力，新媒体运营者应是合格的文案，因为其需要规划平台的栏目，每天写作文章。

（3）图片设计、音视频剪辑能力：新媒体文章需要相应的图片搭配，需要新媒体运营者掌握 Photoshop 等常规的图片处理软件，会对图片进行剪裁、调色等。音频和视频是运营过程中不可缺少的环节，Premiere 等视频编辑软件或手机视频剪辑 App 也是必要的工具。

（4）活动策划能力：新媒体运营者需要策划一些活动以留住老客户，吸引新客户。对于每一次活动，新媒体运营者都要考虑推送目标、推送内容、组织流程、活动预算等。新媒体运营者要具备完整策划活动的能力和活动组织能力。

（5）营销能力：新媒体运营者每天写的文章其实就是营销软文，营销对象就是平台粉丝以及潜在用户。新媒体运营者应针对用户的属性制定不同的营销策略，学会跟受众互动，打造合适的营销方案。

（6）数据分析能力：新媒体工作也是数据运营的工作，为了掌握用户数据、进行文章测试等，新媒体运营者需要对后台数据进行分析，如阅读量、互动人数、分享次数、留言评论等，预测数据的趋向。不同的平台有不同的数据运营规律，这就要求新媒体运营者具有较强的数据分析能力。

（7）用户运营能力：新媒体运营者要时刻关注运营对象，把握用户需求，勾勒用户画像，然后有针对性地强化与用户的沟通与交流，策划吸引或留存用户的活动等，新媒体运营者要掌握一定的用户运营能力。

〖直通职场〗新媒体技术（中级）国家职业技能标准

新媒体技术（中级）国家职业技能标准是为适应数字化时代发展要求而设立的一项职业技能标准，主要面向互联网企业、电子商务企业、转型"互联网+"的传统企业等的营销部门，从事新媒体平台运营维护、内容运营、活动运营、新媒体数据分析技术应用等工作人员；根据融媒体理念和营销目标完成新媒体营销平台选择、内容策划和活动运营，具备应用新媒体技术开展创意策划、内容运营、活动运营和数据分析应用的能力。

思考：你是否需要获取该项职业技能证书？请搜索获取更多相关信息。

三、新媒体运营流程

新媒体平台的运营流程包括以下四个环节：前期准备、设定目标、内容生产、数据运营。

（一）前期准备

一般而言，公司开展新媒体运营活动是为了推广公司品牌、产品或服务。新媒体运营者在前期需要分析新媒体与公司现有业务的切入点，制定运用新媒体来满足用户需求的方案。具体步骤有以下几个：

1. 用户调研

新媒体运营者通过线下调研、访谈或大数据分析等手段，收集目标用户的年龄、地域、性别、兴趣等信息，构建公司产品或服务的目标用户画像。

2. 产品分析

新媒体运营者在分析公司产品或服务解决目标用户的哪些需求、满足客户需求的方法、用户需求的空白或不足的基础上，结合用户调研的结果对产品或服务进行优化。

3. 竞品分析

新媒体运营者收集并分析竞品的营销模式、存在的问题等，对比并归纳公司产品或服务相对的优劣势，更精准地找到用户痛点和产品卖点，并采取合适的手段与用户建立关系。

（二）设定目标

新媒体运营者根据产品的卖点设定公司的运营目标，制定年度、季度、月度、每周计划需完成的品牌推广或产品销售额等目标，并根据目标分解到用户活跃度、活动等计划，协调部门人员按计划实施。

（三）内容生产

内容生产是新媒体运营者的核心工作内容。

1. 内容选题

内容选题是指图片、文字、视频等所要表达的观点或情绪，做好内容选题是为了使运营内容能够更好地吸引用户。有些话题如孩子的教育是用户持续关注的，可长期推送；有些选题可反映当下的舆论热点；有些选题可通过在目标用户群体聚集的各类平台进行数据监测来筛选。所有选题都需要与公司的运营节奏相匹配。

2. 内容呈现

不同的选题、不同的用户群体需要不同的内容创作形式来呈现。新媒体运营者应根据选题内容挑选最合适的呈现方式，需要熟悉各种内容创作形式，如文字、图片、H5、视频等的呈现方式，并熟练掌握和使用内容创作工具，如在线排版工具、H5 编辑器、图片编辑工具等。

3. 内容投放

新媒体运营者应根据目标用户画像选择合适的渠道或平台进行推广，了解所在渠道或平台的推广特性，掌握推广账号的后台管理机制。

（四）数据运营

数据监控应当贯穿于新媒体运营的整个工作流程，新媒体运营者应不断对运营过程进行优化。

1. 内容生产优化

通过监控各平台提供的目标用户对选题的打开率、完播率、阅读时间等数据，新媒体运营者可以更精准地进行内容创作和推送时间的优化。

2. 渠道选择优化

通过监控各平台提供的目标用户对选题的打开率、完播率、阅读时间等数据，新媒体运营者可以监测不同选题对不同平台用户群体的影响力，更精准地进行渠道选择和投放方案的优化。

四、新媒体信息编辑相关法律法规

与新媒体信息编辑相关的法律法规主要有《互联网新闻信息服务管理规定》《互联网新闻信息服务许可管理实施细则》《网络安全审查办法》。

（一）发布新闻或评论的注意事项

《互联网新闻信息服务管理规定》指出，新闻信息有约定的范围，目前主要限制的是政治、经济、军事、外交等社会公共事务的报道、评论，以及有关社会突发事件的报道、评论。非公有资本投资的媒体可以涉足娱乐、体育等报道领域，但不能采写时政类新闻。

（二）转载新闻或评论的注意事项

《互联网新闻信息服务许可管理实施细则》规定，获准提供互联网新闻信息采编发布服务的，可以同时提供互联网新闻信息转载服务。获准提供互联网新闻信息传播平台服务，拟同时提供采编发布服务、转载服务的，应当依法取得互联网新闻信息采编发布、转载服务许可。按照此规定，未获得许可的自媒体（如微信公众号）不仅不能发布新闻信息，还不能转载和传播新闻信息。

（三）其他注意事项

《互联网新闻信息服务管理规定》和《互联网新闻信息服务许可管理实施细则》的实施能有效惩治“标题党”、网络谣言、侵犯著作权等乱象。

课堂测试

1. 选择周围的五家企业或线下店铺进行调研，了解其从事新媒体营销的情况。
2. 搜索“暴走漫画”被封事件，了解相关法律法规。

【素养园地】

国家数字经济政策高度重视新媒体的发展。作为数字经济的关键一环，随着5G、大数据等技术的推进，新媒体不断创新传播方式，丰富内容形态，并探索多元化盈利模式，成为数字经济的重要增长点。新媒体在传播信息、丰富数字生活、推动产业升级等方面发挥了显著作用，成为连接社会、促进和谐的重要桥梁。同时，国家通过“清朗”系列专项行动等举措，整治网络乱象，促进新媒体健康发展，传播正能量，维护网络生态，助力其在数字经济中发挥更大作用。

案例分享

鱼塘式营销理论

互联网行业一直流行这样一句话：“只要你有大量的用户，种草也能赚钱。”想要成功运营新媒体，一是产品或服务要满足用户需求和价值，二是要有大量的用户群体。接下来介绍鱼塘式营销理论。

鱼塘式营销理论即建立一个鱼塘，然后将其他地方的鱼引流到自己的鱼塘里，之后扩大鱼塘面积，增加鱼的数量，根据需要慢慢地捕捞养肥的鱼，以获取利润。鱼塘式营销的原理是根据自己的营销目标，分析鱼塘里面不同鱼的喜好和特性，然后抛出鱼饵，最终实现整个捕鱼过程的成功最大化。

建立鱼塘式营销体系的过程有以下几个步骤：

（1）建立鱼塘。鱼塘可以是QQ群、公众号、朋友圈等，形成不断聚集客户的用户数据库。

（2）引鱼入塘。鱼塘中需要精准用户，营销人员应不断地进行筛选，并将意向人群引导到这个鱼塘里。

（3）把鱼养肥。鱼塘式营销讲究稳扎稳打、情感营销、长期经营，先讲关系后谈营销。引鱼入塘以后就要互动交流，而且要经常给一些“营养丰富的鱼饵”。

（4）淡定捕鱼。在整个过程中，需要有一定的策略，同样一个鱼塘中不同的鱼生活在不同的水层。根据需求下鱼饵，是每一个营销人员必须掌握的技巧。

（5）持续养鱼。不论是已经到手的鱼还是尚在观望的鱼，营销人员都要进行持续的饲养，不要涸泽而渔。营销人员还应不断分析这些鱼想吃什么、更喜欢什么鱼饵、需要什么水草等。

（6）重复营销。营销人员应进一步引导已培养起来的用户，重复地引鱼，重复地养鱼，重复地营销，这就是鱼塘式营销的最大优势。

项目实训

新媒体运营岗位认知

1. 了解新媒体运营人才的需求情况和岗位职责。

（1）全班学生自愿分组，每组2～4人。

（2）每组指定一个地区，分组登录智联招聘、前程无忧等网站搜索新媒体运营人才数据，并将其整理成Excel表格，做成图表进行展示（见表1-2）。在网站搜索里关键词包括但不限于：新媒体运营专员、新媒体运营助理、新媒体运营主管、微信运营专员等。

表1－2 新媒体运营人才的需求情况和岗位职责任务数据表

序号	招聘网站	单位名称	单位简介	需求岗位名称	需求人数	需求专业	学历要求	岗位要求	提供待遇	工作地点

2. 你觉得自己适合从事新媒体运营岗位吗？请填写关于新媒体运营的SWOT分析表（见表1-3和表1-4）。

表1－3 自我分析

内部（组织）	优势（S）*	劣势（W）**
外部（环境）	机会（O）	威胁（T）

注：* 对达成目标有帮助的；** 对达成目标不利的。

表1－4 我的对策

用（U）	停（S）
抓（E）	御（D）

项目评价

职业素养、自我认知与评价表

班级：　　　　　　　　　　　姓名：　　　　　　　　　　　学号：

<table>
<tr><th colspan="6">项目一　新媒体运营入门</th></tr>
<tr><th colspan="2">评价项目</th><th colspan="2">评价标准</th><th>分值</th><th>得分</th></tr>
<tr><td colspan="2">考勤（10%）</td><td colspan="2">不无故迟到、早退、旷课</td><td>10</td><td></td></tr>
<tr><td rowspan="2">工作准备（20%）</td><td>了解政策背景</td><td colspan="2">能够熟悉新媒体发展现状、熟悉新媒体平台的特点</td><td>10</td><td></td></tr>
<tr><td>准备相关材料</td><td colspan="2">能够准备好课程学习所需的材料</td><td>10</td><td></td></tr>
<tr><td rowspan="3">工作过程（45%）</td><td>岗位技能分析</td><td colspan="2">能够运用所学知识分析新媒体运营人才需求及岗位技能</td><td>15</td><td></td></tr>
<tr><td>运营流程分析</td><td colspan="2">了解新媒体运营部门的人员配置及分工，能够运用所学知识分析新媒体运营工作的流程</td><td>15</td><td></td></tr>
<tr><td>职业能力分析</td><td colspan="2">能够分析新媒体运营职业能力，并对照自身条件查漏补缺</td><td>15</td><td></td></tr>
<tr><td rowspan="3">职业素养（25%）</td><td>职业道德</td><td colspan="2">树立正确的价值观，通过新媒体运营传播正能量</td><td>10</td><td></td></tr>
<tr><td>网络信息搜索</td><td colspan="2">具备在网上搜索、学习有关新媒体运营新知识的能力</td><td>10</td><td></td></tr>
<tr><td>法律意识</td><td colspan="2">有意识地学习并遵循新媒体运营相关的法律法规</td><td>5</td><td></td></tr>
<tr><td colspan="4">合计</td><td>100</td><td></td></tr>
<tr><td rowspan="2">综合评价</td><td>自评（20%）</td><td>小组互评（30%）</td><td>教师评价（50%）</td><td colspan="2">综合得分</td></tr>
<tr><td></td><td></td><td></td><td colspan="2"></td></tr>
<tr><td>最佳奖项</td><td colspan="5">本人 / 小组获得最佳　　　　奖！</td></tr>
</table>

项目二

微信公众号运营

知识目标

1. 掌握微信公众号的概念、分类
2. 掌握微信公众号的群发消息、自定义菜单设置、运营规范
3. 掌握微信公众号的内容规划、选题
4. 掌握微信公众号文案的写作和编辑方法
5. 掌握微信公众号的用户运营、活动运营、数据运营、推广手段

能力目标

1. 能够运用所学知识进行微信公众号的内容策划
2. 能够运用所学知识进行微信公众号的运营策划
3. 能够学习微信公众号内容品牌塑造
4. 能够将所学知识运用到实际项目中

素养目标

1. 增强文化自信，在运营中弘扬中华优秀传统文化
2. 培养团队合作精神，具备知识迁移能力
3. 强化网络文明意识，保障用户合法权益

任务一

微信公众号定位

故事导入

小王进入公司从事新媒体运营工作，主要负责运营公司的微信公众号。由于公司的公众号还未创建，小王需要从头开始，于是开始查找网上资料，并着手申请公司的公众号。经过一段时间，小王终于明白了以下问题：

1. 公众号的类型有哪些？
2. 如何定位与策划一个公众号？
3. 申请公众号需要哪些步骤？

课前提问

如果你是小王，你了解以上问题吗？

相关知识点

一、公众号策划

（一）公众号的发展

微信公众平台是微信主要面向个人、政府、媒体、企业等机构推出的合作推广业务。微信公众平台于 2012 年 8 月 23 日正式上线，曾被命名为“媒体平台”“微信公众号”，其目标是创造更好的用户体验，形成一个不一样的生态循环。

微信公众平台的发展可以分为以下几个阶段，每个阶段都带来了新的功能特点和改进。

初始阶段：微信公众号最初推出时，以服务号和订阅号两种类型存在。服务号主要面向企业和组织，提供更多的功能和接口；订阅号则以信息订阅为主，推送消息给关注者。

功能拓展阶段：微信公众平台在这个阶段增加了自定义菜单功能，使公众号能够更加灵活地提供各类服务和功能。同时，微信公众平台推出了图文直播和音频直播功能，成为举办线上活动和直播的平台。

商业化阶段：微信公众平台在这个阶段推出了小程序功能，允许开发者在公众号内开发和运行小程序，拓展了微信公众平台的功能和应用场景。微信公众平台也引入了广告推广功能，允许广告主在微信公众平台上进行广告投放，提供了新的商业化机会。

公众号的类型

（二）公众号的类型

1. 服务号

服务号是为企业和组织提供更强大的业务服务与用户管理能力，主要偏向服务类交互（功能类似 12315、114、银行等，提供绑定信息）。

适用人群：媒体、企业、政府或其他组织。

群发次数：服务号 1 个月（按自然月）内可发送 4 条群发消息。

2. 公众号

公众号是为媒体和个人提供一种新的信息传播方式，主要功能是在微信侧给用户传达资讯（功能类似于报纸、杂志，提供新闻信息或娱乐趣事）。

适用人群：个人、媒体、企业、政府或其他组织。

群发次数：公众号（认证用户、非认证用户）1 天内可群发 1 条消息。

3. 小程序

小程序是一种不需要下载安装即可使用的应用，用户扫一扫或搜一下即可打开应用。开发者可以快速地开发一个小程序。小程序可以在微信内被便捷地获取和传播，同时具有出色的使用体验。全面开放申请后，主体类型为企业、政府、媒体、其他组织或个人的开发者，均可申请注册小程序。

4. 企业微信（原企业号）

企业微信是企业的专业办公管理工具。企业微信提供丰富免费的办公应用，并与微信消息、小程序、微信支付等互通，助力企业高效办公和管理。

图 2-1 为公众号及服务号认证类型及其功能，图 2-2 为公众号、服务号、企业微信功能展示图。

功能权限	普通公众号	微信认证公众号	普通服务号	微信认证服务号
消息直接显示在好友对话列表中			✓	✓
消息显示在"公众号"文件夹中	✓	✓		
每天可以群发1条消息	✓	✓		
每个月可以群发4条消息			✓	✓
无限制群发				
保密消息禁止转发				
关注时验证身份				
基本的消息接收/运营接口	✓	✓	✓	✓
聊天界面底部，自定义菜单	✓	✓	✓	✓
定制应用				
高级接口能力		部分支持		✓
微信支付-商户功能		部分支持		✓

图 2－1　公众号及服务号认证类型及其功能

图 2－2　公众号、服务号、企业微信功能展示图

2018 年 11 月 16 日，微信官方对公众号注册数量进行了调整：同一个邮箱只能申请 1 个公众号；同一个手机号码可绑定 5 个公众号；同一身份证注册个人类型公众号数量上限为 1 个；同一企业、个体工商户、其他组织资料注册公众号数量上限为 2 个；同一政府、媒体类型可注册和认证 50 个公众号。个人、企业类主体于 2018 年 11 月 16 日之前注册完成的账号，可正常使用，不受 2018 年 11 月 16 日注册调整的影响。

（三）公众号内容定位

公众号作为企业形象或内容载体，在运营前需要一个清晰的定位。所谓定位就是公众号内容呈现给用户的风格，能给用户带来的价值，也就是公众号的核心优势。定位清晰、内容独特的公众号能够更加快速地获取用户，变现模式更清晰，更受广告主青睐。

1. 公众号内容定位的 6 种类型

（1）品牌型公众号。品牌型公众号的整体定位不是以提供服务为主，而是更注重对品牌的宣传、产品的推广，发布的所有内容均和用户关注点相关，融入品牌元素，具有特定的风格，有助于加深品牌营销。例如：公众号凯叔讲故事发布的内容大多与家庭教育、家长与孩子如何相处等相关，不是为产品直接做宣传，而是提供目标群体感兴趣的话题。

（2）吸粉型公众号。吸粉型公众号早期以大众话题、社会话题这种普适性强、涵盖面广的内容为主，主要通过前期快速收获大量流量，吸引广告主、流量主进驻，赚取广告费来实现盈利。

（3）销售型公众号。销售型公众号以产品推荐销售为主，通过内容运营、活动运营等多种方式，实现受众从关注到购买的转化，如公众号旅游尾单。

（4）服务型公众号。服务型公众号主要提供功能服务，如五芳斋公司提供的食品销售或类似商城的服务、百度地图提供的打车服务、联通公司提供的话费充值及查询服务等。

（5）媒体型公众号。媒体型公众号以各行业、各领域的新闻资讯、实时报道为主要内容。这类公众号通常在专业领域的要求较高，既要有一手的消息来源，还要具有行业权威性、话语权，如公众号新华社、36 氪等。

（6）认知盈余型公众号。目前大部分个人账号都属于这类，运营者只要对某个领域有比较精深的认识，或者有写作的才能，就可以开设一个这种类型的公众号，如 HR 对职场的了解、网红对美妆的了解、电影爱好者对影视知识的了解等，输出带有见解、有观点的文章，如公众号 Sir 电影、电脑那些事儿等。

2. 确定内容领域

如果是为有固定业务的公司扩展公众号业务领域，公众号只是作为公司销售渠道的一部分，就需要配合公司现有产品的品牌宣传或销售，内容上应主要介绍产品、推广活动、输出公司文化理念，外加一些用户互动。

新开设公众号可以从内容创作领域的大类出发确定内容领域。以文化类公众号为例，其内容领域分析方法如下：

（1）分析当下直接竞争对手。运营者从新榜、西瓜助手等数据平台选择文化类公众号排名，可以看到要分析的对象。例如：读书类公众号有十点读书、有书等，运营者可阅读和观察这些公众号的覆盖人群、内容输出、核心竞争力，通过对比找到自身的竞争资源和优势。

（2）分析目标人群。运营者可运用人群画像知识，分析这些人群的工作方式、年龄、阅读习惯等。运营者应确定公众号想要覆盖的细分人群，人群细分越细越好。例如：读书类公众号的目标人群是与读书相关的人群，那么爱读书的人群就是分析的对象。

公众号“十点读书”会在每晚十点准时推文，为日常生活疲惫、在夜晚享受精神放松的人群而准备，受众群体年龄为 18～40 岁。“十点读书”的大部分文章都是原创，持续输出的优质原创内容是“十点读书”最好的涨粉方式。“十点读书”侧重原创内容，弱化营销手段，很多文章的阅读量都能达到 10 万以上。“十点读书”也特别注重和用户互动，每篇推文会精选 100 条留言进行显示，作者会与留言者进行沟通与互动，这个过程看似简单，实则为公众号维护用户和增加用户好感的手段。“十点读书”每逢热点必蹭，由于拥有强大专业的编辑团队，因此内容、主题都能吸引大量读者。图 2-3 为“十点读书”公众号的界面。

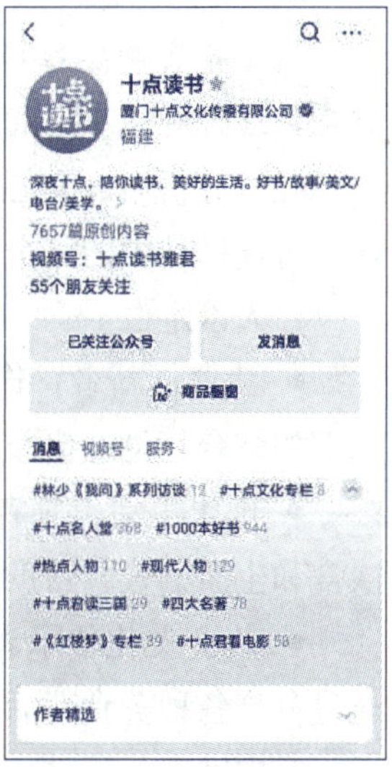

图 2-3　“十点读书”公众号界面

公众号“十点读书”的竞争对手、目标群体、内容定位和运营特点如下。

（1）竞争对手：

- “好好读书”：以推荐图书和阅读心得为主要内容，旨在提供多元化的阅读体验。
- “读书笔记”：专注于图书摘录和读书笔记分享，帮助读者更好地理解和消化书籍内容。

- “阅读时光”：致力于推荐经典文学作品和文化传媒资讯，注重文学素养的提升。

（2）目标群体：

爱好阅读和文化知识的读者，包括学生、专业人士、文化爱好者等；对文学、历史、哲学、社会科学等领域有兴趣的人群。

（3）内容定位：

- 提供深度、高质量的书评、读书笔记、名人名言、文化解读等文化知识类内容。
- 着重知识的深入剖析，独立观点和思辨性内容的呈现。
- 强调文学性、思辨性和知识深度，让读者深入思考和探索。

（4）运营特点：

- 精心策划：每日推送的内容经过精心挑选和策划，保持高质量的文化知识输出。
- 专业团队：拥有一支专业的编辑团队，其对书籍和文化领域有深入的研究和了解。
- 互动交流：与读者进行互动和交流，通过评论、留言等形式促进读者参与和讨论。
- 合作推广：与出版社、作家等合作推广，引入优质的图书资源和作者访谈等内容。

“十点读书”通过独立观点、深入剖析和高质量的内容，吸引了一批对知识和文化感兴趣的读者群体。它注重知识的深度和思辨性，通过与读者的互动和合作推广等方式，提供了优质的文化知识和阅读体验。在竞争激烈的公众号领域中，“十点读书”通过其独特的内容定位和运营特点，赢得了一定的关注和影响力。

（四）使用 AI 应用辅助公众号内容定位

随着 ChatGPT、文心一言等深度学习文本模型的 AI 应用大量出现，公众号定位可使用 AI 应用辅助进行。文心一言是百度旗下的 AI 应用，它采用先进的自然语言处理技术，如在文心一言编辑区输入指令，指令应对自身的资源条件、想要得到的内容表述清楚。例如，输入以下指令：

我是一名酷爱美食的自由职业者，喜欢 DIY 各种健康美食，想开设一个微信公众号，输出美食制作推广的内容，请为我设计几个人设定位及内容定位，并与美食公众号前几位进行对比。

经过分析后，文心一言给出如下回答，提示了比较准确的几个方面人设和内容定位，读者可选择其中的一个方向继续提问深挖：

1. 人设定位

- 美食创新者：你是一个富有创意的美食家，热衷于将传统食材和烹饪方法与现代元素相结合，创造出新颖的美味。
- 健康生活引领者：作为自由职业者，你深知健康的重要性，因此致力于推广健康饮食和生活方式，帮助人们建立良好的饮食习惯。
- 美食文化传承者：你不仅是一个美食家，也是一个美食文化的热爱者和传承者。通过分享各种美食背后的故事和文化，让读者感受到美食的魅力。

2. 内容定位

- 创意美食教程：分享你独创的食谱和烹饪方法，教授读者如何将常见食材制作成美味佳肴。同时，引入一些现代烹饪技术和工具，提升美食制作的效率和质量。

- 健康饮食科普：向读者普及健康饮食知识，帮助他们了解不同食材的营养价值和搭配方式。结合个人经验和专业研究，给出实用的健康饮食建议。
- 美食文化探索：深入挖掘各种美食背后的文化和历史背景，带领读者领略不同地域、不同民族的美食特色和风味。同时，结合现代审美和潮流元素，为传统美食注入新的活力。
- 互动与社群建设：鼓励读者分享自己的美食制作心得、创新食谱和美食体验。通过线上社群建设，聚集一群志同道合的美食爱好者，共同探索美食世界的无限可能。

3. 与美食公众号前几位进行对比

- 文怡家常菜：文怡以家常菜为主打，注重实用性和家常口味。你可以在内容上结合家常菜与创意菜，满足读者对于家常口味和创新菜式的需求。
- 日食记：日食记以制作过程简单的美食为主，注重食材的品质和拍摄风格。你可以借鉴其注重细节和品质的特点，同时突出创意和个性化。
- 美食台：美食台内容丰富多样，涵盖各种美食教程、食材推荐和美食文化。你可以在内容上与其相呼应，但可以更加注重健康饮食和生活方式的推广。

课堂测试

1. 请用 AI 工具为你的公众号设计一个网络调研问卷，至少收集 100 名被调查者的信息。
2. 请面对面或电话调研一家需要做公众号的企业，了解其公众号业务需求。

二、公众号申请

申请公众号

（一）准备工作

事先准备好运营者主体未注册公众号、服务号、企业微信、小程序、open 账号、个人微信号的邮箱；如果是个人申请，需要一个已绑定运营者银行卡的个人微信账号。

（二）注册具体流程

（1）注册。打开微信公众平台官网 https：//mp.weixin.qq.com/，右上角点击“立即注册”（见图 2-4）。在注册过程中每一步都有提示。

（2）选择账号类型。了解公众号、服务号和企业微信的区别后，选择想要的账号类型（见图 2-5）。此处选择公众号。

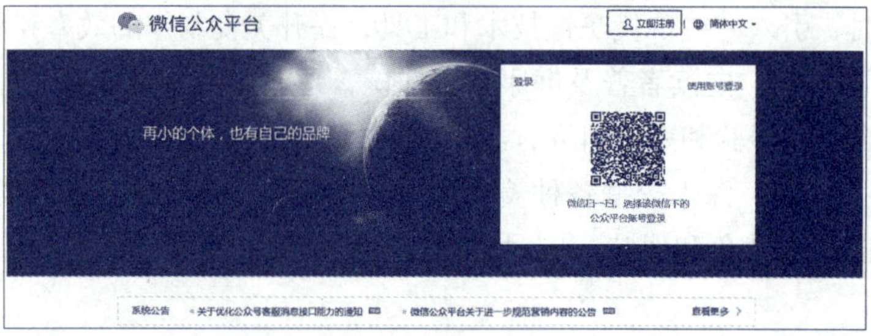

图 2－4　微信公众平台

图 2－5　选择账号类型

（3）填写邮箱。登录邮箱，查看激活邮件，填写邮箱验证码激活（见图 2-6），平台会发送一封邮件到邮箱，需要注册者打开邮箱进行验证。验证成功后再次确认账号类型，选定后账号类型不能再更改。

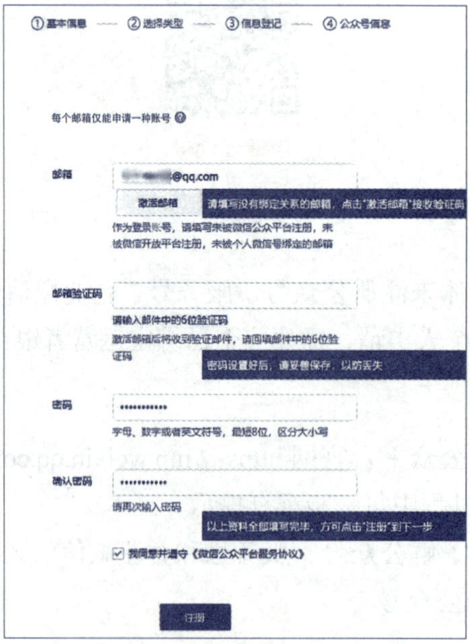

图 2－6　填写基本信息

（4）信息登记。选择类型之后，填写身份证信息（见图 2-7）。

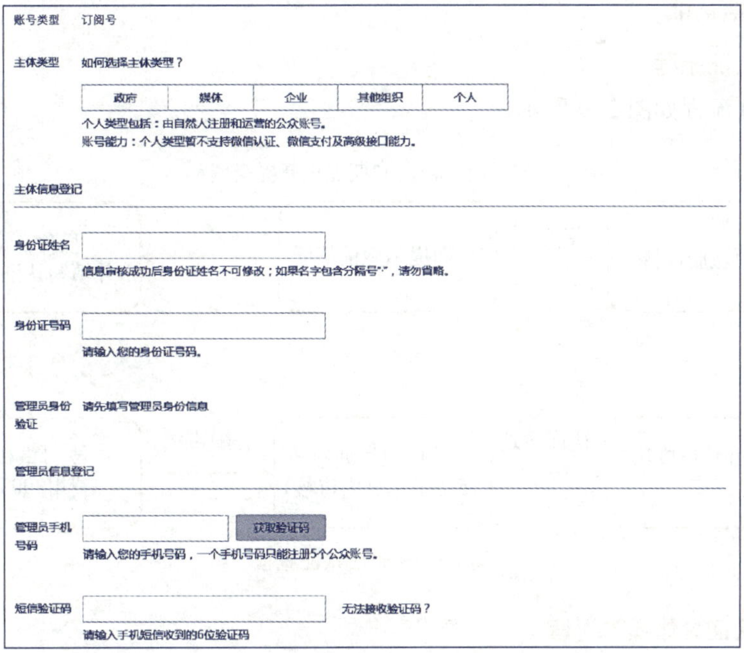

图 2－7　主体信息登记

（5）填写账号信息。账号信息包括账号名称、功能介绍等，选择运营地区（见图 2-8）。公众号的名称每年只有两次修改的机会，建议修改不要太过频繁。

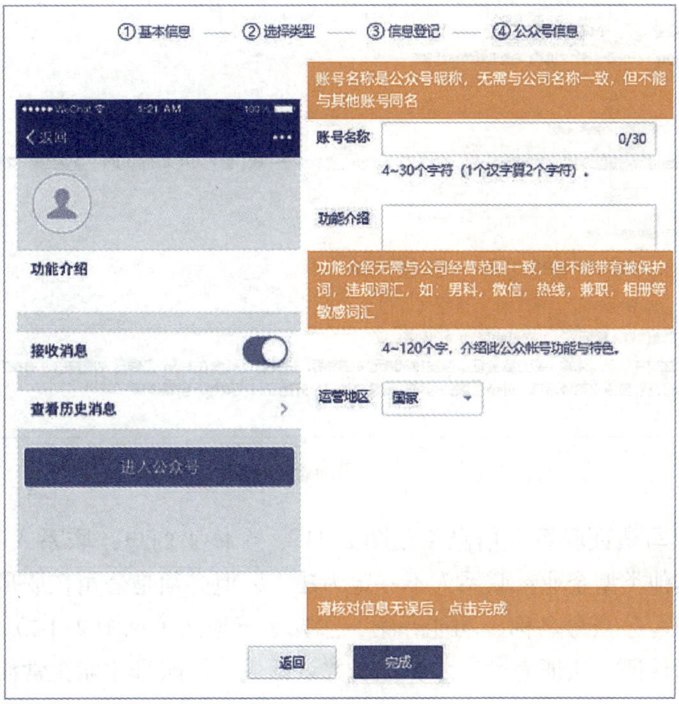

图 2－8　填写公众号信息

最后弹出一个恭喜注册成功的页面，申请者就可以开始使用公众号了。

（三）微信认证

1. 微信认证流程

微信认证流程如图 2-9 所示。

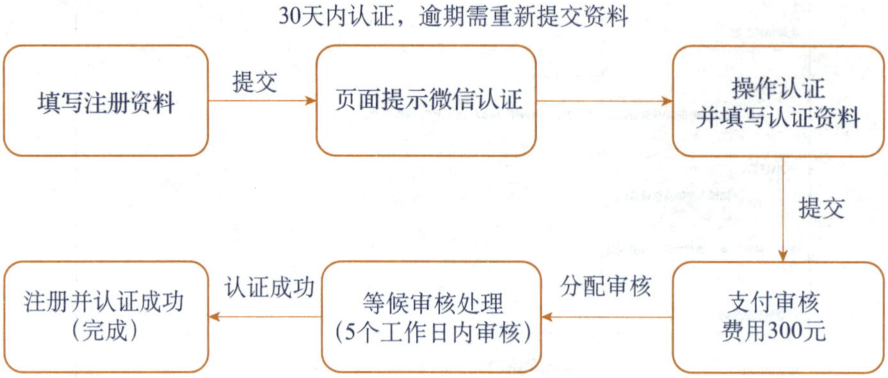

图 2－9　微信认证流程

2. 微信认证具体操作过程

第一步：点击微信认证，进入主体信息登记界面（见图 2-10）。微信认证注册方式是人工审核，企业或个体工商户需要支付审核费用 300 元。

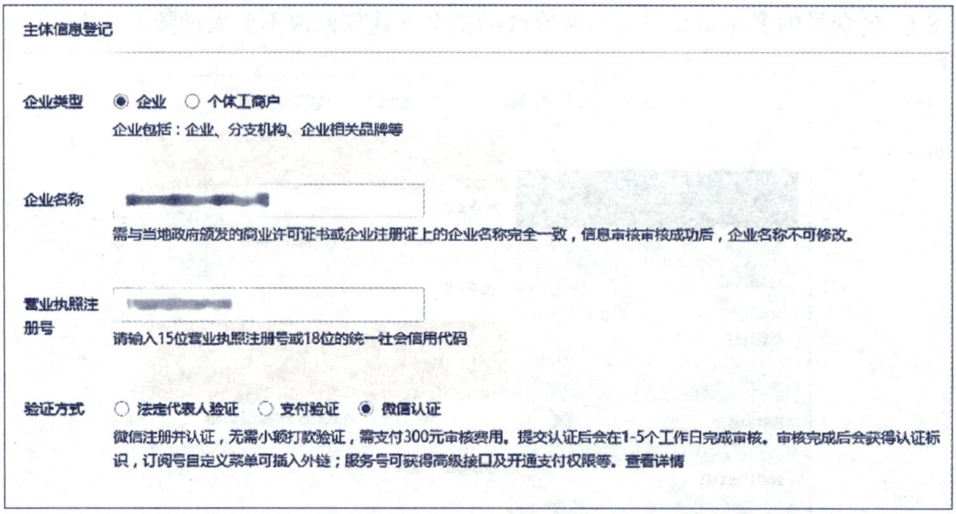

图 2－10　主体信息登记

第二步：填写认证联系人信息（见图 2-11）。个体工商户：联系人必须为法人。除个体工商户外其他类型企业：联系人不一定为法人，但必须是公司在职员工。

第三步：填写公众号名称、功能介绍，选择运营地区（见图 2-12）。在 30 天内（自然日）操作微信认证，认证通过，才算注册并认证成功，账号才能正常使用。

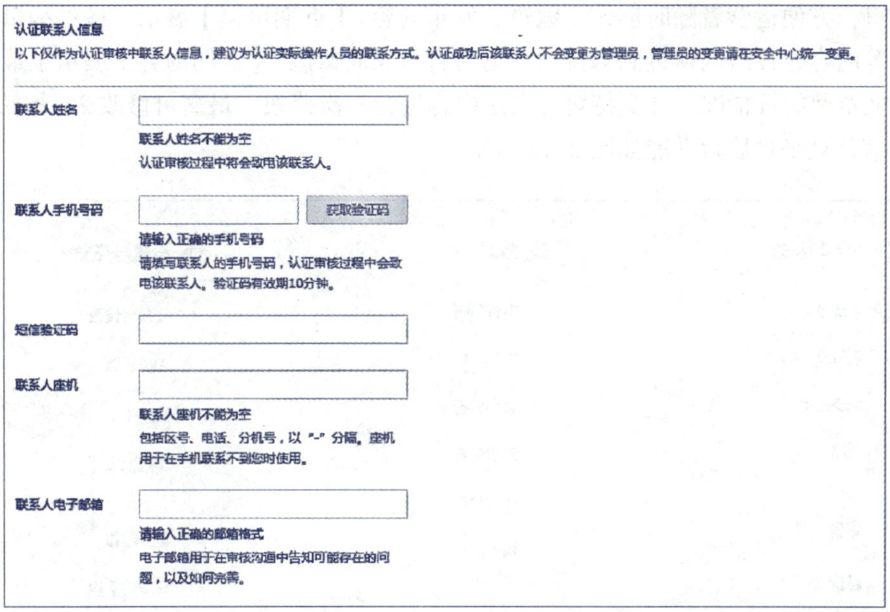

图 2－11　认证联系人信息

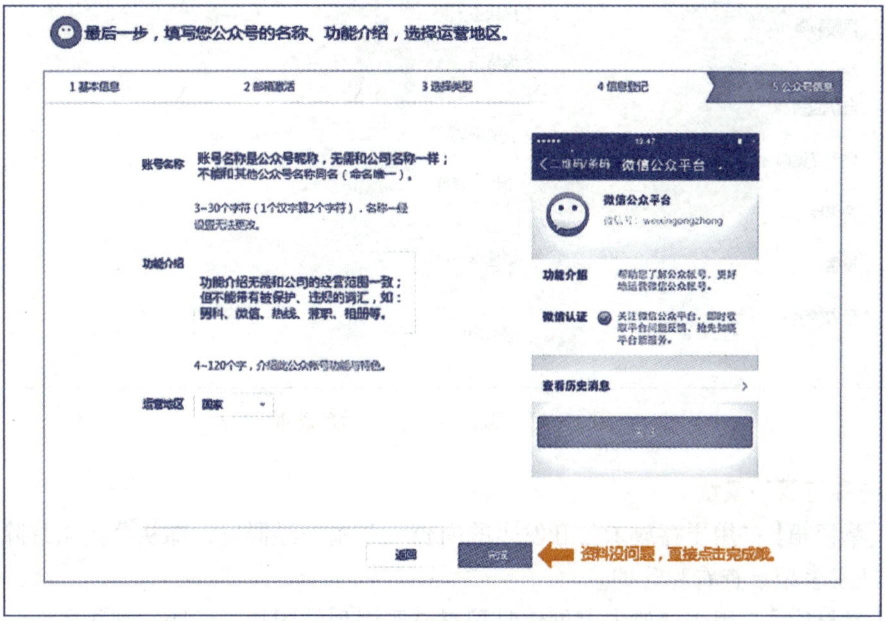

图 2－12　填写公众号信息

（四）微信公众平台后台功能

1. 首页

首页展示了【账号整体情况】、【新的创作】、【近期草稿】、【近期内容】四个模块。【账号整体情况】展示了原创内容、总用户数、昨日阅读（次）、昨日分享（次）、昨日新增关注（人）五项数据，是账号运营的主要指标。【新的创作】是图文消息等内容创作的快速入口，方便运营者随时创作、编辑、发布内容。【近期草稿】展示了最近编辑过的图文消息等内容，按时间从近到远排列，运营者可及时修改。【近期内容】展示了最近群发推送的文章及阅读情况，并支持对已发送内容进行一次修改，最多可修改 20 个字。

微信公众平台后台功能如图 2-13 所示。

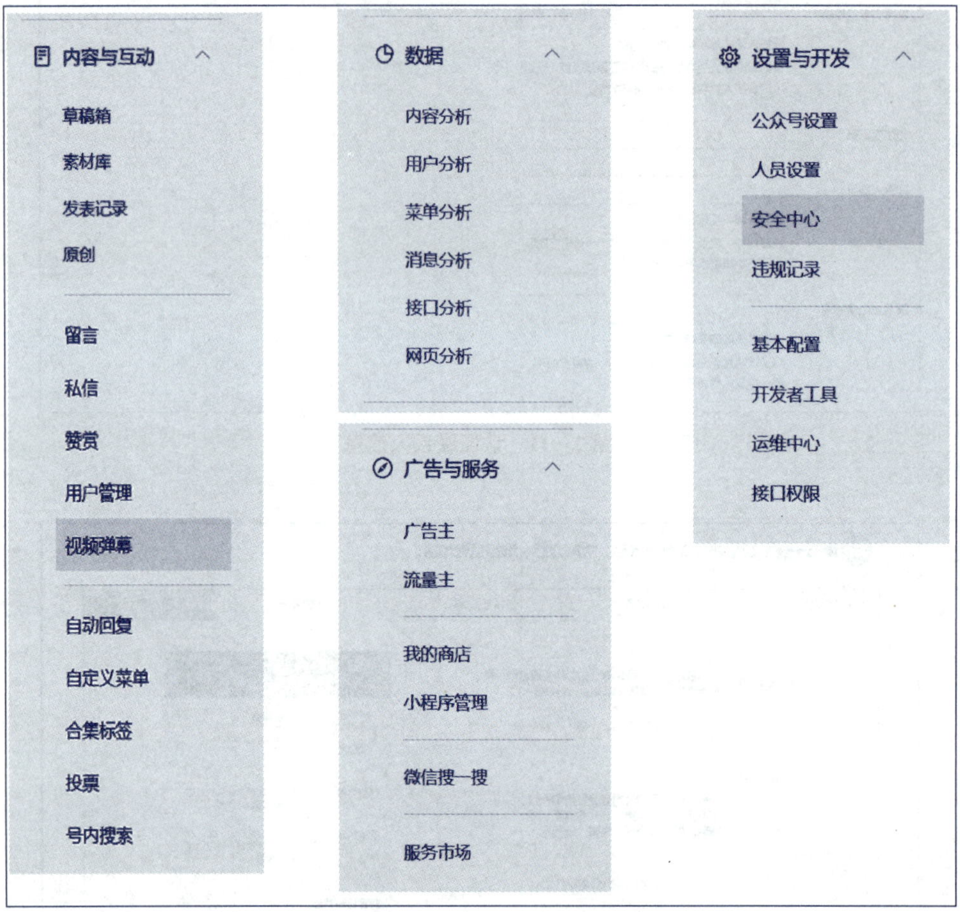

图 2-13　微信公众平台后台功能

2. 内容与互动模块

- 【草稿箱】：用于存放未公开发表的内容。草稿一经群发，即从草稿箱移除，需前往发表记录查看和管理。
- 【素材库】：用于存放内容创作时积累或要用到的图片、音频、视频资源。公众号默认的素材管理中编辑要素都比较单一，于是就出现了很多像新媒体管家等第三方编辑器，通过海量的编辑素材来优化和美化编辑过程，让公众号运营者编辑出来的素材内容更美观。
- 【发表记录】：包括群发和发布。已群发内容会推送给用户。已发布内容不会推送，不占用群发次数，也不会展示在公众号主页中。
- 【原创】：包括图文原创、视频原创、全局可转载账号三项，在群发时声明原创的内容。原创声明是腾讯作为网络服务提供者允许微信公众账号用户自愿就发布的作品进行原创声明的功能。系统会将作品与公众平台内已经成功进行了原创声明的作品进行智能比对，如无在先相似作品，系统会自动对作品添加“原创”标识。

- 【留言】：作者和用户在图文留言区进行留言或回复，运营者可设置留言可见和回复留言等权限。
- 【私信】：支持关注的用户可以直接给公众号发私信，仅保存最近 30 天的私信，含图片、视频、语音等多媒体消息。
- 【赞赏】：公众号发表 3 篇原创内容后，可邀请开通 1 个赞赏账户，用于赞赏收款。
- 【自动回复】：运营者可设置关键词回复、收到消息回复、被关注回复，与用户进行互动。
- 【自定义菜单】：运营者可设置多级菜单，与自动回复相配合，实现用户互动与功能扩展。

3. 数据模块

- 【内容分析】：分为群发分析和多媒体分析两大模块。群发分析包括全部群发和单篇群发；多媒体分析包括全部视频分析、单个视频分析和单个音频分析。
- 【用户分析】：通过对用户增长数据进行分析，微信公众号运营者可以了解账户粉丝的增长趋势和原因；通过对用户属性进行分析，微信公众号运营者可以更加熟悉粉丝情况。
- 【菜单分析】：用户点击底部菜单项，可跳转到指定页面，如线上活动、报名参加的入口和联系作者等。
- 【消息分析】：功能分为消息分析和消费消息关键词分析。运营者可以在微信公众平台进行消息统计；可以通过消息分析，查看消息发送人数、消息发送次数、人均发送消息等数据。

4. 广告与服务模块

【广告主】和【流量主】：广告主功能需开通微信认证，成功后即可使用。广告主可在官方渠道如朋友圈和公众号等投放广告。流量主则是帮助官方完成广告展示、赚取分成的功能。当公众号用户达到 100 粉丝（该账号关注用户）后，可申请流量主功能。成为流量主后，可通过公众号呈现广告主的广告展示，获得广告分成、返佣等多种收入。

【我的商店】和【小程序管理】：主要用于开通商店或小程序实现公众号带货，开通后运营者在编辑器中可添加商品，满足运营者带货需求。公众号文章发布之后，用户可直接在文章中访问并查看运营者添加的商品。

5. 设置与开发模块

公众号设置功能是对公众号的一些属性设置，如公众号名称、头像、功能的修改。人员设置可以让公众号绑定长期运营者和短期运营者账号，使团队成员可以共同运营公众号。开发功能提供给需要更繁杂功能的公众号运营主体使用。

为了让团队成员管理公众号更加方便与安全，每个公众号可由管理员添加绑定 5 个长期运营者微信号、20 个短期运营者微信号，运营者微信号无须管理员确认即可直接登录公众平台和操作群发。在经管理员确认授权后，长期运营者可长期进行登录和群发操作。在经管理员确认授权后，短期运营者一个月内可进行登录和群发操作。一个月后该权限会自动失效，如需继续运营需要重新绑定。

绑定运营者微信号的方法如下：进入公众平台→设置与开发→人员设置→绑定运营者微信号，输入绑定者的微信号，点击搜索。搜索到后点击邀请。使用管理员的微信进行扫码。手机上点击确认。邀请信息发送后，待绑定运营者微信就会收到一条确认信息，点击“同意”即可（见图 2-14）。

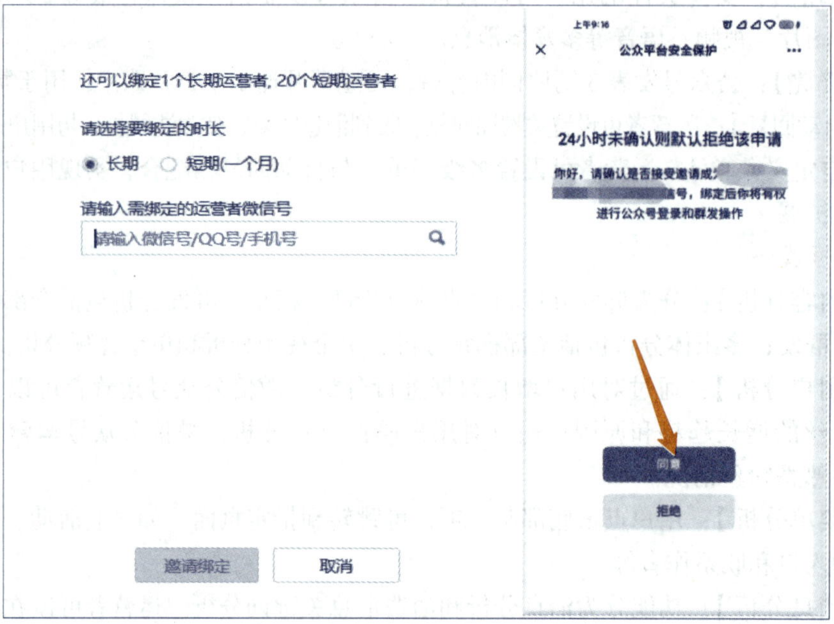

图 2-14 绑定运营者微信号

课堂测试

1. 请准备好个人资料，申请一个微信公众号。
2. 请为学校附近的小店或公司申请一个微信公众号。

三、公众号设置

（一）公众号名称设置

1. 公众号名称设置规则

（1）公众号名称、昵称可设置 4～30 个字符（1 个汉字算 2 个字符）；

（2）公众号名称、昵称可由中文、数字、英文、空格及部分特殊符号组成；

（3）名称不需要和公司、组织名称一致，但是公众号名称不能与其他账号名称重复；

（4）目前，个人类型公众号一年内可修改两次名称，企业、媒体、政府、其他组织在微信认证过程中有一次重新提交命名的机会。

2. 公众号名称更改

微信公众号名称在申请时已经确定，如需修改，请登录微信公众平台→设置→公众号设置→账号详情→修改（见图 2-15）。

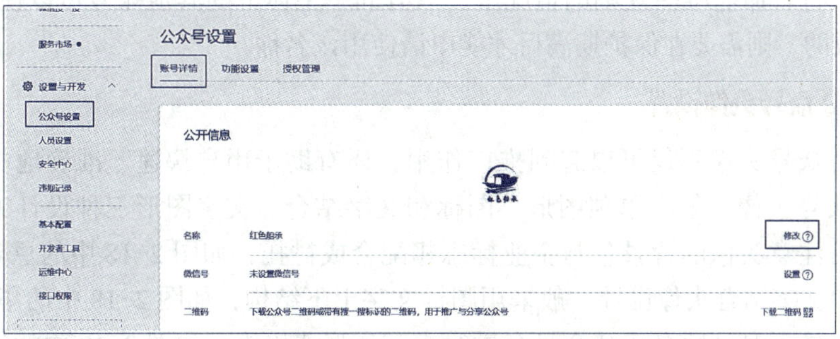

图 2-15　公众号名称设置

验证身份：使用注册主体的个人微信号扫码验证通过即可（见图 2-16）。

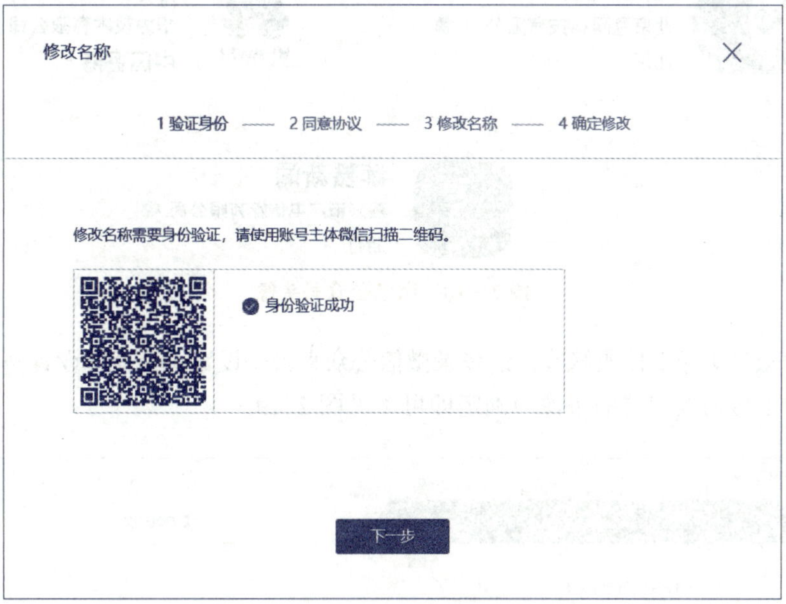

图 2-16　验证身份

同意协议，点击“同意”并进入下一步“修改名称”，填写修改后的名称，点击“确定”（见图 2-17）。

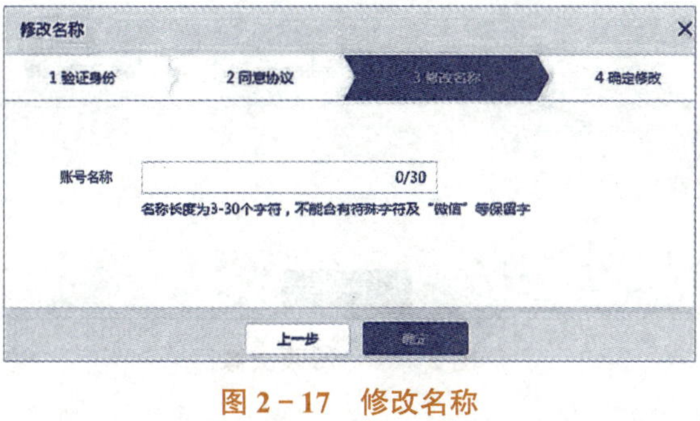

图 2-17　修改名称

修改名称成功后，原名称将有两天的保护期，到期之后立即释放给其他账号使用。在此期间，符合命名唯一规则的情况下，只有同一主体下的其他账号可以使用该名称，主体不一致的，则需要在保护期满后才能申请使用该名称。

（二）公众号头像设置

微信公众号头像不仅可以起到推广作用，还有助于用户快速、准确地找到品牌公众号。公众号头像一般有单独图形、图标和文字结合、文字图形三种设计方式。单独图形头像需注意头像的背景色与企业标志相配合或衬托，如图 2-18 中的豆瓣电影公众号。图标和文字结合头像设计一般采用图标文字上下结构，如图 2-18 中的华为公众号。文字图形头像可对品牌名或公众号名进行文字变形或修饰，如图 2-18 中的读嘉新闻公众号。

图 2-18　微信公众号头像

微信公众号头像上传或修改，请登录微信公众平台→设置→公众号设置→账号详情→修改头像→上传需要设置的头像→确定即可（见图 2-19）。

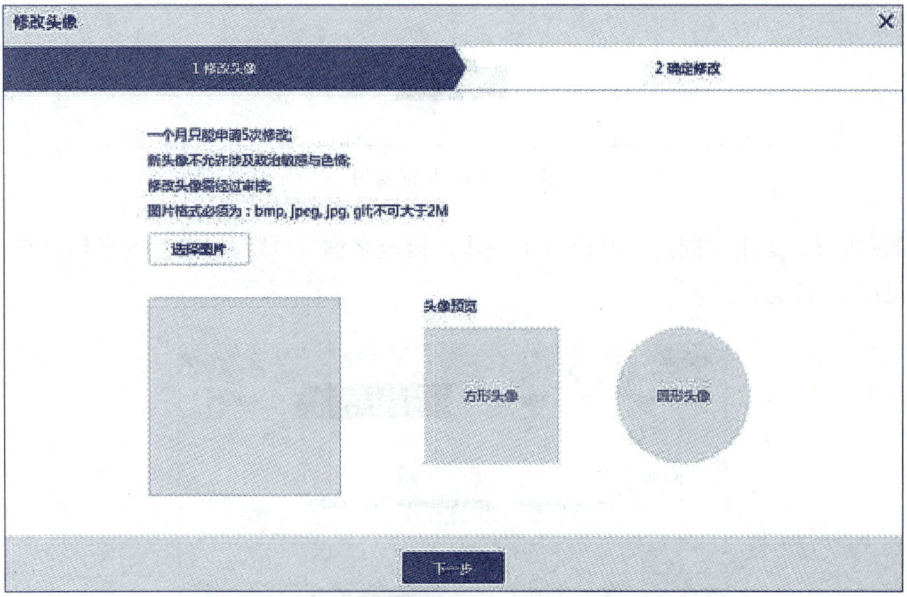

图 2-19　修改头像

图 2-19 中方形头像和圆形头像作用不同。圆形头像用于在公众号的详细信息页、用户个人关注页展示。方形头像用于在与用户聊天中显示。圆形头像和方形头像无法分开设置，头像上传后，系统会对同一头像自动拉取圆形头像和方形头像。

上传或修改头像需经过审核，具体审核时间以页面提示为准（一般情况下头像上传后会立即显示）；若提示头像审核中，请耐心等待。公众平台的头像，一个月（按自然月）只能申请 5 次修改。修改头像需经过审核，头像图片格式必须为 bmp、jpeg、jpg、gif，不可大于 2M。

（三）公众号功能介绍设置

公众号的功能介绍内容可长可短，关键是要突出公司优势和产品特征。从图 2-20 所示 DeepSeek 的公众号功能介绍可以看出，该公司是一家专注实现 AGI（通用人工智能）的科技公司。十点读书公众号功能介绍不但体现了该公众号是与推送图书、美文相关的，而且特别点明了推送的时间点，体现了公众号的特色。

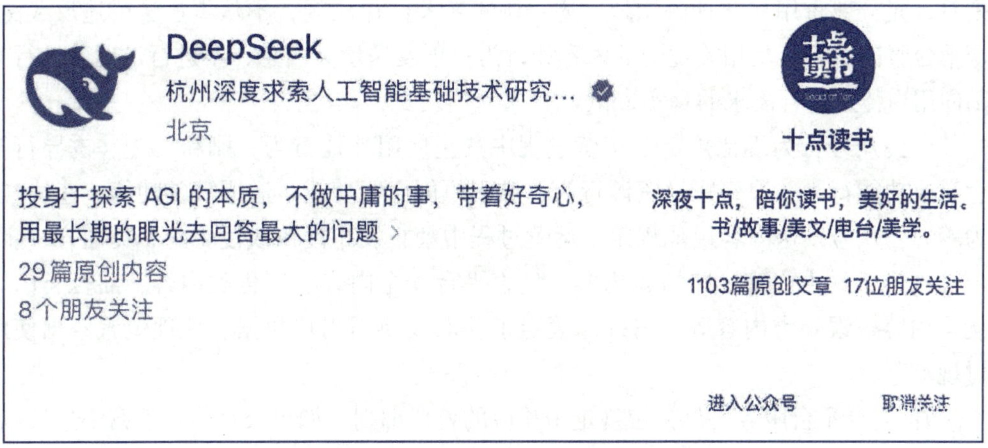

图 2－20　公众号功能介绍

设置公众号功能介绍可以遵循以下原则：

1. 提炼出一句好的标语

一句好的标语是一个公众号的点睛之笔，让人瞬间增加好感和记忆。用一句非常简单通俗的话来概括一个公众号最精华的部分，可以打动用户、吸引关注、转发。标语式功能介绍要注意简单、易懂、易读、易记，体现公众号调性。如公众号日食记的介绍语：“温暖治愈你的心和胃”。

2. 突出产品功能、卖点

介绍公众号独特的功能和卖点，能够使用户明确关注公众号后能得到哪些信息，此类介绍常用于较正式的公众号。如公众号研学头条的介绍：“研学旅行垂直新媒体”，是对公众号的总体功能定位介绍；“每天为你献上研学旅行的最新消息、政策、大事件”，是对公众号内容输出的概括；“打造研学人信息分享专业媒体”，是对公众号运营目标、愿景的展望，突出品牌的优势、从众效应。

3. 利用数字，突出稀缺感

新媒体公众号强调和利用小众心理，强调少数来突出价值感，进行反向销售。如服务号概率论社交实验站的介绍："这个地球上有几十亿人口，两个人相遇的概率是千万分之一。跟我走，让小概率的相遇发生。"数字有利于增强真实感，更容易让人信任。在一堆文字中，数字显得格外突出，也能让人记忆更加深刻。

4. 情感唤起，提升品牌利益点

这一形式即打情感牌，将人之常情及人情感里最柔软、最珍惜的那部分移入公众号里，任何人都无法抗拒那些走心的感受。如曾经红火的一个情感类公众号的介绍："从未见过你，但我懂你"。

（四）公众号运营规范

使用微信公众平台的服务，公众号运营者必须阅读并遵守《微信公众平台服务协议》，以及《腾讯服务协议》《腾讯微信软件许可及服务协议》以及腾讯为此制定的专项规则等，充分尊重用户并理解用户，遵守国家相关法律法规，不从事违法或违反《微信公众平台服务协议》及相关规则的内容和行为；不发送垃圾信息，不进行过度营销行为，鼓励向用户传送符合需求的真实资讯。

其中公众号行为规范规定了运营过程中禁止使用外挂行为、刷粉行为、诱导行为、恶意篡改功能行为、浪费账号资源行为、滥用原创声明功能、滥用赞赏功能、违法经营行为等。公众号发送内容规范规定了运营过程中禁止发布侵权或侵犯隐私类内容、庸俗挑逗性内容、暴力内容、赌博类内容、危害平台安全内容、广告类内容、谣言类内容、骚扰类内容、误导类内容等，另外还规定了获取或使用用户数据、地理位置数据使用、支付规范等。

《微信公众平台服务协议》也规定了相应的处罚细则。如果公众号在运营中违反以上规定，将受到删除文章、限制账号部分功能直至永久封号处理等惩罚，微信公众平台有权拒绝再向该运营主体提供服务。

课堂测试

请设置微信公众号的名称、头像、介绍，使之形成一个有机整体。其中，头像可用 AI 绘图工具进行设计。

案例分享

湖北清江画廊旅游度假区微信公众号营销

湖北清江画廊旅游度假区是位于湖北省宜昌市长阳土家族自治县的国家 5A 级景区，景区管理方在对旅游资源全面整合推广之际，重点打造了"倒影峡""仙人寨""武落钟离山"三大景点，目前清江画廊已经成为湖北省省级风景名胜区和旅游度假区，有了"八百里清江美如画，三百里画廊在长阳"的盛誉。

虽然清江画廊在湖北名气不小，但是鲜为外人所熟知，可是最近“清江画廊”突然火了起来，景区名字不断闯入人们的视野，很多人还慕名前往游览。湖北清江画廊旅游度假区（以下简称清江画廊）微信服务号的成功离不开微信上大量的受众人群，更得益于服务号设计、运营的成功。

1. 抓住用户需求，提供便捷服务

清江画廊的导航菜单共有三栏：导览、攻略、在线订票。其中，“导览”下设置有地图导览、走进画廊、美图美文、微官网，“攻略”下设置有最新公告、游玩指南、周边服务、节庆优惠等多个二级导航，从这些导航的标题就可以看出都是紧紧围绕用户需求做出的服务设计，当用户点击导航就可以跳转到相应的服务页面，极大地方便了用户的使用。

2. 景点语音讲解，优化用户体验

清江画廊在二级菜单“地图导览”下，设置有整个景区的手绘地图，地图上对景区内的主要景点进行了标注，点击这些景点，就会出现相应的景点说明框，在说明框内再次点击“语音”就是语音系统对该景点的详细语音介绍。

3. 基于位置服务，周边服务不错过

点击景区地图右下角的下拉列表，就会看到景区服务号精心设计的基于位置的服务（LBS），其中囊括了景区 Wi-Fi、表演、酒店、餐饮、购物、园区交通、售票点、洗手间等一系列的服务选项。

4. 打造支付入口，变身移动轻应用

清江画廊在服务号导航菜单上设置有“在线订票”的功能窗口，用户只要点击此功能，就能在移动端预订景区各种门票、船票、套票；凭借订购后的支付信息，用户可以在现场兑票进入。

5. 注重网络推广，塑造景区品牌

通过搜索引擎营销、官方平台推荐、专业文章推广、朋友圈转发推广、消息推送推广等一系列的推广，景区开展引导参与、有奖问答、节日营销等一系列的运营活动，清江画廊官方网站日平均 IP 增加了 80%，微信平台平均每天增加粉丝 120 人，每天在线与游客互动回复 30 人以上，景区入园量增加 40%，景区电商系统门票收入增加 30%，景区的品牌知名度大大提升，营销效果显著。

资料来源：唐宋中国 . 智慧旅游营销体系：5A 清江画廊打造优美智慧旅游之旅 [EB/OL].（2020-03-17）[2024-02-08]. 唐宋中国旅游大数据平台 .

训练营

请登录西瓜助手，分析竞品公众号文章阅读数据和阅读者分析数据，总结其用户画像（见表 2-1）。

表 2-1　公众号用户画像分析

竞品公众号	文章标题 / 传播指数 / 阅读量 / 点赞量	阅读者年龄分布	阅读者性别偏向	阅读者兴趣分布	总结

任务二 微信公众号设置

故事导入

小王成功申请了公众号，开始公众号的日常运营。作为一名新媒体小白，小王急需了解一些常规操作方法。小王打开了微信公众平台网站，发现里面的信息简洁、清晰，可以帮助自己了解公众号的常规操作。经过一段时间，小王终于明白了以下问题：

1. 公众号如何群发消息？
2. 公众号如何设置自定义回复？
3. 公众号自定义菜单如何设置？

课前提问

如果你是小王，你了解以上问题吗？

相关知识点

微信公众平台群发消息

一、公众号群发消息

（一）图文消息的含义

图文消息功能是将公众号需要发布给用户的相关资讯进行编辑、排版的功能，可展现公众号的活动内容、相关产品资讯等。如果一次发送的图文消息只有一篇文章，称为单图文消息；如果一次发送的图文消息有多篇文章，称为多图文消息。图文消息在微信里的展现效果如图 2-21 所示。

微信公众号在不断更新，包括公众号图文消息的升级、公众号展示图的变化等，微信内容创作者要及时了解。在如图 2-21 所示的多图文消息中，改版前所有的订阅号都是【头条大图 + 次图小图】的呈现方式，改版后没有星标的公众号全部变成小图展示（三联生活周刊公众号），用户订阅后接收到的消息也是小图展示。在改版前公众号文章流量大部分来自私域，改版后增加了公众号文章公域的推荐位：文章下面的“看一看”和公众号下面的“看一看”。用户阅读任意一篇文章并“点赞”或点“在看”后，系统会推荐 3 篇相关联的文章。用户打开公众号查看自己关注账号的文章，后面会出现“看一看”，推荐的是没有关注的账号文章。

图 2-21　单图文消息（左）和多图文消息（右）

（二）编辑图文消息

登录公众号后台（https://mp.weixin.qq.com/），点击【新的创作】→【图文消息】，就可以进入文章的编辑页面。微信公众平台群发消息的人数没有限制，只能群发给用户，不支持群发给非订阅用户。目前支持群发的内容包括：文章、图文、图片、视频、音频、直播。

1. 图文消息发送的相关要求

（1）公众号（认证用户、非认证用户）：1 天只能群发 1 条消息（每天 0 点更新，次数不会累加）。

（2）服务号（认证用户、非认证用户）：1 个月（按自然月）内可发送 4 条群发消息（每月月底 0 点更新，次数不会累加）。

（3）上传至素材管理中的图片、语音可多次群发，没有有效期。

（4）群发图文消息的标题上限为 64 个字节。

（5）群发内容为文字的字数上限为 300 个字节。

（6）语音限制：文件大小不超过 200M，音频时长不超过 2 小时，支持 mp3、wma、wav、amr、m4a 等格式。

（7）视频限制：最大 20M，时长小于 1 小时，支持主流视频格式（超出限制的视频请到腾讯视频上传）。

2. 编辑图文消息的过程

进入微信公众平台→首页→新的创作→图文消息，即可编辑单图文消息。如果需要编辑多图文消息，直接点击左侧图文导航“+”可增加一条图文消息，最多可编辑 8 条图文消息（见图 2-22）。

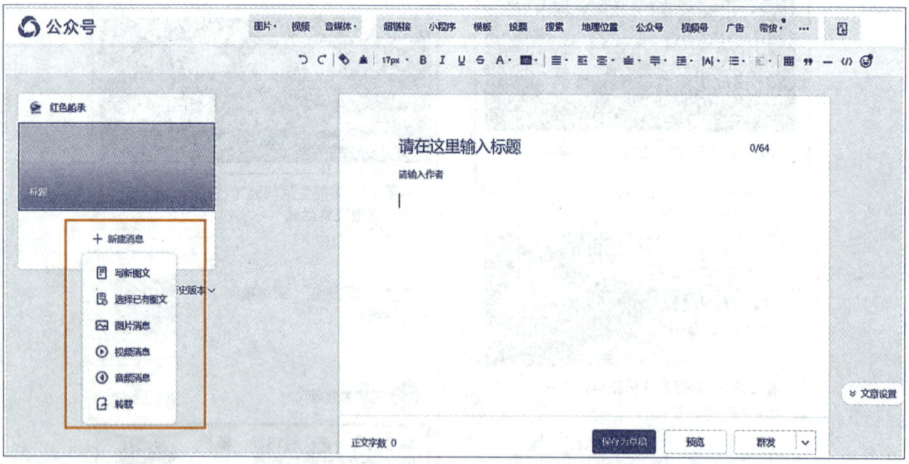

图 2－22　图文消息编辑页面

（1）标题和摘要。标题不能为空且长度不超过 64 个汉字，编辑单图文消息时，可以选填摘要内容，不能超过 120 个汉字；如图 2-23 所示，填写摘要后，用户收到的图文消息封面会显示摘要内容；若未填写摘要，用户收到的图文消息封面则自动默认抓取正文前 54 个汉字。

（2）封面和正文图片。封面必须上传图片；封面和正文图片，支持 bmp、png、jpeg、jpg、gif 格式；图片大小在 10M 以内；封面图建议尺寸为 1 080 像素 ×460 像素，微信为了加快加载速度，大图片上传后图片会自动压缩为宽 1 080 像素（高会压缩为对应比例）的缩略图，在手机端可点击查看原图；封面和正文支持上传 gif 格式动态图片，会显示上传的原图（但手机客户端系统问题可能会导致部分手机无法显示动态封面）。

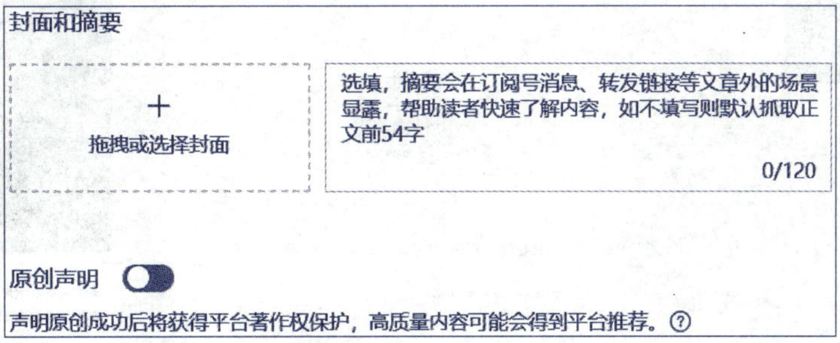

图 2－23 摘要

（3）图文消息正文。图文消息正文必须输入文字内容；可设置字体大小、颜色、背景色、字体加粗、斜体、下划线；可通过居中、居左、居右、段落间隔功能调整正文内容；可通过浮动功能将图片设置在需要的位置；可设置字体背景颜色，但图文消息背景颜色不支持自定义设置；在右边的导航栏多媒体功能，支持添加图片、视频、音乐、投票等内容；可以将编辑好的图文在左边导航栏上下移动，调整图文顺序。

（4）手机预览并发送。微信公众平台图文消息在群发之前，可以选择发送预览→输入个人微信号，发送成功后则可以在手机上查看效果，发送预览只有输入的个人微信号才能接收到，其他用户无法查看。预览的图文不支持分享到朋友圈，可以分享给微信好友/微信群。预览后可选择群发→设置定时群发或分组群发，选择群发对象、性别、群发地区，确认发送即可。

（5）图文消息不支持撤回。微信公众平台中只能删除已发送成功的图文消息，正在群发中或已经群发的图文消息内容，暂不支持撤回或删除。进入微信公众平台→首页→近期发表，找到需删除图文消息后的“...”图标，点击“删除”图标，即会删除图文消息详情页（多图文消息删除所有详情页），但用户仍能在会话页面查看预览内容；图文消息删除后，群发权限不会恢复；图文消息删除 5 分钟后全部生效。

3. 已群发的图文消息修改

在电脑端公众平台管理后台首页已群发消息列表，对于已群发单篇图文有修改错别字按钮，点击即可打开修改页面，修改提交后需要管理员微信扫码验证。每篇图文支持修改 1 次，且最多可以修改 20 个字符（注：标点、英文、数字、空格都计算在内，一个汉字占用 1 个字符），支持增删及替换。最多支持 3 张图片的修改。若该图文消息无自己编辑的摘要，且运营者修改的正文开头文字正好在默认抓取摘要范围内，提交成功后图文消息的摘要不会更新。

4. 编辑图片消息

图片消息一次最多可上传 9 张图片，图片展示比例为 3∶4；文案由 140 个汉字扩充到 1 000 个汉字；可以填写标题，但是既不能标注原创也不能添加作者。图片在手机端可左右滑动，电脑端则不能左右滑动，图片下方是标题和文字内容，在左下角直接留言与号主互动。编辑方法：内容互动→新的创作→图片消息（见图 2-24）。

图 2－24　图片消息编辑页面及效果图

5. 编辑视频消息

微信公众号可发送视频消息或绑定视频号。视频消息是一种简短的视频内容，长度通常不超过 1 小时，用于向用户传递一些简单的信息或娱乐内容。方法：在微信公众号后台中选择内容与互动→素材库→视频→添加，上传并编辑视频内容，再将其发送给关注公众号的用户。

视频号是微信推出的一种短视频平台，与抖音、快手等平台类似，用户可以在其中上传自己制作的短视频，并在平台上获得曝光量和粉丝。将微信公众号和视频号绑定在一起可实现导流效果，提升公众号的曝光度和影响力，绑定操作需由公众号管理者实施。运营者可以通过在视频号上发布短视频来吸引更多用户关注公众号。方法：在微信公众号后台中选择内容互动→新的创作→视频消息→视频号，进行视频号的绑定。运营者发布视频时需要在微信公众号后台中选择“视频号”→“发布视频”，上传并编辑视频内容，再发布到视频号平台上（见图 2-25）。

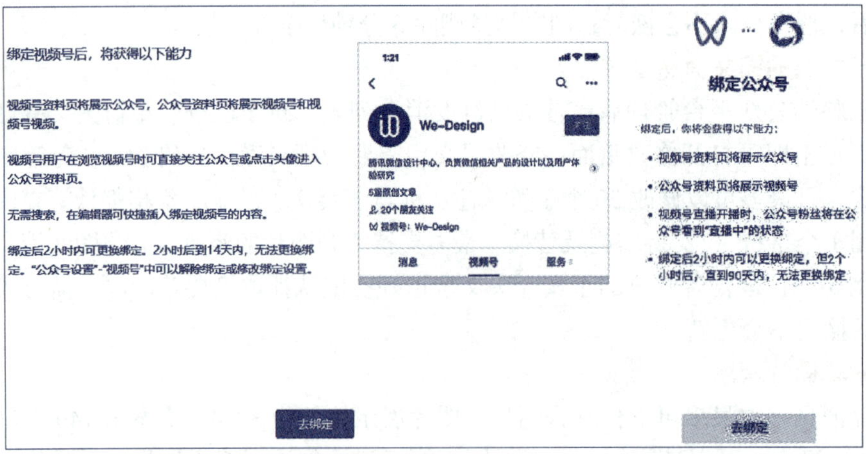

图 2－25　绑定视频号

公众号运营者可通过绑定的视频号管理员微信扫码在微信上开播，视频号管理员或运营者可以在视频号管理后台进行推流 / 拉流直播。

6. 转载

转载文章分为原创文章转载和非原创文章转载。从法律层面来看，只要文章标注为原创，并且作者对其享有著作权，根据《中华人民共和国著作权法》，未经作者许可，擅自转载他人原创作品是侵犯著作权的行为。因此，即使公众号文章标注为原创，未经作者同意的转载仍然构成侵权。如需转载原创文章，需联系作者让其将你的公众号加入“全局可转载账号”列表（白名单）。

开通全局可转载账号方法：内容与互动→原创→全局可转载账号→添加，添加公众号并设置转载权限（见图 2-26）。

图 2-26　设置全局可转载账号

课堂测试

请为你的公众号设置并群发一条图文消息，图文消息包含的文章不少于 3 篇。

二、自动回复设置

自动回复设置

在微信公众平台，运营者可以设置“被关注回复”“收到消息回复”“关键词回复”。运营者可以设定常用的文字、图片、音频、视频、视频号等动态作为回复消息，并制定自动回复的规则。当订阅用户的行为符合自动回复规则时，订阅用户就会收到自动回复的消息。

（一）被关注回复

被关注回复的设置方法是：登录微信公众平台→内容与互动→自动回复→被关注回复，可设置文字、图片、语音、视频为被关注回复内容（见图 2-27）。

图 2-27　被关注回复

在微信公众平台设置被关注回复后，用户在关注公众号时，后台会自动发送已设置好的文字、图片、语音或视频给用户。设置后，运营者可根据需要“修改”或“删除”回复。

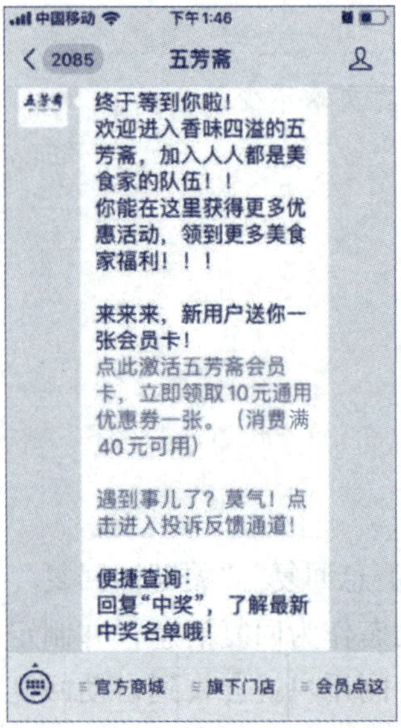

图 2-28　被关注回复示例

被关注回复设置的消息是用户关注公众号后的第一条互动消息，因此运营者要精心设计。该条信息发挥的作用是向用户表示欢迎，并介绍公众号功能，展示最近的营销活动，引导用户互动。公众号五芳斋的被关注回复如图 2-28 所示。首先是一段公众号介绍文案，让人感觉活泼、温暖；其次是连接用户信息，引导用户激活会员卡或者反馈；最后是通过关键词互动，将最近的营销活动加以展示，增加与用户间的交流。

其中，蓝色字部分（图中浅蓝色字部分）表示有超链接。在微信公众平台设置自动回复的编辑框中，运营者可以通过编辑一段特定的代码来设置带有超链接的自动回复。在设置回复内容的地方按照格式 <a href=" 链接地址 "> 链接

文本 </a> 输入代码。例如：<a href="http：//t.cn/***"> 点此激活五芳斋会员卡，立即领取 10 元通用优惠券一张。（消费满 40 元可用）</a>。

（二）收到消息回复

收到消息回复功能是订阅用户只要对公众号发送消息便会收到回复，如果用户发送的消息包含关键词，系统将会优先根据关键词自动回复（如果开启了全匹配功能，需要用户发送与设置一样的关键词才会自动回复）。设置方法：登录微信公众平台→内容与互动→自动回复→收到消息回复，可设置文字、图片、音频、视频、视频号动态为自动回复消息（见图 2-29）。

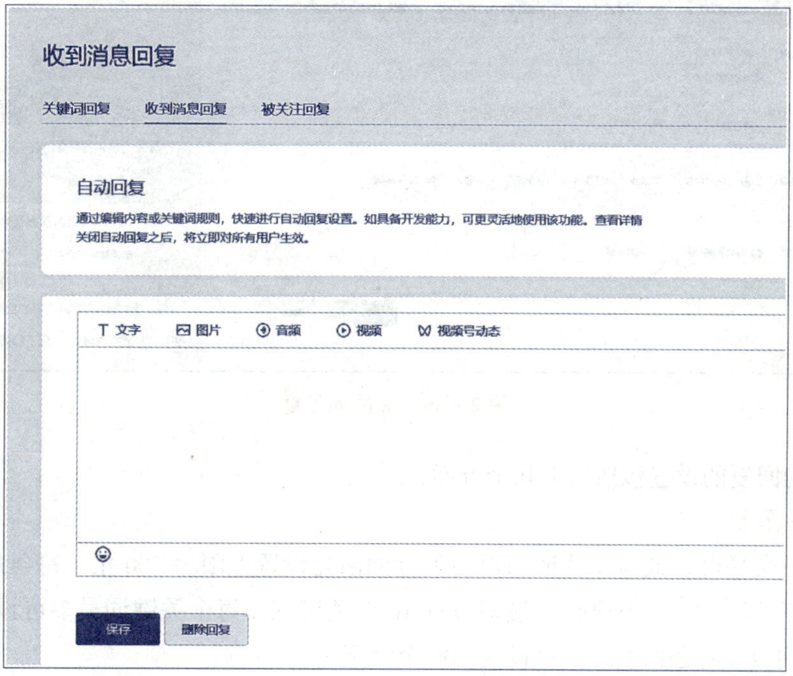

图 2－29　收到消息回复

在微信公众平台设置收到消息回复后，平台会在用户给公众号平台发送微信消息时，自动回复设置的文字、图片、音频、视频、视频号动态给用户。收到消息回复功能设置后，微信公众平台 1 小时内回复 1～2 条内容；暂不支持设置图文、网页地址消息回复；运营者只能在收到消息回复功能设置一条信息。

收到消息回复是用户输入非关键词时的回复。一个简单的回复不仅有助于保持公众号与用户之间友好的互动，而且可将用户引至运营者想展示的活动或页面中。如五芳斋的收到消息回复：

召唤我之前，你有没有集齐 7 个粽子～

悄悄告诉你，回复【中奖】即可了解活动中奖名单哦！

（三）关键词回复

关键词回复功能是指订阅用户发送的信息含有运营者所设置的关键词，即可将公众号设置的回复内容自动发送给订阅用户。设置方法：登录微信公众平台→内容与互动→自动回复→关键词回复，即可添加相应的关键词回复信息。如图 2-30 所示，设置关键词为“中奖”，回复内容为图文消息，图文消息内容设置为活动中奖名单，设置完成后当用户输入关键词“中奖”时，弹出图文消息，用户可查看中奖页面。

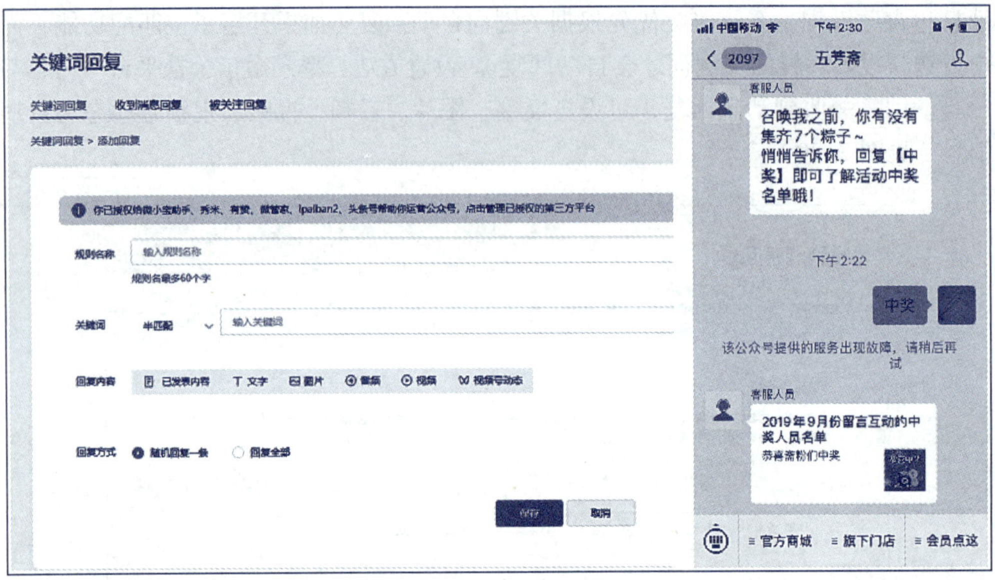

图 2－30　关键词回复

关键词回复的设置包括以下几个方面：

1. 字数限制

微信公众平台认证与非认证用户的关键词回复设置上限为 200 条（每条规则名最多可设置 60 个汉字），每条规则内最多设置 10 个关键词（每个关键词最多可设置 30 个汉字）、5 条回复（每条回复最多可设置 300 个汉字）。

2. 规则设置

运营者可通过微信公众平台设置多个关键词，如果订阅用户发送的信息中含有运营者设置的关键词，则系统会自动回复。同一规则中可设置 5 条回复内容，如运营者设置了“回复全部”，则当用户发送的信息中含有运营者设置的关键词时，系统会将已设置的多条回复全部发送；若未设置“回复全部”，则会随机回复。

3. 关键词设置

每个规则里可设置 10 个关键词，若设置了相同的关键词，但回复内容不同，系统会随机回复。每个规则里可设置 5 条回复内容；若设置了多条回复内容（没有设置“回复全部”），系统会随机回复。多条回复设置方法：点击关键词回复→添加回复→输入关键词匹配内容后，再添加内容，然后选择“回复全部”即可。运营者在设置关键词时可使用回车来分隔，输入回车可添加多个关键字，不可使用逗号（，）、分号（；）、顿号（、）、句号（。）进行区分。

4. 完全匹配功能设置

若选择了全匹配，只有当用户发送的内容与运营者设置的关键词完全一样时，才会触发关键词回复，既不能多一个字符也不能少一个字符。例如：设置关键词为“123”，仅回复“123”才会触发关键词回复。若选择半匹配，只要对方发送的内容包含设置的完整关键词，就会触发关键词回复给对方。例如：设置关键词为“123”，回复“1234”会触发关键词回复，但回复不完整的关键词“12”则不会触发关键词回复。

课堂测试

请为公众号设置被关注回复、收到消息回复和 2 个关键词回复。

三、自定义菜单设置

自定义菜单设置

运营者可以在公众号会话界面底部设置自定义菜单，菜单项可按需设定，并可为其设置响应动作。用户可以通过点击菜单项，收到设定的响应，如收取消息、跳转链接等。通过自定义菜单，运营者可以展示公众号内容的精华版和最新活动，引导用户下载 App，满足卖货等其他外部需求，或者展示公司的详细介绍。

（一）自定义菜单规划

公众号可以设置一级、二级菜单（见图 2-31）。一级菜单是指手机可以直接显示的菜单，最多不超过 3 项，每个一级菜单下最多可创建 5 个二级菜单（子菜单）。

很多公众号菜单名称包含很多内容，从某种程度上来讲是想传递给用户更多的信息。但是从用户服务的角度来讲，能够用一个菜单解决的问题绝不用第二个菜单。因此，运营者应选取真正能够给用户带来价值的菜单，根据业务重心来设计核心菜单的位置和先后次序。

公众号的理念特别是服务号的理念是小而美，一个业务类型代表一个公众号。运营者在设计菜单时针对的用户痛点和运营要点一定要一目了然、有吸引力，能唤起用户兴趣。例如：某餐厅的公众号的核心业务是订餐，公众号可以设置三个一级菜单，左栏是“选菜”，中间栏是“今日特价”，右栏是“我的订单”，这三栏就是用户消费流程的关键点，是餐厅的业务重心。二级菜单需要用户点击后打开，现代人生活节奏快、选择多，如果太分散，用户可能直接退出甚至取消关注，因此二级菜单要做到指向明确，能快速解决用户需求。

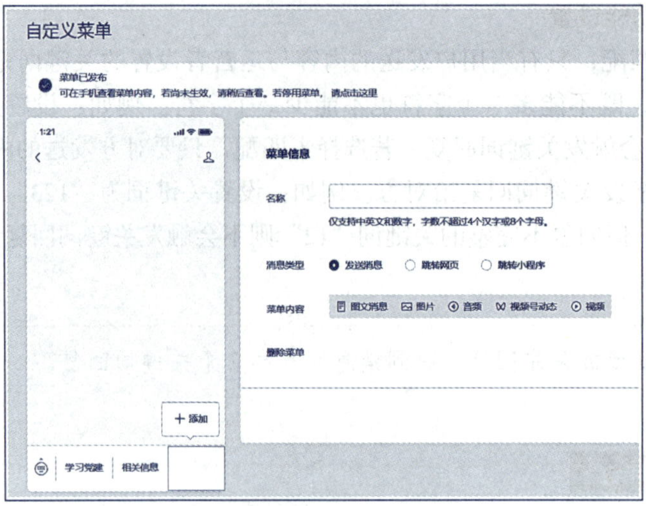

图 2－31　自定义菜单

（二）设置一级菜单

自定义菜单需设置菜单名称、菜单内容两项。运营者设置菜单名称时，只需在“菜单名称”后的文本框中输入文字即可。一级菜单名称仅支持中英文和数字，字数不超过 4 个汉字或 8 个字母，若字数太多，界面会显示“字数超过上限”。菜单内容选项有发送消息、跳转网页、跳转小程序三种方式。发送消息选项可以让用户点击菜单后跳转到选择图文消息、图片、音频、视频、视频号动态中的一种，图文消息是已发布的内容。运营者设置完成后可进行预览，然后点击下方的“保存”并发布即可。

编辑中的菜单不会马上被用户看到，运营者点击“发布”后，24 小时后会在手机端同步显示，用户不会收到更新提示。若多次编辑，以最后一次保存为准。

（三）跳转小程序选项设置

（1）获取小程序 App 的 ID。运营者使用要设置为菜单的小程序登录微信公众平台，在左侧菜单选择开发，点击右侧的开发设置，找到并复制小程序 App 的 ID。

（2）公众号关联小程序。运营者使用要设置为菜单的小程序登录微信公众平台，点击自定义菜单项，选择跳转小程序后，点击选择小程序，输入要关联的小程序 App 的 ID，单击右侧的搜索按钮进行搜索，并点击“发送关联邀请”。完成以上步骤后，等待小程序的管理员通过邀请。

（3）公众号菜单添加小程序。运营者使用要设置为菜单的小程序登录微信公众平台，点击自定义菜单项，选择跳转小程序（见图 2-32），在弹出的窗口中选择要设置为菜单的小程序，单击确定即可。

（四）设置二级菜单

二级菜单的设置与一级菜单相同，运营者设置了二级菜单后（见图 2-33），一级菜单就不能设置跳转了。平台规定二级菜单的名称不能超过 8 个汉字或 16 个字母，超过时会有字数限制警告。如果超过 4 个汉字，菜单会被折叠，无法显示全部。

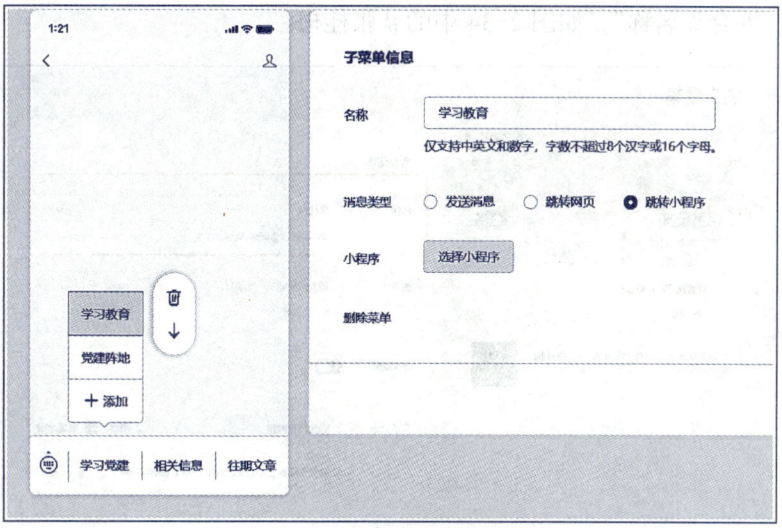

图 2－32 跳转小程序

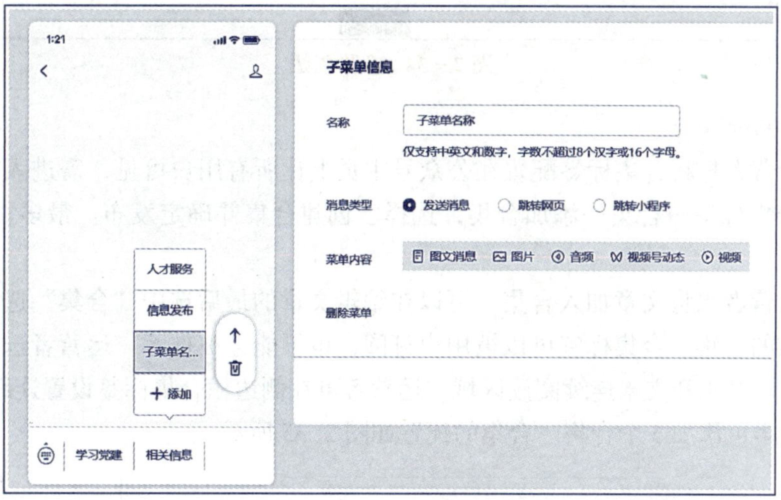

图 2－33 二级菜单设置

（五）合集与页面模板

运营者可以在公众号合集内添加相同主题的内容，方便用户连续浏览。该模板支持创建图文、视频、图片和音频等类型合集。运营者既可以将合集插入菜单中，也可以将其插入图文消息中。通过公众号的合集功能，用户可以方便地一次性阅读多个公众号的推文，极大地提高了阅读效率。

页面模板的功能和合集相似，两者都可以将多条图文消息汇总在一起。但页面模板只能插入菜单中，不能以超链接形式或者以合集形式插入图文消息中。如果要在菜单中收集汇总推文集合，建议使用页面模板。

1. 合集的创建

进入微信公众平台后台→合集标签→合集→创建合集→图文合集，设置合集信息如名称、简介等，添加已发表的文章到合集中，点击“发布”即可完成合集创建。合集的呈现形式为“# 合集名称”，如图 2-34 中的 # 张桂梅。

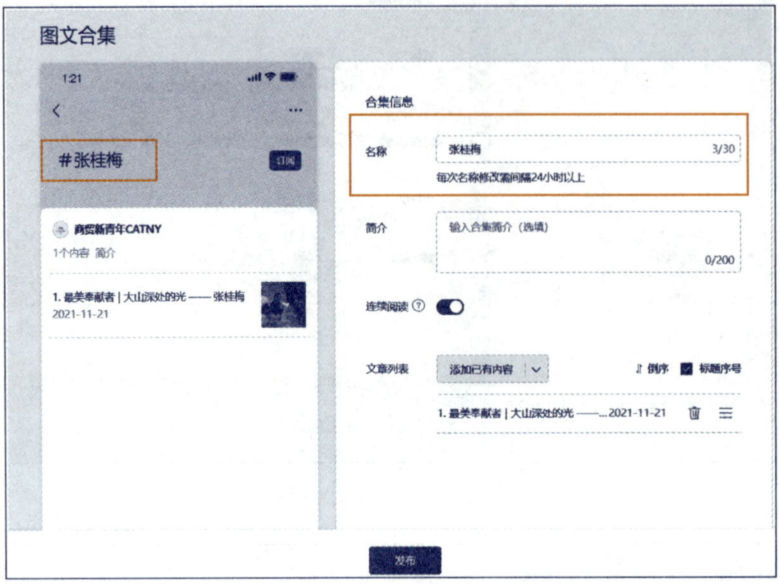

图 2-34　合集创建

2. 合集的配置

如果运营者想将合集标签配置在公众号主页上让所有用户可见，需进入微信公众平台后台→合集标签→合集→添加合集，选择已创建合集并确定发布。最多可配置 10 个合集。

如果运营者想将文章加入合集，可以在编辑文章的最后选中“合集”选项，并挑选文章应加入的合集。合集标签可以被用户订阅，也可能会被推荐。运营者选择后，合集将展示在文章开头和文末连续阅读区域。运营者可在侧边栏合集标签设置连续阅读功能。每篇文章最多可添加 5 个合集。合集的配置如图 2-35 所示。

图 2-35　合集的配置

3. 页面模板的创建与使用

进入微信公众平台后台→合集标签→页面模板→添加模板，选择需要的模板类型，设置页面模板页面名称，添加已发表的文章到内容列表中，点击“发布”即可完成创建，如图 2-36 所示。进入微信公众平台后台→自定义菜单→跳转网页→从页面模板选择，即可选择已创建的页面模板，实现一个菜单链接多篇文章的功能。

图 2-36　页面模板的创建

课堂测试

请为公众号设置自定义菜单，至少一个一级菜单、三个二级菜单，点击菜单会有跳转内容。

案例分享

微信公众号“日食记”分析

1. 定位

日食记的公众号定位非常明确，主打“美食＋生活方式”的内容。通过分享家常美食的制作过程，结合生活小故事，日食记向用户传递了一种温馨、治愈的生活方式。

2. 用户画像

该公众号的用户主要集中在 20～40 岁的中青年群体，女性用户占比较高。他们大多对生活品质有所追求，喜欢尝试不同的美食，同时也希望通过美食来放松身心，寻找生活的乐趣。

3. 文章排版

日食记的文章排版风格简洁大方，色彩搭配温馨舒适。每篇文章都会配上精美的食物图片和详细的制作步骤，使得用户在阅读时能够清晰地感受到美食的魅力。同时，文章的字体大小和间距也设置得恰到好处，方便用户阅读。

4. 内容形式

在内容形式上，日食记主要以图文结合的方式呈现。除了美食制作教程外，日食记还会分享一些与美食相关的小故事、生活感悟等。这些内容形式既满足了用户对美食制作的需求，又增加了公众号的趣味性和可读性。

5. 活动策划

日食记会不定期地举办一些线上活动，如“厨房小能手”挑战赛、“美食分享会”等。这些活动不仅增加了用户与公众号之间的互动，而且提高了用户的参与度和黏性。

6. 品牌传播

在品牌传播方面，日食记通过高质量的内容和精心的活动策划，逐渐积累了良好的口碑。同时，日食记还与其他媒体平台合作，如与电视台合作推出美食节目、与电商平台合作推出定制美食等，进一步扩大了品牌影响力。

7. 盈利模式

日食记的盈利模式主要包括广告合作、电商销售、品牌合作等。日食记会在文章中穿插一些广告或推广内容，同时在公众号内开设电商平台，销售一些与美食相关的产品。此外，日食记还会与其他品牌进行合作，推出定制内容或产品。

8. 运营主体

日食记的运营主体是一支专业的团队，团队成员具备丰富的美食制作和媒体运营经验。团队成员之间分工明确、协作默契，确保了公众号内容的质量和稳定性。同时，日食记也非常注重用户反馈和需求，不断优化内容和服务，以满足用户的期望。

训练营

在新榜等平台搜索至少5个读书类公众号，观察和分析其名字、头像、介绍、菜单，归纳并学习这些公众号的可借鉴之处（见表2-2）。

表2-2　竞品公众号分析

序号	名字	头像	介绍	菜单	借鉴之处
1					
2					
3					
4					
5					

任务三

微信公众号内容

故事导入

小王开始运营公众号，发现自己面临的最大问题是不知道如何输出优质的内容。他每天都忙碌于选题、写文章，但是写出的文章没有规范性，用户阅读体验也不是很好。于是，小王就去网上请教：

1. 公众号如何做好内容、栏目的规划？
2. 公众号如何做好选题？
3. 有了选题，如何写好文章？

课前提问

如果你是小王，你了解以上问题吗？

相关知识点

一、微信公众号内容规划

内容规划

新媒体运营的核心就是内容运营，运营者通过图片、文字、视频、音频等内容，提高产品的内容价值，增强用户黏性。内容是一个公众号成功与否的关键，公众号通过内容吸引用户，最终完成流量转化。内容规划是为了打造一个有条理、整体性强、独特的公众号内容形象而进行的事先策划。

公众号的名称、定位也是内容规划的一部分。公众号内容规划可以从以下几个方面展开。

（一）通过分析用户群体及其需求，找准公众号的内容定位

深挖用户需求是关键。运营者进行公众号定位时，就已经调研了用户需求。在内容规划阶段，运营者需要对用户需求进行细分，可采用线上问卷或线下问卷等形式进行网

络调研，收集用户的信息，从不同的维度进行用户画像。例如：读书类公众号侧重了解用户喜欢看的内容、喜欢读的书籍、阅读的时间等，为公众号栏目规划和选题做好准备。

（二）确定公众号首页的框架

自定义菜单决定了用户信息入口和功能模块展示，通过关键词回复、自动回复等与用户形成良好的互动。特别的内容设计会让用户耳目一新，如某公众号通过每天一段音频来引导用户阅读图文消息，非常与众不同。

（三）确定公众号的内容形式

（1）形成有规律、有特色的图文消息组合。一篇多图文消息可以有多篇文章，文章如何组合值得运营者深思。例如：有些公众号统一运用 4 条内容加一条广告的形式来推送消息，有规律的呈现会让用户感觉到整体性和规律性；有些公众号会有规律地推出一些幽默笑话，与用户互动；有些公众号以特立独行取胜，如公众号“一条”每天会重点推出一篇单图文消息，这也是一种特色。

（2）文章内容的统一排版，体现公众号的调性。每篇文章的文字、视频、图片都需要整体布局，运营者应对文字、段落、标题、配图进行统一设计。如公众号“誰最中國”的文章固定采用特别有中国风的配图，非常有辨识度；公众号“顾爷”排版上非常有创意，文章做的都是长图，因此不受微信编辑器本身的限制。

（3）内容来源。运营者在进行内容规划时，需确定公众号文章的内容来源。公众号文章是原创还是转载是由公众号的定位决定的。例如：公众号“读者”是大家熟悉的只做转载文章的公众号，公众号转载文章时需经过原创作者授权。公众号只有以原创文章为主，才能在内容上站住脚跟。如果是公众号原创的文章，需要添加原创声明，微信平台会对原创文章进行知识产权保护。

（4）内容推送时间和推送频率。图文消息的推送时间、推送频率需根据用户特点来确定。在前期不了解用户作息时间的情况下，运营者可选择不同的时间来测试，如每天上午 10 点。之后运营者可通过公众号阅读数据来更新推送时间，选中用户最活跃的时间来推送消息。推送频率则要考虑公众号的团队能力，一般是每天一篇，也可以是每周固定一天推送。

（5）产出方式（盈利方式）。在公众号有一定的用户数量，或公众号本身有营销产品的意愿时，运营者需要规划公众号所推产品或公众号的产出方式，是否需要搭建微店、微商城，如有微商城是否通过软文营销跳转，或进行菜单、关键字引流。这也是内容规划阶段需要考虑的。

（四）竞品分析

在规划以上内容的同时，运营者需要通过新榜等网站寻找同类型的微信公众号，对竞品的内容特点、内容来源等进行分析，总结竞品的优势，分析自身的优缺点，找到自身的公众号的立足点。

（五）栏目规划

通过以上步骤，最后运营者需要将公众号内容模块进行整理，固定成栏目形式（见

表 2-3），如同电视台的节目一样，形成一定的规则。对于每一个栏目的图文版面、内容制作流程、互动环节等，运营者都要有细致的规划，最终形成一本栏目手册，在日后的运营过程中，就可以按照栏目手册执行，既方便团队合作，又风格统一。

表 2-3 企业微信内容运营栏目规划表

<table>
<tr><th>内容分类</th><th>一级主题</th><th>二级主题</th><th>说明</th><th>内容关键点</th><th>内容占比</th><th>推送时间</th></tr>
<tr><td rowspan="10">企业相关度</td><td rowspan="3">产品</td><td>最新产品</td><td>当季上市新品，企业也会主推宣传，公众号可配合推荐给粉丝</td><td rowspan="3">产品选择很关键，产品配图要丰富，展现细节图，清晰、精致</td><td rowspan="10">50%</td><td rowspan="3">星期一</td></tr>
<tr><td>热卖产品</td><td>一段时间内卖得最火的产品</td></tr>
<tr><td>常规产品</td><td>基本款产品，公众号偶尔推送，包括鞋子、外套、配饰等</td></tr>
<tr><td rowspan="3">活动</td><td>专题产品</td><td>某一品类促销活动，或者节假日活动专题</td><td rowspan="3">准确表述活动时间，语言尽量网络化，幽默、灵活</td><td rowspan="3">星期二</td></tr>
<tr><td>单品促销</td><td>如单品团购、促销、打折等</td></tr>
<tr><td>品牌活动</td><td>如时尚造型师、中文名征集等</td></tr>
<tr><td rowspan="2">品牌</td><td>品牌文化</td><td>定位、文化、理念的宣传</td><td rowspan="4">用语活泼、自然，具有人情味</td><td rowspan="3">随机</td></tr>
<tr><td>设计理念</td><td>产品特色、卖点等</td></tr>
<tr><td rowspan="2">新闻</td><td>企业动态</td><td>公司新闻投资等大事件</td></tr>
<tr><td>员工生活</td><td>员工生活花絮等</td><td>随机</td></tr>
<tr><td rowspan="4">用户相关度</td><td>时尚搭配</td><td>待定</td><td rowspan="4">可与企业相关内容随机组合成多图文</td><td rowspan="4">有趣、好玩、有价值，图文搭配</td><td rowspan="4">50%</td><td>星期三</td></tr>
<tr><td>购物精选</td><td>待定</td><td>星期四</td></tr>
<tr><td>养生健康</td><td>待定</td><td>星期五</td></tr>
<tr><td>亲子教育</td><td>待定</td><td>星期六</td></tr>
</table>

通过以上内容的统一规划，公众号可以向用户展示产品亮点和独特风格。内容规划是一个长期的过程。为了不断地补充和细化用户成长所需知识，优化关键项并减少不必要项，更加清晰地梳理好各个层级关系，运营者在运营过程中需要不断调整内容规划。

案例分享

本本生活微信公众号内容规划

1. 定位

● 公众号名：本本生活

一个面向女生的笔记本电脑交流平台，抓住女生爱看感情故事、电脑动手能力弱、喜欢一些时尚贴纸及可爱配饰的特点进行推广，成为女生交流的集中场所。

2. 内容

● 内容构成：3 条干货 +1 条广告，主要包括女生喜欢的明星或情感故事、女生喜欢的电脑及配饰介绍（如电脑包等）、女生操作电脑过程中遇到的常见问题、女生常用的一些软件。

● 内容来源：整合 + 原创 + 编译，每周一、三、五、七推送消息，头条为原创文章。

● 内容栏目：

【本来生活】女生喜欢的明星或情感故事，与用户的联系、交流，用户使用笔记本电脑的故事

【本本秘籍】女生常用的一些软件

【本本天使】女生喜欢的笔记本电脑及配饰介绍

【本本诊所】女生操作笔记本电脑过程中遇到的常见问题

【女主大本营】产品微店

3. 内容规划

● 内容组成：专业技能、人物 / 故事。

专业技能：

（1）推出一些针对不同专业的新入学女生的笔记本电脑配置，并提供定制的装机服务。通过 H5 调研或后台数据，观察这些女生进入大二、大三后需求的变化，进行服务升级或相关产品引导。

（2）基于女生笔记本电脑操作中遇到的问题进行分类，从软件到硬件，给出解决方案，提供笔记本电脑保养、旧机以旧换新服务等。

人物 / 故事：

（1）根据季节变化，从故事切入不同的贴纸、键盘、鼠标等配套饰物介绍。

（2）提供一些女生喜欢的演员、人物的故事，以及护肤等知识点。

● 内容侧重：重内容制作与策划，帮助用户节省时间，及时提供生活消遣和完整解决方案，让用户得到知识、观点、趋势、价值观。

● 统一 UI：采用女生喜欢的粉红或紫色系，设计统一的品牌色、标识、栏目字体等排版要素。

● 产出方式：通过微店销售笔记本电脑相关小饰品、小配件。

4. 竞品分析

竞品分析如表 2-4 所示：

表 2－4　竞品分析

竞品	竞品内容特点	竞品产出方式	竞品优势	本公众号优势
笔吧评测室	专业的笔记本电脑配置推送，从价格、参数到配件	硬件更换、换屏、软文营销	专业的笔记本测评，适合发烧友	站在女生的角度提供相关服务
联想商用 PC	电脑硬件的介绍	链接到官网	有品牌支撑、专业	

课堂测试

1. 请分析至少 3 个同类公众号的内容框架，归纳其精彩之处，作为自身公众号运营的参考（见表 2-5）。

表 2－5　公众号的内容框架分析

公众号名称			
定位			
构架			
产品亮点			
内容推送时间规律			
每日推送内容数量			
推送内容频率			
推送内容形式			
内容类型			
营销方式			
补充内容			

2. 如果你在一家主营业务是奶茶、甜品的公司工作，你面向的都是个人用户。现在公司需要规划公众号内容，请你按照教材中案例的模板，整理一份微信公众号内容规划方案。

二、微信公众号内容选题

内容选题

公众号几乎每天都要推送图文消息，图文消息的载体即文章，文章选题的方向决定了用户的阅读量。公众号运营者必须掌握公众号内容选题的标准和思路。

（一）选题方向

公众号内容选题的标准是抓住用户的兴趣点，捕捉用户的情绪或提供用户价值，让用户产生强烈共鸣，从而和用户有心灵上的沟通。公众号内容涉及的选题方向有很多，具体可以参考以下几个方面。

（1）知识科普：提供有趣、实用的科普知识，涵盖科学、文化、历史、地理等各个领域，帮助用户了解世界、增长见识。

（2）行业解读：根据公众号的定位，提供相关行业的深度解读和趋势分析，满足用户对行业动态的关注。

（3）心理健康：提供心理健康指导和心理学知识，帮助用户更好地面对压力和情绪，提高心理素质。

（4）职场发展：分享职场技能、职业规划和职业心得，帮助用户提升职业竞争力，拓展发展空间。

（5）健康生活：提供健康饮食、运动锻炼、养生保健等方面的知识和建议，帮助用户拥有健康的生活方式。

（6）文化艺术：推荐文学、电影、音乐、艺术等方面的内容，丰富用户的文化生活。

（7）实用技能：分享实用的生活技巧、DIY 教程、家居装修等内容，提供解决问题的方法和灵感。

（8）娱乐时尚：提供娱乐圈动态、时尚资讯等内容，满足用户的娱乐需求。

（9）兴趣爱好：针对特定爱好群体，如旅行、摄影、美食、游戏等群体，提供相关的内容和经验分享。

（10）社会热点：关注时事、热点事件，提供深度解读和观点分析，引导用户关注社会问题。

（二）选题过程

选题过程比较复杂，运营者可从以下几个方面选择适合自身公众号的选题。

1. 从同行或竞争对手中寻找常规选题方向

运营者可通过观察竞品公众号写作的角度，策划不同角度的选题，具体做法是：

（1）首先，在新榜、爱微帮、西瓜助手、微指数等平台寻找相关的公众号，这些平台都提供了公众号分类、排名、粉丝、阅读量等数据。其次，找到相关行业的爆文，复制爆文标题后，通过搜索引擎找到发布文章的所有公众号，找到一批账号后汇总成表 2-6。

表 2-6　竞品相关公众号汇总表

账号	用户重合度	公众号选题方向		
公众号 1	高	选题方向 A	选题方向 B	……
公众号 2	中	选题方向 A	选题方向 B	……
公众号 3	一般	选题方向 A	选题方向 B	……
……	……	……	……	……

（2）筛选目标账号，分析目标账号选题方向。通过表格分析，运营者可找到用户和自身公众号匹配度高、阅读量大、用户基数好的优质账号，学习并借鉴这些优质账号的选题和栏目规划，找到适合自身的公众号选题。选题落脚点可以是和竞品公众号不同角度，或是对竞品公众号选题的评议，或是对竞品公众号选题的拓展等。

（3）验证选题方向。选定好选题方向后，运营者需要进行测试，并制定测试时间、公众号推送位置、推送频率等。测试时间建议最少 1 周，关键选题方向可以安排 1 个月的测试时间。公众号选题方向测试如表 2-7 所示。

表 2-7 公众号选题方向测试

测试选题方向	选题方向 A	选题方向 B	选题方向 C	……
测试时间	7.1—7.10	7.1—7.10	7.1—7.10	……
测试位置	头条	第二条	第三条	……
测试效果数据	数据	……	……	……

2. 结合热点事件和重要节假日进行选题

追热点是新媒体运营者必须学会的技能，很多爆文就是公众号在热点事件发生后的第一时间进行响应，然后发布的。所以，运营者平时要多关注一些指数，如微博热搜、百度热搜等，另外也可以结合公众号自身或重要节假日展开。

3. 结合所运营公众号的历史内容输出策划类的软文

运营者可从公众平台的数据统计中导出表格，统计公众号过往全部历史文章数据，如图文阅读量、分享量、打开率、分享率、推送时间等，然后筛选出阅读量最高、分享量最高、打开率最高的文章并排序，继而进行分析。通过分析这些数据，运营者可总结出之前受欢迎的各种选题方向，将分析结果做成详细表格，用于测试、优化并升级。

4. 通过多种方法收集用户的呼声

例如：运营者可在后台让用户就感兴趣的选题类型进行投票；发起征集活动，让用户留言；利用在线问卷平台进行用户调查；在用户群里了解用户喜欢的选题等。运营者可将分析结果和现有选题进行对比、优化升级。公众号选题来源如表 2-8 所示。

表 2-8 公众号选题来源

类型	公众号选题方向		
投票	选题方向 A	选题方向 B	……
粉丝群	选题方向 A	选题方向 B	……
问卷调查	选题方向 A	选题方向 B	……
微信私聊	选题方向 A	选题方向 B	……
公众号后台消息	选题方向 A	选题方向 B	……
……	……	……	……

经过一段时间的运营，运营者就可以积累选题库，将选题库中的文章按照运营规划进行数据分析，不断优化，有热点时追热点，无热点时说常规，选题不再是难题。

5. 利用 AI 应用进行选题

运营者可进入文心一言并输入选题指令，例如：“作为一名公众号文案写作人员，请针对 ×× 热点事件，列出 5 个有深度、有吸引力的选题。每个选题都要简洁明了，能够引起用户兴趣。选题需要从不同角度切入，涵盖政治、经济、社会等方面，并适当结合个人观点或分析。”文心一言会列出相应的选题，并对选题加以解释，运营者可根据需要进行选择并深入提问。

案例分享

“淄博烧烤为什么会火”选题分析

山东省淄博市是山东省区域性中心城市、现代工业城市，重要的石油化工基地。从2023年3月初开始，淄博烧烤突然走红，城市客流量剧增，来此“撸串”的除了本地人，外省“慕名而来”的游客也占了很大比例。“进淄赶烤”成为热点事件，迅速成为各大新媒体传播热点，很多微信公众号都以“淄博烧烤为什么会火”为主题，推出了10万+爆文（见表2-9）。

表2-9　淄博烧烤热点选题列表

标题	公众号	选题分析
淄博烧烤，怎么就“出圈”了	中国新闻周刊	选题深入探讨了淄博烧烤从地方特色美食到全国知名品牌的转变过程及其背后的原因。淄博烧烤作为地方特色美食，本身就具备独特的口味和风格，这是其能够“出圈”的基础；此外，淄博烧烤的火爆与当地政府和文化部门的支持和推广密不可分。
今日聚焦：淄博烧烤，为什么这么火？报恩的故事，只是引子……	冯站长之家	选题从淄博烧烤为什么火的历史渊源和文化背景入手，通过深入挖掘淄博烧烤背后的故事，展现其独特的风味和地域特色。
一夜火成顶流的淄博烧烤，背后原来藏着一盘“大棋”……	InsDaily人物	选题深入挖掘了淄博烧烤火爆现象背后的深层策略和长远规划。淄博市政府和文化部门通过举办烧烤文化节、加强品牌建设等方式，积极推广淄博烧烤文化，提升了其知名度和影响力。烧烤店也注重提升服务质量、创新菜品、营造良好用餐环境等，满足了消费者的多样化需求。
淄博火的不是烧烤，是山东人的格局！	视觉志	选题利用富有冲击力的图片，通过独特的视角，将淄博烧烤的火爆现象与山东人的格局相联系，展现了山东人宽厚、开放、热情好客的性格特点，以及他们对待商业和文化的态度。
爆火的淄博烧烤，快把本地人逼疯了！	金错刀	选题利用富有话题性和争议性的标题，从本地人的角度出发，展现了淄博烧烤火爆背后的另一面，描述了淄博人克服如交通拥堵、环境嘈杂等问题，为烧烤出圈做出的努力。
为什么“淄博烧烤”能爆火？相关高考知识点来了！	学子杂志	选题利用“烤”和“考”的谐音，巧妙地将社会热点与高考知识点相结合，既能够吸引广大考生的关注，又能够通过实际案例来解读和深化对知识点的理解。

课堂测试

1. 从微博热搜榜中找一个与你的公众号相关的主题，并拟定一个提纲。
2. 请以“身边的国货”为主题，结合自己的公众号写一篇微信文章。

训练营

1. 为一个在线Office学习课程进行内容营销定位。

提示：分析其可以选择在哪些媒体平台进行宣传，简单列举该网络课程进行内容营销的大致过程。

2. 在新浪微博中查看当前的热点话题，根据话题确定内容写作的方向，并拟定一个提纲。

提示：提纲可从内容中心点展开，表述清楚内容写作的方向即可。

3. 材料题。

张桂梅扎根山区 40 余年，2008 年创办了中国第一所免费的女子高级中学——丽江华坪女子高级中学。张桂梅连续多年送考，帮助 2 200 多名山区女孩圆梦大学，是为教育事业奉献一切的“张妈妈”。

（1）以材料内容为出发点，写一篇微信公众号推广文章。

提示：以热点为表现手法的标题和正文，要充分体现热点与营销内容的联系，否则容易让用户反感。运营者可以故事为主要表现手法，以软广告植入为主；同时，要注意微信公众号文章的排版，以方便移动端用户阅读为宜。

（2）为写作的公众号推广文章制作封面图。

提示：可以人物的教学、生活照片等为背景，搭配简单的文字说明，切忌出现营销性质的词汇。

任务四

新媒体文案写作

故事导入

小王的公众号等平台运营初具规模。在运营过程中，小王发现在吸粉、产品描述、宣传等过程中，文案发挥了“四两拨千斤”的作用，可以通过巧妙的文字设计、情感引导、价值赋予等方式，引导受众进行消费。小王对新媒体文案产生了浓厚的兴趣，他又来向你请教如何才能写出高质量的文案。

1. 如何提炼产品卖点？

2. 如何写出销售文案？

课前提问

你如何回答以上问题？

相关知识点

文案是用于与粉丝互动、传播信息、推广产品或服务的内容载体。文案人员写作新媒体文案时，应简洁新颖、主题突出，从独特的角度切入，运用妙趣横生的语言来吸引用户的注意，引起用户的兴趣。目前，用户对广告普遍存在一种排斥心理。新媒体文案可通过图文并茂的文字描述诙谐幽默的故事，巧妙地引导用户，让用户自然地接受，并主动寻求更多的内容，提高了用户的接受程度，提升了转化率。

新媒体文案的写作要求有以下几个方面：

（1）图文并茂，增强吸引力。文案应融合高质量的图像与精练的文字，以“有趣、有料、有价值”为准则，构建用户易于接受且富有吸引力的内容形式，激发阅读兴趣，深化信息传达效果。

（2）精练易读，高效沟通。文案力求言简意赅，确保在有限篇幅内迅速抓住用户的注意力，有效传达核心信息，实现高效、深入的用户沟通。

（3）彰显个性，紧跟潮流。文案创作融入网络热词与流行元素，展现独特个性与品牌特色，同时紧跟互联网发展趋势，巧妙运用热门话题引导消费趋势，增强文案的时效性与互动性，有效促进购买意愿的形成。

优秀的新媒体文案的创作并不是一蹴而就的，在高点击率、高浏览量的背后，需要创作者扎实地完成每一步工作。新媒体文案的创作过程如表 2-10 所示。

表 2-10　新媒体文案的创作过程

阶段	步骤	内容
准备阶段	确定目标受众	明确文案的目标受众是谁，他们的年龄、性别、职业、兴趣等
	明确文案目的	明确文案的目的是宣传品牌、推广产品，还是传达某种信息或者价值观
	提炼卖点	根据产品的相关信息找到其优势所在，产品优势要与目标受众的需求充分结合
	搜集素材	搜集与主题相关的图片、视频、数据等素材
构思阶段	确定主题	根据目标受众和文案目的，确定文案的主题
	搭建结构	构思出文案的大致结构，包括开头、主体和结尾
	拟写提纲	根据构思的结构，写出详细提纲
文字输出阶段	撰写初稿	根据提纲，撰写文案的初稿
	内容校对	检查文字是否通顺，是否有错别字、语法错误等问题
	文字润色	对文案进行文字润色，使其更具吸引力
	文风优化	根据新媒体的文风特点，对文案进行适当的调整和优化
修改阶段	再次校对	检查是否有遗漏或错误的信息
	排版调整	根据视觉计划，对排版进行审查和调整
	内容优化	根据反馈和数据分析，对文案进行进一步的优化和改进
	最终审核	确认文案无误后，进行最终的审核和发布

一、新媒体短文案写作

（一）短视频文案写作

在宣传或推广某个产品或品牌阶段，文案有助于明确视频的主题和传达的信息，以确保视频的内容与宣传目的相一致。下面以赣南脐橙短视频文案写作为例进行介绍。

1. 准备阶段

以某视频账号的用户画像为例，从地域分布上看，该账号粉丝所在省份占比前五名分别是广东、山东、江苏、河南、浙江，这些粉丝所在省份 GDP 排名居全国前列，说明粉丝大部分在经济发达地区，受教育程度较高、经济条件较好。从粉丝性别来看，女性粉丝占了 68.3%，偏好度较高，这说明该账号更受女性粉丝欢迎。从年龄分布来看，31～40 岁占比最高，其次是 24～30 岁，这两个年龄段的用户具有非常强的消费能力，消费水平较高。分析用户终端发现，苹果用户粉丝占比 40%，华为用户粉丝占比 27%，5 000～6 000 元价位的手机用户粉丝占比最高。结合以上所有数据分析，女性粉丝较多，粉丝能力较强，这些粉丝受过良好的教育，尊重知识，黏性高。由此推论：粉丝主要是对高品质水果、健康食品有需求以及追求生活品质的人群，对食品的口感、品质和产地等方面有较高的要求。

接下来进行赣南脐橙宣传推广短视频文案创作，文案人员需收集相关数据、素材。

2. 构思阶段

在确定文案主题时，文案人员应首先考虑目标受众的特点和需求。根据目标受众的这些特点，确定文案的主题为“赣南脐橙，为你而来”。该主题不仅突出了赣南脐橙的高品质和用心培育的特点，而且传递出一种关怀和温暖的情感价值，能够满足目标受众对高品质生活的追求。此外，文案的目的是突出赣南脐橙的卖点，激发受众的购买欲望。因此，内容应突出脐橙的口感、品质和产地等方面的特点，吸引目标受众的注意力，并让他们对产品产生更强烈的兴趣和好感。

根据文案的内容和风格，文案人员可使用高清晰度的赣南脐橙图片作为主图，展示脐橙的饱满、色泽诱人的特点，配合一些果农在果园中劳作的场景，展现出果农的辛勤付出和智慧，加入一些自然元素，如太阳、蓝天、白云等，以强调脐橙与大自然的关系。

文案人员应保持简洁明了的排版风格，使用适当的标题和段落，让文案易于阅读和理解；使用适当的颜色和字体，以突出重点和引导用户的注意力。例如，可以使用加粗或斜体的方式来强调某些关键词或句子。在适当的地方使用图片和图表，以增加文案的可读性和吸引力。在文案的底部，可以加入品牌标志或宣传语，以提升品牌曝光度和认知度。以上设计可以让文案更加生动、形象，并吸引用户的注意力。同时，文案人员可根据实际需求和市场特点进行适当的调整和优化。

3. 文字输出阶段

[标题]【赣南脐橙，为你而来】

此标题适合对高品质水果、健康食品有需求以及追求生活品质的人群，不仅突出了脐橙的高品质和用心培育的特点，而且给人一种亲切、关怀的感觉，对于注重健康、关心食品品质、追求生活品质的消费者来说具有较强的吸引力。此外，此标题也适合那些对赣南地区文化和特色有一定了解或感兴趣的人群，因为标题中提到了“赣南”，让人联想到该地区的特色和文化。

[开头]在赣南这片富饶的土地上，脐橙树摇曳生姿，宛如大自然的精灵。它们结出的果实颗颗饱满，色泽诱人，仿佛是大自然精心雕琢的艺术品。这些脐橙不仅仅是一种水果，更是大自然的恩赐。

开头描述脐橙树在赣南土地上的生长姿态，强调其饱满、色泽诱人的果实，提及这些脐橙是大自然的恩赐，为后续文案铺垫。

[主体]然而，这些脐橙的诞生并非仅仅是大自然的杰作。在它们的背后，凝结了无数果农的辛勤汗水和智慧。正是他们年复一年的精心培育，才使得这些脐橙得以茁壮成长，成为品质卓越的美味佳果。这些脐橙，更是我们用心培育的成果。

每一颗赣南脐橙，都承载着果农们对品质的执着追求和对消费者的真挚关怀。我们深知，每一个选择赣南脐橙的消费者，都是对品质生活的追求者。因此，我们用心培育，只为给您带来不一样的口感体验。

主体突出情怀，强调脐橙不仅是自然的产物，更是人们用心培育的结果。通过“为你而来”这一表述，拉近产品与受众之间的距离，传递出产品对受众的关怀和关注。

[结尾]赣南脐橙，为你而来。在这寒冬腊月，让甜蜜的滋味温暖你的心田。我们相信，当你品尝到这不一样的口感时，定能感受到那份来自赣南的温暖与关怀。现在，就让我们一起品尝这份大自然的馈赠，感受那份独特的甜蜜与美好。

结尾强调赣南脐橙能给人带来不一样的口感体验，激发人的购买欲望。

（二）产品文案写作

1. 运用九宫格思考法进行产品文案写作

（1）运用九宫格思考法提炼产品卖点。

九宫格思考法是一种利用九宫格矩阵图发散思维，帮助产品卖点产生的方法。该方法有助于文案人员快速提炼产品卖点。九宫格的填写方法有两种：一种是以中央为起点，按顺时针方向在格子中依次填入各个卖点，帮助文案人员了解自己对产品不同卖点的渴望程度；另一种是不考虑产品与卖点的关系而穷举填写（见图 2-37）。

卖点	卖点	卖点
卖点	产品名	卖点
卖点	卖点	卖点

■方法一

节能省电	轻音低噪	智能操控
美观大气	智能空调	占地小
健康送风	防霉除湿	贴心服务

■方法二

图 2－37　九宫格思考法

以赣南脐橙为例进行核心卖点提炼。

1）围绕产品特征提炼核心卖点（见图 2-38）。

卖点 1：个头大，皮薄	卖点 2：水分足，酸甜比例适中	卖点 3：肉质脆嫩、汁多化渣，风味浓甜芳香，有较浓郁的橙香味
卖点 8	产品特征	卖点 4
卖点 7	卖点 6	卖点 5

图 2-38 产品特征卖点提炼

经过对产品特征的分析，上述赣南脐橙的很多卖点是类似的，因此核心卖点很难在产品特征中脱颖而出，文案人员需要找到差异化卖点。

2）围绕产品利益点提炼核心卖点（见图 2-39）。

卖点 1：产自赣南寻乌，稀土王国，富硒土壤，有助于提高免疫力	卖点 2：原生态种植，农残检验全部达标	卖点 3：富含维生素 C 和胡萝卜素，有益身体健康
卖点 8	产品利益点	卖点 4：东江源头，果园群山环抱，溪水长流，备受保护的山中净土
卖点 7	卖点 6	卖点 5

图 2-39 产品利益点卖点提炼

经过对产品利益点的分析，这款脐橙产品有着与众不同的天然优势，就是产地优势。东江源头的地理优势是十分稀缺的资源，并不是每个产地都具备，采用原生态种植方式契合消费者对于水果的原生态、健康的强烈诉求，产品的差异化卖点就十分突出。

3）围绕产品前后端提炼核心卖点（见图 2-40）。

卖点 1：品牌化运营，优选精品果径，确保品质如一	卖点 2：产品多次被评为国家级优质产品，并被评定为“优质出口产品”	卖点 3：快递公司驻扎果园，现摘现发，新鲜直达
卖点 8	产品前后端	卖点 4
卖点 7	卖点 6	卖点 5

图 2－40　产品前后端卖点提炼

文案人员可通过对产品品牌的分析，从品质、种植方法、创始人情怀等方面挖掘品牌优势，通过放大创始人情怀、提升产品势能，以凸显产品的与众不同。

通过以上三个维度的分析，文案人员可完成对赣南脐橙的卖点提炼。卖点提炼，即基于产品创新、消费习惯与认知、市场竞争态势进行综合考量，提炼出最精练的体现产品价值、打动消费者的卖点。赣南脐橙核心卖点提炼如图 2-41 所示。

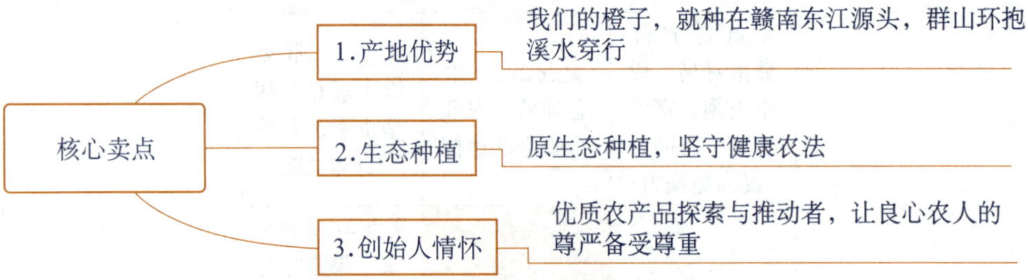

图 2－41　赣南脐橙核心卖点提炼

（2）文案撰写示例。

赣南东江源头，珍品脐橙等你品尝

赣南东江源头，溪水穿行，大自然赋予这片土地无尽的生机与活力。在这片神奇的土地上，有一种脐橙，汲取着大自然的精华，生长在原生态的环境中，它就是赣南脐橙。

赣南脐橙，坚守健康农法，远离污染，让每一颗脐橙都保持原生态的味道。果农们用心呵护，不使用任何化学肥料和农药，让脐橙自然生长，结出最甜美的果实。

作为优质农产品的探索者，赣南脐橙的创始人坚守着良心农人的初心。他们深知，只有对大自然保持敬畏之心，才能种出真正的美味脐橙。正是这份执着和坚持，使得赣南脐橙在市场上备受瞩目，赢得了众多消费者的青睐。

当你品尝到颗颗饱满、色泽诱人的赣南脐橙时，仿佛能感受到大自然的馈赠和果农们的辛勤付出。那甜而不腻的口感、那恰到好处的酸甜比例，让人回味无穷。每一口都是对大自然和品质的致敬，每一口都是对健康和美味的追求。

在这个季节，让我们一起品味赣南东江源头上的珍品脐橙，感受大自然的馈赠，体验品质生活的滋味。赣南脐橙，邀您共赴一场味蕾的盛宴！

2. 运用 FAB 法则进行产品文案写作

（1）运用 FAB 法则提炼产品卖点。

FAB 法则，即属性（Feature）、优势（Advantage）和益处（Benefit）法则，是一种说服性的销售技巧，也可以用来提炼产品卖点。表 2-11 为对 FAB 法则的解释。

表 2－11 对 FAB 法则的解释

组成	解释
属性（Feature）	代表产品的特征、特点，是产品最基本的功能，主要从产品的材质、制作技术、功能等角度进行提炼，如体积小等
优势（Advantage）	代表产品特征发挥的优点及作用，可从消费者的角度来考虑，如从产品特色和消费者关心的问题展开联想，如方便携带等
益处（Benefit）	代表产品的优点、特征带给消费者的好处、益处，应该以消费者利益为中心，强调消费者能够得到的利益，以激发消费者的购物欲望，如价格便宜等

下面以赣南脐橙为例，运用 FAB 法则来提炼产品卖点（见表 2-12）。

表 2－12 运用 FAB 法则提炼产品卖点

组成	维度	内容
属性（Feature）	产地	赣南地区是中国脐橙的重要产区，拥有适宜的气候和土壤条件，因此出产的脐橙品质优良
	品种	赣南脐橙以纽荷尔、华盛顿等品种为主，这些品种果大皮薄、酸甜适中、汁多化渣，具有独特的风味
	外观	赣南脐橙外形美观、颜色鲜艳、表面光滑，没有明显的瑕疵和斑点
优势（Advantage）	营养价值	赣南脐橙含有丰富的维生素 C、膳食纤维、矿物质等营养成分，具有很高的营养价值
	健康益处	赣南脐橙能够帮助消化、增强免疫力、预防感冒等，适合各个年龄段的人群食用
	新鲜度	赣南地区的气候适宜，脐橙的采摘和运输过程非常讲究，保证了脐橙的新鲜度和口感
益处（Benefit）	美味可口	赣南脐橙口感细腻、酸甜适中，能够带给消费者美味可口的享受
	增强免疫力	食用赣南脐橙可以摄入丰富的维生素 C 和其他营养成分，有助于增强身体免疫力
	预防感冒	赣南脐橙中的营养成分可以增强身体抵抗力，有助于预防感冒等常见疾病

（2）文案撰写示例。

赣南脐橙：自然馈赠，品味健康与美味的交融

在赣南的广袤土地上，大自然赋予了这片富饶之地无尽的生机与活力。这里，气候适宜、土壤肥沃，为脐橙的生长提供了得天独厚的条件。赣南脐橙，正是这片土地上的一颗璀璨明珠。

赣南脐橙，品质卓越，独具魅力。它以纽荷尔、华盛顿等品种为主，果大皮薄、酸甜适中、汁多化渣，每一颗都凝聚着大自然的精华。赣南脐橙的外观鲜艳亮丽，表面光滑无瑕，仿佛是大自然雕琢的艺术品。当你轻轻剥开果皮，饱满的果肉和丰富的汁液立刻呈现在眼前，诱人的香气扑鼻而来。

除了美味可口，赣南脐橙更是一份健康的礼物。它含有丰富的维生素C、膳食纤维和矿物质，为身体提供全面的营养。食用赣南脐橙，有助于增强免疫力、预防感冒、促进消化等。无论是早餐搭配、下午茶时光还是餐后水果，赣南脐橙都是你健康生活的最佳伴侣。

在赣南地区，新鲜度是脐橙品质的重要保证。果农们精心呵护每一个生长环节，从采摘到运输都十分讲究，确保脐橙的新鲜度和口感达到最佳状态。当你品尝到这美味的果实时，仿佛能感受到大自然的馈赠和果农们的辛勤付出。

让我们一起品味赣南脐橙带来的美好滋味，感受自然、健康与美味的交融。它不仅满足了我们对美味和健康的需求，更让我们在忙碌的生活中找到一丝宁静与惬意。选择赣南脐橙，让每一天都充满活力和能量！

3. 运用四步法进行产品文案写作

（1）运用四步法进行产品文案写作的思路。

著名广告人关健明在《爆款文案》一书中推荐运用标题抓人眼球、激发购买欲望、赢得用户信任、引导马上下单四个步骤写作爆款文案（见图 2-42）。

1）标题抓人眼球指出了标题对引导用户阅读文案的重要性。

2）激发购买欲望是指文案要充分激发用户的购买欲望，文案写作方法有感官占领、恐惧诉求、认知对比、适用场景、畅销和顾客证言等。

- 感官占领是指通过描述用户在使用产品时五官和身体的真实感受，带领用户体会产品的美妙，从而激发购买欲望。
- 恐惧诉求适用于省事型、预防型和治疗型产品。
- 认知对比适用于成熟类产品，与市面上普通产品进行对比，突出自家产品在哪些方面更有优势。
- 适用场景需要洞察目标顾客一天的行程，思考在哪些场景下能够用到需推广的产品，把产品植入多个场景，让顾客想象它带来的幸福感，从而刺激购买欲望。
- 畅销是指利用大众喜欢随大流的从众心理，描述产品热销的细节现象，营造出一种销售火爆的氛围，赢得用户信任。
- 顾客证言是指精选能击中顾客核心需求的买家证言，既能激发购买欲望又能赢得用户信任。

3）赢得用户信任可通过权威转嫁、事实证明、化解顾虑等实现。

- 权威转嫁是指通过介绍自家产品与权威机构的某种联系，描述哪些权威机构认同产品理念，让顾客认同产品品质，从而下单。

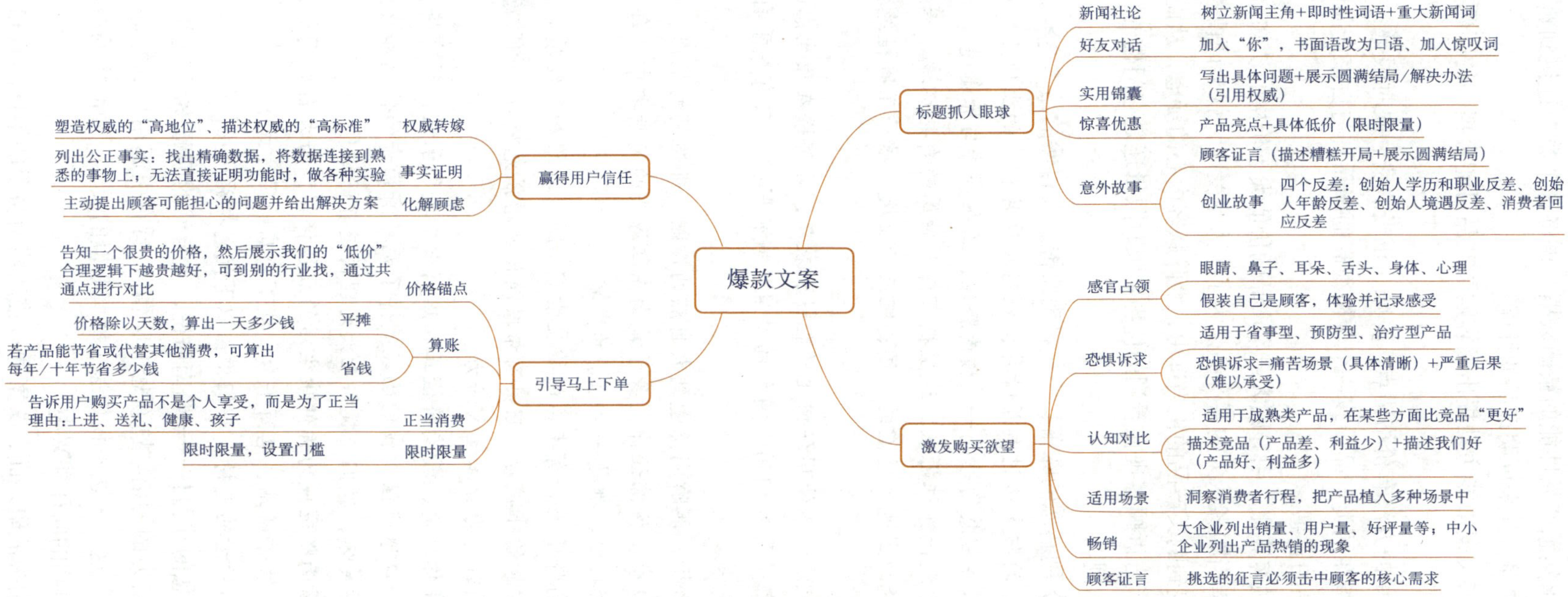

图 2-42 爆款文案写作思维导图

资料来源：关健明 . 爆款文案：把文案变成“印钞机”[M]. 北京：北京联合出版公司，2017.

● 事实证明要求熟悉产品性能的精确数据，再将这个数据连接到熟悉的事物上，或者通过各种化学、物理实验来证明产品的性能。

● 化解顾虑要求文案中能主动提出顾客购买产品可能会担心的问题，并给出解决方案，让顾客放心下单。

4）引导马上下单的方法有价格锚点、算账、正当消费、限时限量。

● 价格锚点是指在同类产品中找一个价格很高的产品，与自家产品的“低价”进行对比，突出自家产品的实惠。

● 算账是指帮顾客算账，引导顾客产生产品的价值大于价格的认知，从而顺利下单。

● 正当消费是指当顾客认为购买产品是为了个人享受时，就会谨慎考虑，甚至放弃，文案中要帮助顾客找到购买产品的正当理由，消除顾客内心的疑虑，从而促成交易。

● 限时限量是指告诉顾客现在看到的优惠是限时限量还是有门槛的，激发紧迫感。

（2）文案撰写示例。

✨刷新您的味蕾！——赣南脐橙，大自然的馈赠✨

想象一下，清晨的阳光透过层层叶片，照射在这片神奇的土地上。这里，赣南的东江源头，大自然与人类智慧的结晶——赣南脐橙，正在等待与你邂逅。

赣南脐橙，源于赣南东江源头，这里拥有得天独厚的自然环境。清澈的溪水穿行而过，滋润着这片丰饶的土地。适宜的气候、肥沃的土壤，赋予了脐橙绝佳的品质和无可比拟的口感。

我们坚守自然农法，不使用任何化学肥料和农药，让脐橙在原生态的环境中自然生长。每一颗脐橙，都是果农们用心呵护的结果。我们坚信，只有尊重自然、守护自然，才能收获最纯净的美味。

品尝一颗赣南脐橙，能瞬间感受到大自然的馈赠。那饱满的果肉、那酸甜适中的味道、那恰到好处的口感，仿佛让你置身于赣南东江源头的美景之中。每一次品尝，都是一次与大自然的亲密接触，都是一次味蕾的盛宴。

不仅如此，赣南脐橙还含有丰富的维生素 C、膳食纤维和矿物质等营养成分。它不仅美味可口，更是健康的守护者。它具有帮助消化、增强免疫力、预防感冒等健康益处，让你在享受美味的同时，为身体注入活力。

现在，机会就在你眼前！赣南脐橙正在热销中！我们承诺，所有脐橙均来自赣南东江源头，新鲜采摘，口感绝佳。我们已经赢得了无数消费者的信赖和喜爱。而且，为了让您更加安心地品尝美味，我们还提供七天无理由退货保障！

立即下单，让赣南脐橙成为你健康生活的最佳伴侣！与大自然同行，品味生活的美好！（此处附链接，官方网站、电商平台、线下门店购买方式）

为了回馈广大消费者的支持，我们推出以下优惠措施……

标题“✨刷新您的味蕾！——赣南脐橙，大自然的馈赠✨”运用了特殊的符号和格式，以及具有冲击力的词语“刷新您的味蕾”，旨在引起用户的好奇心和注意力。同时，“大自然的馈赠”这一表达不仅传递了赣南脐橙的天然、高品质的特点，而且激发了用户对大自然美好事物的向往和兴趣。

在激发用户的购买欲望方面，文案通过描述赣南脐橙的绝佳品质和口感，以及它对健康的各种益处，成功地吸引了用户的兴趣。例如，“那饱满的果肉、那酸甜适中的味道、那恰到好处的口感”，以及“它不仅美味可口，更是健康的守护者。它具有帮助消化、增强免疫力、预防感冒等健康益处”等描述，都让用户对赣南脐橙产生了强烈的购买欲望。

为了赢得用户的信任，文案提供了可靠的信息和证据。例如，“这里，赣南的东江源头，大自然与人类智慧的结晶——赣南脐橙”，提供了产品的地理来源和制作过程信息，让用户了解其真实性。此外，“我们坚守自然农法，不使用任何化学肥料和农药，让脐橙在原生态的环境中自然生长”以及“我们已经赢得了无数消费者的信赖和喜爱”等语句，通过强调产品的天然性和消费者的认可，进一步增强了产品的可信度。

在引导用户下单方面，文案通过提供多种购买渠道和优惠措施，鼓励用户立即购买。例如，“现在，机会就在你眼前！赣南脐橙正在热销中！”以及“为了回馈广大消费者的支持，我们推出以下优惠措施”，都在强调产品的稀缺性和限时优惠，促使用户尽快下单。此外，文案还通过列举多种购买渠道，让用户可以根据自己的需求选择最方便的购买方式。

（三）吸粉文案写作

创作吸粉文案时，文案人员需要遵循以下关键原则。

（1）了解目标受众：明确目标受众的特点，包括兴趣、需求、年龄、职业等，以便创作出更符合他们需求的文案。

（2）突出卖点：在文案中要突出产品的独特卖点，如产品的品质、价格、品牌、设计等方面，让受众能够快速了解产品的优势和特点。

（3）使用有吸引力的标题：标题是吸引受众点击文案的关键，要使用简洁、有冲击力的词语和表达方式，引起受众的好奇心和兴趣。

（4）创造情感共鸣：在文案中运用情感化的语言和表达方式，引发受众的情感共鸣，增强他们对产品的认同感和信任感。

（5）提供有用的信息：在文案中提供有用的信息和解决方案，帮助受众解决问题或满足需求，增加他们对产品的价值感和依赖度。

（6）引导行动：在文案中明确告诉受众下一步的行动计划，如购买、关注、留言等，并给出相应的激励措施，鼓励他们采取行动。

（7）保持简洁明了：文案要简洁明了，避免过于复杂或啰唆的表述，让受众能够快速理解并产生购买欲望。

（8）测试和优化：在发布文案后，要持续观察数据和反馈，不断进行测试和优化，以提升文案的吸引力和转化率。

根据以上要求，写作吸粉文案如下：

赣南珍宝，脐橙之王！品味自然的馈赠，畅享健康的味道！

你还在为选择哪种水果而纠结吗？那么，来尝一尝赣南脐橙吧！这颗闪耀在赣南土地上的明珠，以其绝佳的口感和丰富的营养，吸引了无数食客的目光。

品味一颗赣南脐橙，仿佛置身于赣南的青山绿水之间。那鲜嫩的果肉、那酸甜适中的汁液，在口中流淌，让你感受到大自然的清新和宁静。每一颗脐橙都承载着果农们的辛勤和汗水，是大自然与人类智慧的完美结晶。

赣南脐橙不仅美味可口，更是你健康的守护神！富含维生素C、膳食纤维和多种矿物质，它能帮助你增强免疫力、促进消化、保持肌肤水润有弹性。一颗脐橙，满足你对美味和健康的双重追求！

现在，赣南脐橙正在热销中！我们承诺，每一颗脐橙都来自赣南的优质果园，新鲜采摘，品质保证。不仅如此，我们还为你提供贴心的售后服务和快捷的配送方式，让你轻松享受到这份大自然的馈赠。

立即下单，让赣南脐橙成为你餐桌上的美味佳肴！与亲朋好友一起分享这份美味，感受大自然的魅力！快来加入我们的脐橙大家族吧，让我们一起品味生活的甜蜜和美好！（链接或二维码）

（四）其他新媒体短文案写作

除了以上文案外，还有很多种简短型文案。以下以中秋节月饼推广为例，展示不同文案的区别。

（1）推广文案：用于推广产品、服务或活动的文案，通过吸引用户的关注和兴趣，引导他们了解更多详情或参与活动。

示例：

中秋将至，品味浓浓的家人情意，品味美味的中秋月饼！每一块都是对传统的敬意，每一口都是对家人的深情。点击了解我们的精心烘焙月饼系列，让您的中秋更加温馨美味。

（2）品牌宣传文案：用于传递品牌核心价值观和理念，增强品牌认知度和用户对品牌的好感。

示例：

在这个中秋佳节，我们不仅献上美味的月饼，更传递着家的温暖和传统的味道。品尝每一口，都是对家人的思念、对传统的敬意。与您一同分享美味，是我们最深厚的品牌价值。

（3）活动策划文案：用于宣传公众号举办的各类线上或线下活动，吸引用户参与并提供相关活动细节。

示例：

中秋好礼大放送！欢迎参与我们的线上月饼分享活动，晒出您与家人共度中秋的温馨瞬间，赢取精美月饼礼盒一份！点击查看活动详情，与我们一同欢度这个团圆的时刻。

（4）节日营销文案：特定节日期间发布的文案，与节日主题相关，增加用户参与度和购买欲望。

示例：

皓月当空，家人团聚的时光又到了。今年的中秋，不妨用香甜的月饼传递心意，让亲情在距离的分隔下更加贴近。选购我们的中秋月饼，与亲朋好友分享浓浓情谊，让美味连接心与心。

（5）互动引导文案：用于引导用户参与互动，如留言评论、点赞分享等，增加粉丝互动和活跃度。

示例：

在这个月圆之夜，和我们一起分享您最难忘的中秋回忆吧！留言告诉我们，您曾经与谁一同品尝过最美味的月饼！点赞、转发，与更多人一起分享幸福时刻！

（6）资讯分享文案：用于发布新闻、资讯或知识内容，满足用户对实用信息的需求，提供有价值的内容。

示例：

中秋佳节将至，你知道月饼背后的历史故事吗？了解月饼的起源与传统，更能感受到这份美味背后的文化底蕴。点击阅读，一起来探寻中秋节的故事吧！

（7）用户故事文案：通过真实用户的故事和案例，展示产品或服务的优势和效果，增加用户的信任和认可。

示例：

小张的中秋，因为我们的月饼而变得格外温馨。她与家人围坐，品尝着每一块美味的月饼，分享着欢笑和故事。正是因为您的支持，让我们能够成为这样美好时刻的一部分。

（8）引导转化文案：用于引导用户做出转化行为，如购买商品、填写问卷、参与调查等。

示例：

感谢您一直以来对我们的支持！今年的中秋佳节，我们为您准备了精美的月饼礼盒，希望能为您的团圆时刻添上一份美好。点击购买链接，选购属于您的中秋美味。

（9）感谢回馈文案：用于向用户表达感谢之情，回馈用户的支持和关注。

示例：

中秋节，月圆人团圆。感谢您一直以来的陪伴与关注，您的支持是我们最大的动力！在这个特别的日子里，我们送上最诚挚的祝福和感谢，愿您与家人共度美好时光！

（10）引导关注文案：用于吸引更多粉丝关注公众号，介绍公众号的特色和内容，提供加关注的动力。

示例：

中秋将至，一轮皓月已悬挂于夜空。想要了解更多关于中秋佳节和传统美食的故事吗？关注我们的公众号，带您走进中秋的传统与美味，让每个时刻都变得更加有味道！

二、新媒体长文案写作

（一）微信公众号文案标题写作

1. 微信公众号文案标题写作的重要性

首先，标题可以引起用户的注意。标题中的优惠信息会让用户觉得有利，标题中的专业知识会让用户觉得有用，标题中的新奇字眼总能引起用户的好奇与注意。

其次，标题可以筛选用户，用户会根据标题选择是否打开文案，好的标题就是文案成功的第一步。

最后，标题能够传达完整的信息，使用户一看就知道正文内容所表达的观点，激发用户的好奇心，引导其阅读正文。在微信搜索中，标题也是搜索关键词的一部分。合理优化标题可以提高文章在搜索结果中的排名，增加被搜索到的机会。

2. 微信公众号文案标题写作的方法

（1）数字式标题。数字给人一种理性思考的感觉，数字和文字夹杂的标题更醒目，精确的数字可增加可信度，激起用户强烈的阅读欲望，如“10 个让你惊叹的中秋美食制作秘密”。类似标题会让用户觉得数字精确、浏览时间不会长、可操作性强，让用户忍不住想深入了解。

（2）新闻式标题。新闻主要以报道事实为主，是对最近发生的事件的表述，比较正式且具有权威性。例如：“中秋佳节，美味月饼热销登场！销量 ×× 万盒！”这一标题可以吸引对月饼销量感兴趣的用户，用户会点击并想了解销量如此大的原因。

（3）话题式标题。话题是用户讨论得最多、最容易引起传播的方式。话题式标题需要紧跟时尚热点，且必须具备时效性。公众号文案应该在顺应用户阅读需求的前提下，传递品牌的文化与风格，并引导用户的思维习惯，让他们顺着文章的写作方式进行思考，接受文章所传输的观点。例如：“中秋团圆，月饼分享！您最爱的月饼口味是？快来参与投票，一起探讨美味的背后故事！”

（4）恐吓式标题。恐吓式标题是通过恐吓的手法来吸引用户的关注。对于具有相同症状或心里有某种担忧的用户来说，恐吓手法可以引起他们的共鸣和危机感。采用恐吓式方法撰写标题可以有一定的夸张成分，但不能扭曲事实，要在陈述某一事实的基础上，引导用户意识到他从前的认识是错误的，或者产生一种危机感，这样能引起用户对所推广产品或服务的认同。例如：“千万小心，这种月饼已经有好多人中招了！”

（5）标签式标题。标签式标题就是标题上出现某种特定的标签，借此建立文章与用户之间的联系，给用户定位一个身份，让用户一眼就能辨识这篇文案是否与自己有关，最好能让用户感同身受。例如：“中秋节，品味家的味道！月饼美食，让你回味无穷，我是月饼控！”

（6）对比式标题。对比式标题就是通过对当前事物的某个特性，通过与之相反的或性质截然不同的事物进行对比，给用户提供当前事物与对立事物的认知，通过强烈的对比和感染引起用户的注意。例如：“传统与创意对决，谁才是中秋月饼界的王者？品味传统，感受创意，你更倾向哪一种呢？”

（7）猎奇式标题。猎奇式标题就是利用用户的好奇心和追根究底的心理，引起他们点击文章的兴趣。例如：“中秋独特月饼，竟融合了鸡腿的惊喜元素！品味未知口感，开启您的味蕾冒险之旅！”文案人员也可在标题中直接点明用户可以获得的利益，提供给用户好处和有用的消息，用利益来驱使用户产生阅读兴趣。

文案人员在拟定标题时，要注意标题不宜过长，应将爆款文章的标题控制在 16 个字左右。如果标题太长，分享时会被折叠或挡住消息配图。此外，切忌文章内容和标题不相符或者差别太大，或者内容与标题无关。标题不能低俗、污秽，要符合公众平台内容发布规定。

（二）微信公众号文案开头、正文和结尾写作

1. 微信公众号文案开头写作

（1）开门见山法。开门见山就是直奔主题，直接说明文案主题。产品文案可以表述

某产品或服务的好处，介绍如何解决某种问题等。若标题为疑问句，则表现为直接回答标题的问题。例如："中秋将至，美味的月饼散发着传统的节日氛围。"

（2）内心剖白法。在文案中写出内心独白，就需要将文案写成类似戏剧性对白或作者的陈述，向消费者道出内心的想法。例如："中秋，是我最爱的节日。我想和你们分享一个特别的瞬间。"

（3）热点引入法。从微博热搜、今日头条、百度风云榜、搜狗热搜榜、360 热榜、豆瓣、知乎等获取最新信息，开头引入后展开写作者的观点。例如："来自最新调查数据，中秋节月饼已成为人们最爱的节日美食之一。"

（4）利用故事法。文案人员可以以富有哲理的、能传达文章观点的小故事作为开头，用一句话揭示道理；还可以直接写故事，然后在其中进行商业植入等。例如："曾经有一个小镇，每逢中秋，人们都聚集在一起，品尝着祖辈传承的美味月饼。"

（5）借用权威法。使用名人名言、谚语、诗词等句子，或者是某个行业的调查数据、分析报告、趋势研究等权威资料，借此引领文章的内容，将其与文案主题相融合，凸显文案的主旨及情感，既能吸引用户，又能提高文案的可读性。例如："正如著名诗人所说，'万里无云镜九州，最团圆夜是中秋'，让我们一起来感受这份团圆的情感！"

（6）设置悬念法。与利用故事所创造的效果类似，开头表达的意思较抽象和晦涩，以吸引用户阅读。例如："在一个普通的中秋夜晚，发生了一个关于月饼的故事……"

（7）直接下结论。这是指直接在文案开头得出结论，再通过正文推出论据，证明开头的结论。这种开头的好处是文案中心思想清晰、观点鲜明，用户一下就能知道文案想要表达的意思。例如："中秋节，美味月饼不可错过。让我们一起走进美味的世界，探寻月饼的精髓！"

（8）运用修辞手法。修辞手法有很多种，包括排比、比喻、夸张、比拟、反问、设问等。修辞手法的运用可以让文案开头变得更加生动。例如："如同那皓月当空，月饼散发出一股浓郁的传统情怀。"

2. 微信公众号文案正文写作

微信公众号文案正文写作的思路有很多，文案人员可根据公众号的风格来打造，主要目的是从感情上打动对方，让文案有温度、有情绪，让用户感受到文案人员的用心与认真。

（1）引入式。通过一个小故事引入主题，层层递进，引出观点。例如：公众号"十点读书"的文章都是这一风格，以一篇爆文《垃圾社交，不如独处》为例，文章首先描述了一个朋友因为酒局住院的故事，通过这个故事说明"垃圾社交不值得"，从而递进引出了第二个观点——"不是所有的人，都值得深交"，在这一部分重点分析了 4 种不应该深交的朋友，接着以第三个标题抛出核心观点——"低质量的社交，不如高质量的独处"，用独处来解决低质量社交的问题是前面内容的解决方法，最后是文章的升华——"最好的人脉，是你自己"，独处的目的是提升自己，提出了一个正气、励志的观点。

（2）递进式。正文中材料与材料间的关系是层层推进、纵深发展的，只有通过前文的材料铺垫，最后的总结才能凸显出意义。例如，某公众号爆文：《教育最大的困局："教师成了保姆，教育成了服务业"》。内容 1：教师不是保姆，但正在做着保姆该做的事情。内容 2：当教师沦为服务员，师道还有何尊严？内容 3：若教师不像教师，若学生不像学生，教育还有希望吗？这三个材料采用故事与议论相结合的写作手法，描述了学生和教师关系的三种不正常现象，从而引出最终的内容 4：尊重教师是全社会的责任。这种写作方法是通过事例来烘托观点的正确性，为观点的提出提供有力的保障。

（3）并列式。材料与材料间的关系是并行的，前一段材料与后一段材料位置互换，并不会影响文案主题的表现。并列式文案的正文结构就是“特点 1+ 特点 2+ 特点 3……”，分不同段落写不同特点。例如：某产品营销的文案，通过几个不同的方面来介绍产品的优点，这几个优点之间是并列的。

（4）三段式。用层层递进的方法，开头引入故事或事例说明观点，得出观点后加以总结。

3. 微信公众号文案结尾写作

（1）点题式结尾。点题式结尾，即在文末总结全文，点明中心思想，有的文章在开头和中间写作时只对有关问题进行阐述和分析，简单叙述过程，到结尾时才将意图摆到明面上来。例如：“在这个中秋，让我们用月饼的甜蜜，传递家人团圆的温馨。”

（2）话题式结尾。这一方式可以引发用户的思考及参与，吸引用户对感兴趣的话题在评论区进行留言。例如：“你最喜欢的中秋月饼口味是什么？欢迎在评论区分享你的心声！”

（3）名言式结尾。这一方式可以帮助用户深刻地领悟文案思想，引起用户共鸣，提升他们对文案的认同感。名言一般都富含哲理性，用户会受到这些语句的警醒和启发，有助于提高该文案的转发率。例如：“正如古人所言，‘月有盈亏，情无绝期’，愿我们的情谊如同皓月，永远圆满。”

（4）转折式结尾。转折式结尾，即运用出其不意的逻辑思维，使展示的内容与结局形成一种特别的逻辑关系，营造出人意料的效果。例如：“这就是中秋的神奇之处，月饼的美味竟然和臭豆腐的臭味有着如此微妙的共鸣。”

三、用 AI 应用辅助文案写作

随着 ChatGPT、文心一言等深度学习文本模型的 AI 应用的大量出现，使用 AI 应用辅助进行文案创作成为一种常规手段。以下以文心一言为例。

在开始写作之前，文案人员应明确每篇文案的写作目标，并熟悉 AI 应用的工作原理。进入文心一言编辑界面，输入指令提示，以引导 AI 应用生成文案并不断优化。

（一）明确问题或指令

文案人员应提供明确的问题或指令，让 AI 应用知道希望生成的内容。文案人员应确保问题清晰、具体，并与自身的写作目标一致。例如：“我希望你能成为我的文案创作助手，你需要按照我的要求生成不同类型的微信公众号文案。每次我提供一个类型和主题，你只需回复一段相应的文案内容，不需要解释，只需展现出对应的文案风格和内容。”

（二）限定范围或关键词

文案人员应使用限定范围或关键词，以便 AI 应用专注于所需的内容。例如：如果在中秋节时要推广月饼，可以在提示中明确提及“中秋月饼”和“美味传统”。

（三）设定背景或情境

文案人员应在提示中描述一个相关的背景或情境，以帮助 AI 应用更好地理解用户的需求。例如：描述中秋夜晚、家人团聚和月饼的味道。

（四）示例句子

文案人员应提供一个或一段示例句子，以展示期望的风格和语调，以帮助 AI 应用生成更接近所需风格的文本。例如，对于中秋节月饼的节日营销文案，可以输入：“在这个中秋节，如何用引人入胜的语言向用户传达美味月饼的诱人之处呢？”

（五）引导思考

文案人员应在提示中引导 AI 应用思考特定的方面，如情感表达、产品优势、用户共鸣等，以帮助 AI 应用生成更有深度和感情的文案。

（六）分步提示

文案人员可将大的问题分解为多个小的提示，以逐步引导 AI 应用生成更丰富的内容。例如，首先提出一个问题，然后要求 AI 应用提供更多细节。

如果 AI 应用的生成结果不完全符合预期，文案人员需多次尝试不同的提示。有时候，微小的变化可以产生截然不同的文本。文案人员可以将生成的文案应用到实际微信公众号中，然后监测其效果。文案人员可根据互动率、点击率等数据，优化文案，使之更符合受众的兴趣和需求。

文无定法，要写出好的微信公众号文案，还要多观察微信爆文的写作，勤加模仿和多加练习。在练习过程中，文案人员首先要有创新思维，要带给用户有趣、不俗、令人眼前一亮的感受；其次要会换位思考，知道用户想要什么，怎样做才能打动他们，引起他们对文案的理解与认同。

案例分享

[案例 1]

《中国故事》图书促销文案拆解

有一家专业从事图书“种草”销售的公众号，根据产品需求，撰写了一篇图书促销文案投放到公众号上，推广图书《中国故事》。

一、标题写作

文案标题采用对比式标题“故事里的中国：把枯燥的历史讲得妙趣横生”，分隔内容并引起注意，让读者从标题里就了解到文章的主要内容，并在行文上呈现文化格调，达到标题抓人眼球的效果。

二、开头写作

通过一个小故事引入主题，层层递进引出观点，描绘最近刷爆了家长的朋友圈的“别人家的爸爸”视频片段，以“浙江的一对父子，吃饭时聊到了成语”为引入，描述掌握准确的成语含义的重要性，轻松活泼的氛围、童稚的语言配上动图，加上网友的精彩评论截图，成功吸引读者的注意力，形成一个良好的引入主题的契机。

■ 儿子：爸爸，“明修栈道，暗度陈仓”这个成语出自哪儿？

■ 爸爸：我记得是《三国演义》？还是《史记》？

■ 儿子：我还以为你会说某平台呢！

■ 爸爸：你爸爸我就这么没文化？

三、商品内容呈现

1. 痛点描述

从“回头看看自家娃”转折到读者自身的感悟，描述家长想让孩子掌握成语、了解中国文化遇到的困惑，指出如何教育孩子通过故事了解成语典故的方法。描述典型场景，从用户的日常和需求出发，直击用户痛点，激发购买欲望。

■ 每天规定记 2 个成语，但睡一觉隔天准忘。

■ 很多典故往深了讲，自己也一知半解，更别提教孩子了。

2. 商品背景

一本书的编著者是图书的基石。文章从“孩子们都爱听他讲的文学典故”开始，首先介绍编著者学历过硬，在上学期间如何将故事讲活，是一座“行走的图书馆”，塑造了编著者的专业形象。其次描述编著者工作期间致力于研究传统文化，在著作、专栏、教育部推荐等方面进行权威背书，行文图文并茂，用图片展示、用数据说话，有理有据，赢得读者信任，最后承接上文。

■ 钻研儿童教育 10 余年，他用有趣的典故，让上万孩子活学活用。

■ 他讲“老马识途”，紧张气氛中又带着幽默：齐国军队打了胜仗凯旋，但回国路上却迷路了，危难时管仲灵机一动，找了几匹当地的老马，因为它们肯定熟悉地形，果然，老马带着大军走出了山谷。

3. 解决痛点

呼应上文，列举商品特点，指出商品能解决孩子学习历史故事不准确的问题，解决用户痛点，说明在了解中国历史的基础上学习成语故事，不仅可行，而且能带领孩子感受文化魅力。

■ 有趣：有别于其他枯燥乏味的历史书，用超人气评书的讲述方式，串联起一个个鲜活的故事。

■ 有料：从历史背景、典故由来、知识拓展等多个维度探究史实。

■ 有品：精选 50 个真实历史典故，带孩子们感受中华文化的魅力。

■ 有用：打破单个知识的教学，形成知识画布。

4. 商品描述

从三个不同的方面呈现商品卖点，每个卖点辅以图书内容或图书编排的讲解，用事实说话，用商品做证，一一化解用户关于孩子记不住、学不会、难理解的痛点。

■历史发展+人物解读，降低记忆门槛。

■趣味讲解，从小培养孩子的文学修养。

■讲透故事内核，帮中小学生梳理考点。

5.引导下单

通过图片展示图书内容，通过图书资源优势的宣传，水到渠成地达到推广课程的效果。最关键的是推出图书优惠二维码吸引下单转化。

[案例2]

服务号“不等食研院”品牌故事文案

品牌需要故事，就像一个有魅力的人需要传奇经历一样。一个恰当、合理的品牌故事被广泛传播时，无疑增加了消费者对品牌的正面认知，提升了品牌的说服力和亲和力。感性和形象是促成较好的传播效果的重要方法，故事正好具备这两个特点。品牌专家、品牌理论创始人杜纳·E.科耐普曾说：“品牌故事赋予品牌以生机，增加了人性化的感觉，也把品牌融入了顾客的生活……因为人们都青睐真实，真实就是真品牌得以成功的秘籍。”

撰写品牌故事文案就是公司以品牌为核心，通过对品牌的创造、巩固、保护和扩展的故事化讲述，将与品牌相关的时代背景、文化内涵、社会变革、经营管理的理念进行深度展示，经过品牌管理者精心编辑和设计，对曾经发生过或编写过的故事，重新寻找切入角度、安排更合理的情节、进行气氛渲染，之后传播给广大受众，从而给受众带来鼓舞或者激起受众的兴趣，使得包括其目标消费群体在内的受众加深对品牌的印象，对企业倍加关注和重视，达到良好的品牌传播效果。

服务号“不等食研院”主推的产品是正宗阳澄湖大闸蟹，其品牌故事文案——“不等故事”受到目标消费群体的认同，在受众心目中留下深刻印象。在文案开始部分，“不等故事”采用富有情调的诗一样的语句，奠定了故事的基调。

让一辈子研究做菜的那群人为你下厨
2014年起
不等愿做一座桥梁
将远方的好味道带到你面前
把主厨的好手艺分享给大家
专一事，至极致

品牌故事的形式可以是技术或原材料的发明或发现故事，或是品牌创建者的某段经历，或是品牌发展过程中所发生的典型故事。例如，张瑞敏怒砸76台不合格冰箱后唤醒了海尔人的质量意识的故事；肯德基销毁当天卖剩的汉堡包以保证汉堡包每天都新鲜的故事。

“不等故事”讲述的就是品牌创建者创立品牌的故事。其文案分为三个部分。

第一个部分讲的是创立品牌的过程，以及在创立过程中遇到的困难和对品牌的坚持。通过浙大毕业、浙大精神、土生土长阳澄湖人等因素，沿着一条主线进行讲

述，将不等食研院的品牌初衷表达出来，通过典型冲突或对立的描述，交代了事件背景和品牌人员以什么样的方式解决问题，用事实表明了品牌对产品质量的保障。

2014 年 6 月 24 日草莽初创于杭州一居民楼的客厅。

当时合伙人租了二室一厅的房子，卧室住人，客厅办公。大学方才毕业一二年的三人就这么创业了。彼时想得很简单，让想吃正宗阳澄湖大闸蟹的人吃得到，一如浙大校训中的“求是”。

…………

而我们在阳澄湖基地的合伙人是土生土长的阳澄湖人，一来有扎实的群众基础，二来对大闸蟹的品质了如指掌，只要我们作为零售端不卖假货就可以了。

…………

其实最初我们还很为此头疼，因为去谈合作的时候，平台方会说，“你看看×××，图文和你写的一样，价格是你的一半”，以至于一个浙大直系师兄最初找我们要合作，后来被一友商截和了。

第二个部分讲的是品牌创建者进行品牌创新的故事。以“让一辈子研究做菜的那群人为你下厨”为口号，介绍了品牌与餐厅主厨合作的过程。以好食材与好厨艺的结合为切入点，介绍了其品牌提升后的产品。

我们第一个尝试的品类是熟醉蟹，兰轩的熟醉蟹是主厨的一大拿手菜，用料讲究，出品惊艳。通过批量化的生产，我们做到了口味几乎一致，但售价仅为餐厅的 1/3，这还是全国顺丰包邮的价格。

兰轩原行政主厨裴建亮，继续精心打造熟醉系列。杭州凯悦中餐厅的前任主厨傅月良，为我们带来了满满蟹粉。同为杭帮菜系的主厨张琦，带来了辣卤香辣蟹 / 虾。上海鑫旺阁的前任大厨毛继敏，带来了广式叉烧口味的闪电鱼排……

第三个部分也就是最后一部分的文字与开头相呼应，将品牌的情况再加强一下。整个故事的主题、内容和品牌有机地结合在一起，互为依托、互为支持。

课堂测试

1. 请你找一篇促销文案，试着分析一下其撰写思路。
2. 请你撰写一篇推广五芳斋粽子的促销文案。
3. 请你找一篇品牌故事文案，试着分析一下其撰写思路。
4. 请你用文心一言等 AI 工具帮助自己撰写一篇推广自己公众号的品牌故事文案。

训练营

同仁堂是拥有几百年历史的老字号，有着厚重的历史价值。但如果一直沉湎于传统方式，就会面临产品销售压力。在新媒体环境下，同仁堂也尝试了新媒体营销，使单品销量暴涨了 50%。

其中的一个服务号“同仁堂健康”，在一年多时间内，积累了大量用户。该服务号以

“传递健康资讯，引领健康生活”为理念，集中华养生文化与现代高科技于一身，为用户提供全周期的健康解决方案。该服务号举行各种医疗体验活动，邀请同仁堂中医专家直播在线问答，与用户交流互动，提升了用户体验，增加了用户黏性。

1. 该服务号的目标用户群体定位是什么？

2. 该服务号的栏目有哪些？为何规划为“集中华养生文化与现代高科技于一身，为用户提供全周期的健康解决方案”？

3. 请在该服务号中选出一篇你认为将文化与药结合得比较好的文章，并分析文章结构。

项目实训

蚕丝被的促销文案创作

一、实训背景

学生已经对微信公众号内容规划、选题、文案写作有了一定的理解，通过本次实训活动，可以掌握促销文案的创作能力。

二、实训任务

以蚕丝被为主题，撰写一份促销文案。

三、实训步骤

1. 第一阶段：了解产品背景

丝织品迄今仍是中国奉献给世界人民的最重要产品之一，丝绸织造工艺已流传数千年，涵盖了中国人民对世界文明的种种奉献。中国是最早开始种桑、养蚕、生产丝织品的国家。蚕丝与人们的生活息息相关，桑蚕文化源远流长。党的二十大报告指出：“传承中华优秀传统文化，满足人民日益增长的精神文化需求。”

蚕丝是一种植物纤维，被称为“纤维皇后”。与以棉花作为内质的棉絮被、以化纤作为内质的化纤棉被相比，以纯蚕丝作为内质的蚕丝被具有许多得天独厚的品质和优点——轻柔、保暖、透气、排湿、舒适、助眠、保健、卫生、安全。随着科学技术的发展以及人民生活水平的提高，越来越多的家庭用上了蚕丝被。

2. 第二阶段：撰写促销文案

（1）从电商平台挑选最新款的蚕丝被产品，小组内确定该产品的目标受众。

（2）小组集思广益，讨论该产品的品质特色、卖点优势、款式、规格、价格以及如何分辨真假。

（3）各小组整合信息，完善标题、图片以及排版，完成促销文案的制作。

（4）为该品牌在微信公众号上的传播撰写一篇促销文案。

3. 第三阶段：进行课堂路演

（1）各小组展示促销文案。

（2）小组之间互相点评，行业导师、教师共同点评。

（3）将文案投放到合适的平台，观察其阅读及评论效果，一周后反馈。

任务五

微信公众号编辑

故事导入

小王的公众号每天坚持发送消息，用户数量稳定增长，但是后台有很多用户留言吐槽：“小编的文章排版太难看了，图配得也不好看。”于是，小王找到了同是公众号运营者的小李，向他请教了以下问题：

1. 微信公众号图文消息的素材从哪里采集？
2. 微信公众号图文消息的排版技巧有哪些？
3. 微信公众号图文消息的排版工具怎么用？

课前提问

如果你是小李，你如何回答以上问题？

相关知识点

一、微信公众号排版规范

标题、正文排版

微信公众号的排版是一项整体工程。公众号标志、配色有助于塑造公众号的品牌形象，正文的小标题、字体设计可以提升用户阅读体验，减少视觉压力，提高内容品质，引导阅读节奏，展示文章逻辑。

（一）微信公众号文字、图片排版规范

微信公众号文字排版时需注意的要素有：

（1）标题排版规范，如标题长度，各级标题样式；

（2）正文排版规范，如字号、颜色、字间距、行间距、段间距、页边距；

（3）图片排版规范，如尺寸、像素、色彩、格式；

（4）导语规范，如编者按、文章出处；

（5）版权声明、图片说明。

以下着重介绍前三种：

1. 标题排版规范

（1）标题以在手机屏幕上显示每行 13～18 个字，1～2 行为佳。

（2）标题不能超过 60 个字，否则转发到朋友圈不能完整显示。

（3）标题用阿拉伯数字代替中文数字。

（4）标题可添加“【 】”来凸显关键字，或者用简洁的“|”（竖线）标识栏目。

（5）强调小标题的方法：加大行间距区隔，一般在小标题和正文之间空一行；改变小标题字体颜色、字号大小；如果小标题过长，可以将小标题断句折成两行，分为主、副标题。

2. 正文排版规范

（1）正文字体颜色，推荐深灰色或浅灰色相结合，如 #333333、#595959。

（2）正文字号建议为 14 或 15 磅；文章篇幅较长，字体可以稍大一些（16～18 磅）。比较偏文艺范的文章字体可以适当稍小一些（12～14 磅），显得文章更精致一些。

（3）行间距建议为 1.5～1.75 倍、字间距 1 磅；需强调文字时，可以改变字体颜色或背景，也可添加适当的排版样式。

（4）正文段落尽量不超过一屏，多分段；段落之间最好空一行，首行无须缩进。

（5）文章长度尽量控制在 1 500～2 000 字。

3. 图片排版规范

（1）封面必须上传图片且封面图片大小在 10M 以内。

（2）封面和正文图片，支持 bmp、png、jpeg、jpg、gif 等格式。

（3）大封面建议尺寸：900 像素 ×383 像素或 1 080 像素 ×460 像素。二级封面建议尺寸：300 像素 ×300 像素或 200 像素 ×200 像素。

（4）制作封面图时可采用 PPT、在线工具，如创客贴、Photoshop。

（5）制作封面图时不宜大量使用文字，因为底部会被标题遮挡，中间会和标题重合，显得整个页面比较乱。

（6）背景图要尽量选用纯色或者元素少的图，以简洁为主，不宜太复杂。

（二）排版工具

1. 秀米

秀米是目前使用量最大的公众号排版工具之一，容易上手，颜色美观，整体风格偏小清新，支持模板及文字收藏，但是系统偶尔会出现不稳定的情况，图文编辑完保存后可以直接同步到公众号。秀米的排版可以共享给其他人，支持团队协作，总的来说还是很方便的。

2. 135 编辑器

在排版环节，135 编辑器的功能基本上是最全的；同时，它还有自己的个性化功能，如格式刷功能的“秒刷”，省时省力。135 编辑器还有两个出彩的功能：原创标签 + 定时群发，使用非常方便。

3. i 排版

i 排版主要针对微信文章排版，支持一键调整字间距或行间距、一键缩进、一键添加签名、保存草稿等，同时带有短网址、超链接、弹幕样式、一键生成长微博功能。i 排版能帮助运营者简洁、高效地完成排版编辑。i 排版功能齐全，整体风格轻松、明快，页面干净、清新。与 135 编辑器非常类似，i 排版支持格式清除与一键排版，在编辑中用户可随时预览和保存草稿，且支持短网址转换；右上角有极简模式，如果用得比较熟练，可以直接使用极简模式，这是 i 排版界面的一个比较重要的工具栏；如果比较注重微信整体排版，可以运用配色功能，根据微信文章的整体风格来选择配色。

4. 96 微信编辑器

96 微信编辑器提供手机预览功能，让用户在微信图文排版、文本编辑、素材编辑上更加方便；有弹幕模板，兼具多种风格，可供挑选的样式丰富，分割线样式比其他编辑器多。

5. 新榜编辑器

新榜编辑器可以帮用户更好地进行微信内容管理，不仅支持文字竖排，还支持 HTML、格式刷、背景色、自动排版等常见图文排版功能；支持多平台一键分发；丰富的样式中心、海量的在线图片搜索以及大数据帮用户了解“什么值得写”。总之，新榜编辑器是一款功能很强大的微信编辑器。

二、微信默认编辑器排版

配色配图排版

搜索并打开微信公众平台，可使用 QQ 或微信登录，选择首页→新的创作→图文消息，进入群发消息编辑页面。对文章《〈电子商务法〉对微商代购的影响！》进行编辑排版。

（一）排版总体思路

进行排版前，编辑人员应考虑文章目的是宣传《中华人民共和国电子商务法》，决定以红色为主色以彰显正气，蓝色为辅助色，与电子商务的科技感相衬，搭配较大的字体，给用户以权威的感觉。决定了排版的思路后，编辑人员开始收集相关的图片和样式，将收集到的图片整理分组并导入“素材管理”的图片中。

（二）文字排版

1. 正文内容排版

首先将准备好的标题和正文文字复制到编辑工作区，对比较长的段落使用回车键增加分段，在段落之间增加空行，太长的段落会导致视觉疲劳。在默认编辑器中不能设置字体，只能改变字号和颜色。

段首不要空格。我们在书籍、报纸等传统媒体上之所以看到段首空两格，是因为传统媒体的整体版面有限，为了节省空间并区分段落、方便阅读才这样设置。而在新媒体上，用户在手机、电脑可以上下滑动，编辑人员不用担心空间不够用。另外，在手机端阅读时，因手机屏幕限制，一行放不了多少字，空两格反而会不好看。关于文章留白情况，段落长度是决定性因素。分的段越多，段越短，文章越显得留白多。编辑人员可使用回车空行的方法进行分段，段与段之间空 1 行最为合适。手机更注重的是碎片化阅读，在不影响文章意思的情况下，一般一段话的长度三四行即可，在此基础上部分段落也可以短一些或长一些，使文章更有节奏感。短，可以短到一个字，但长，不可超过一屏，密密麻麻的一屏文字会让用户产生压抑感、不适感。除非文字具有足够的魔力，让用户完全沉浸其中，而忽视了版式。

除了分段，长文章还要注意分章节。章节不仅可以让用户迅速了解文章要点，而且提供了一个阅读喘息的机会。节间距需大于段间距，如果段间距是 1 行，节间距推荐 2～3 行，相应的节标题与内容之间推荐 1～2 行。

页边距即两端缩进。留白无处不在，页面两端适度留白，阅读起来会更加舒适。编辑器默认的页边距太窄，最好缩进，缩进数值推荐 8、16 或 32 磅。

2. 设置标题效果

将标题文字“01”选中，字号设置为 20 磅，位置设置为居中，字体颜色为白色，背景色设置为 #3adda6，前后适当加几个空格。将标题文字“全球首部电商法”选中，字体设置为 20px，位置设置为居中，字体颜色设置为红色 #ab1942。

3. 设置正文格式

编辑人员使用 Ctrl+A 全选文字，将文字设置为两端对齐，字号为 17 磅，字间距为 1 磅，页面两边缩进为 8 磅，行距为 1.5 倍，字体颜色为 7F7F7F（灰色字可增加阅读舒适度）。对于突出或提醒用户的重点文字，编辑人员可进行加粗或下划线设置，增加文字排版的变化。编辑人员应多加空行以预留图片位置。字体排版设置完成后，编辑人员可通过右侧菜单栏的实时预览按钮，扫码后在手机上观察排版效果，并及时加以调整。这一编辑过程和 Word 非常相近，只要选中文字，点击文字上方的功能按钮进行参数调整即可。文字排版效果如图 2-43 所示。

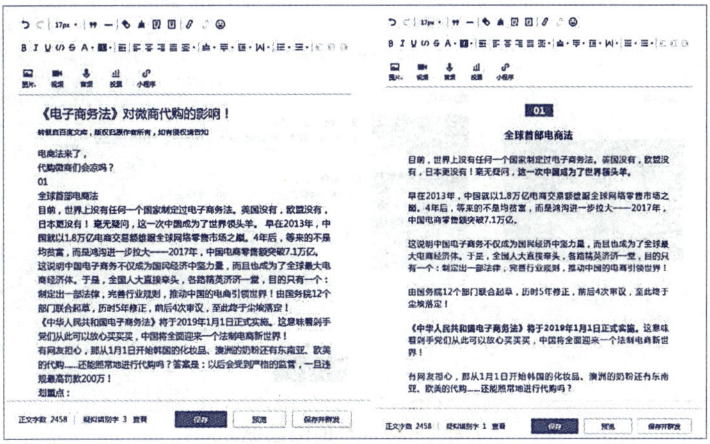

图 2－43　文字排版效果

（三）正文图片和封面图设置

1. 正文图片设置

将光标定位到图片预留位置，选择“图片”→“从图片库中选择”，点击相应图片即可。图片库中的图片支持上传 bmp、png、jpeg、jpg、gif 等格式。文字与图片属于不同的元素，需空 1 行隔开，图片居中，注意边缘留白。从网上下载的图片最好进行处理，去掉原有的水印。默认编辑器只能实现图片大小调整，没有图片修饰功能，图片美化工作可借助其他工具来实现。正文图片排版效果如图 2-44 所示。

图 2 - 44　正文图片排版效果

2. 封面图设置

上传封面图可以有两种方式：从正文中选择、从图片库中选择。图片建议尺寸为 900 像素 × 500 像素，选中后微信平台会显示两种预览封面图的方式，其中图文封面显示在公众号的星标、常读用户消息列表里。注意在此种方式下，图片上下会有一些剪裁，居中能显示的像素为 900 像素 × 383 像素，黑色部分将不能被用户看到，请不要在此部分放置重要信息。封面图预览如图 2-45 所示。

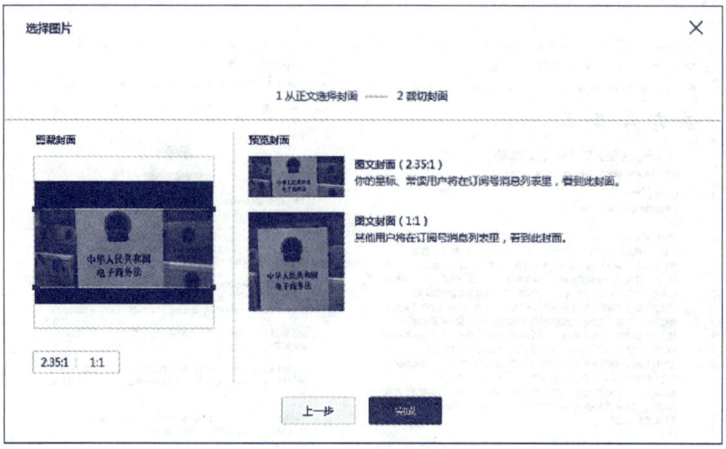

图 2 - 45　封面图预览

多图文不支持摘要，只有在单图文的情况下才会显示摘要内容。编辑人员在编辑单图文消息时，可以选填摘要内容，填写能吸引用户阅读的一些文字，但不能超过 120 个汉字；填写摘要后，用户收到的图文消息封面会显示摘要内容；若未填写摘要，用户收到的图文消息封面则展示部分正文内容。

（四）原创及留言设置

原创是指文案人员自己写的、独立完成的作品。歪曲、篡改他人创作或者抄袭、剽窃他人创作而产生的作品，改编、翻译、注释、整理他人已有创作而产生的作品均不是原创作品。公众平台鼓励用户发表原创文章，平台会对声明原创的文章在群发后进行审核，审核通过后文章会被标识为“原创”文章。原创声明功能是原创保护的基础功能。在创建图文消息时，文案人员可声明某篇文章为原创文章，声明成功后系统会对该文章添加“原创”标识。如果公众号推送其他账号的原创声明文章，在未获修改授权的情况下，将变成分享样式，用户需跳转到原创账号页面阅读文章。声明原创如图 2-46 所示。

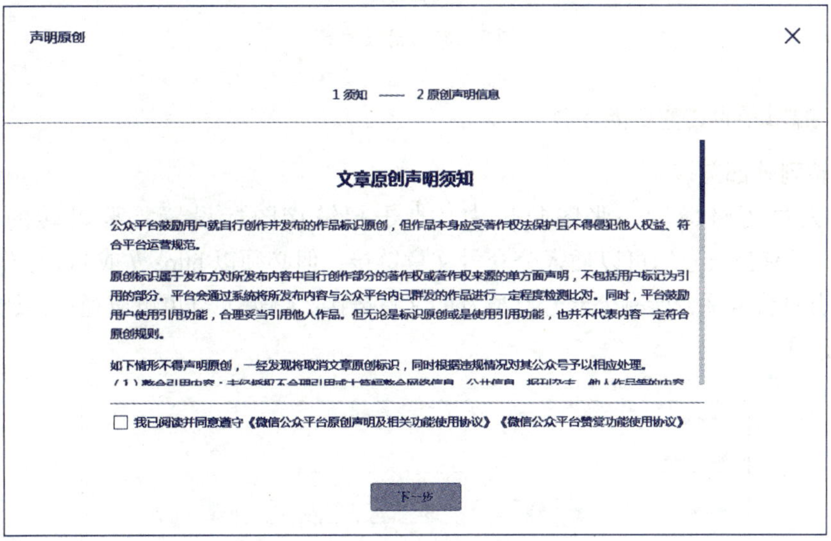

图 2-46　声明原创

如果非原创文章，可将原文链接选中，输入原创者的链接。原文链接可以跳转到不同的网页，不一定要求是公众号文章链接，可用于一些功能的扩展，如链接到 H5 页面、微店页面等。留言功能开通后，编辑人员可以看到用户的评论，有助于了解文章反馈。

（五）预览及发送

文章编辑完成后，编辑人员可选择保存为草稿、预览、群发三种处理方式。保存为草稿以备下次编辑。编辑人员通过预览功能可以将图文消息发送到手机端进行实际效果查看，注意需要关注此公众号，并确保预览消息微信号的微信设置→隐私→朋友权限→添加我的方式中的开关已全部打开，才可接收预览消息，预览链接仅用于观察封面图及排版效果，短期内会失效。

编辑人员可通过群发功能将编辑好的图文消息发送给用户，也可选择定时群发或分组群发（见图 2-47）。

图 2－47　群发消息

（六）编辑器的其他功能

1. 跳转到外部链接

编辑人员可将最后一张图片选中，点击超链接图标设置需要跳转的链接（见图 2-48）。所有公众号均可以插入公众号文章链接，但必须以 http：// 或 https：// 开头。链接一般是自身公众平台所有公众号已群发的文章链接。编辑人员也可以通过标题或查找公众号进行选择。

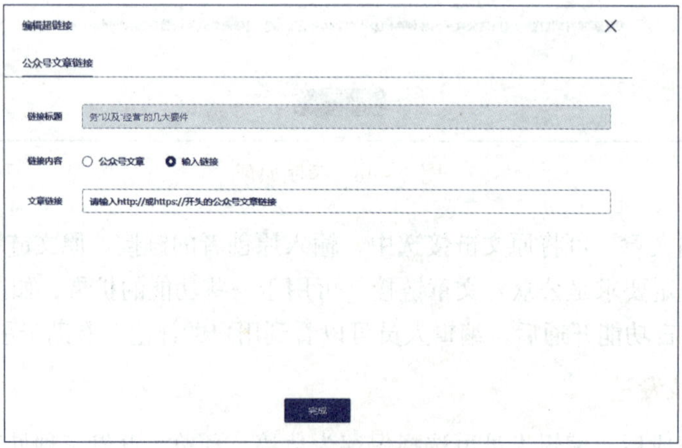

图 2－48　编辑超链接

2. 添加音频

编辑人员可选择右侧菜单的音频。选取音乐时，支持根据歌名、歌手搜索，并且可以试听音乐，但只能插入 QQ 音乐，不能插入其他平台音乐。想要插入其他平台音乐，首先点击“素材库”，然后点击“新建语音”，将下载好的音乐上传，写好标题和选择分类。编辑人员返回发布编辑文章的位置，选择已上传的音乐，然后点击“确定”，保存文章后发布，即可成功听到音乐。添加音乐如图 2-49 所示。

图 2-49 添加音乐

3. 上传视频

编辑人员进入素材管理，选择视频→添加视频，上传视频后，选取封面，完善素材信息。上传视频要求：时长要求 1 小时以内的视频；清晰度要求最大清晰度为 1 080 像素的视频；格式要求常见在线流媒体格式如 mp4、flv、f4v、webm，移动设备格式如 m4v、mov、3gp、3g2，RealPlayer 格式如 rm、rmvb，微软格式如 wmv、avi、asf，MPEG 视频如 mpg、mpeg、mpe、ts，DV 格式如 div、dv、divx，其他格式如 vob、dat、mkv、swf、lavf、cpk、dirac、ram、qt、fli、flc、mod。

视频上传成功后默认生成 3 张推荐封面，可选择其中一张作为封面展示。支持自定义封面图，支持剪裁视频封面尺寸（见图 2-50）。

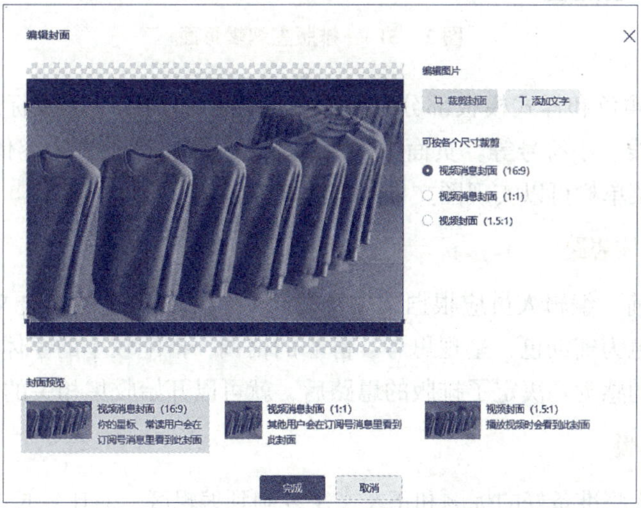

图 2-50 剪裁视频封面

视频封面默认居中显示，如果是竖屏视频，封面在部分页面默认截取居中部分显示。编辑人员应准确填写标题、介绍、分类、标签等内容，完整填写相关视频信息有助于视频获得更多的推荐。为保障自身与他人的权益，上传视频前应仔细阅读《微信公众平台上传服务规则》，上传的视频不得违反平台规则，否则平台有权对该视频及上传账号作出相应处理。有视频原创功能的账号，若本次上传的视频为原创，则选择“声明原创”。

课堂测试

请撰写一篇党的二十大报告的学习体会文章，用默认编辑器排版，并群发给用户。

三、用 i 排版编辑

首先搜索并打开“i 排版”官网 https：//ipaiban.com/，可使用 QQ 或微信登录，点击页面右上角“登录”，选择喜欢的方式登录即可。登录后进入主编辑器页面（见图 2-51）。

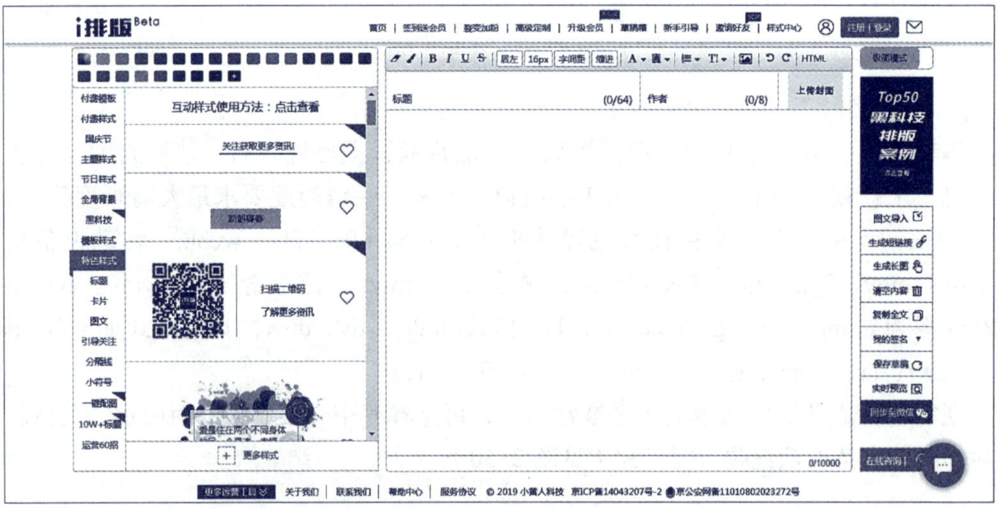

图 2－51　i 排版主编辑页面

页面左侧是颜色和样式模板部分，模板分为多种样式库，涉及标题、卡片、图文、引导关注、分隔线、小符号等。页面中间为编辑区，编辑区上方为字体、段落等参数设置区。页面右侧菜单栏可以实现图文导入等功能。

（一）排版总体思路

在进行排版前，编辑人员应根据读书类公众号的品牌特色并结合文章调性，决定以蓝色为主色、黄色为辅助色，呈现思考、静心的格调，搭配较小的字体和较大的行间距，给用户以文艺范的感觉。决定了排版的思路后，就可以开始收集相关的图片和样式了。

（二）文字排版

编辑人员首先将准备好的标题和正文文字复制到编辑区，对比较长的段落增加回车分段，在段落之间增加空行，太长的段落会使人产生视觉疲劳。接着编辑人员使用 Ctrl+A

全选文字，将文字设置为两端对齐，字体大小为 14 磅，字间距为 1 字符，页面两边缩进为 2 字符，行距为 1.5 倍，字体颜色为 7F7F7F（灰色字可增加阅读舒适度）。编辑人员将想要突出或提醒用户注意的重要文字进行加粗或下划线显示，并设置成不同的字体颜色加以强调，增加文字排版的变化。字体排版设置完成后，编辑人员可通过右侧菜单栏的实时预览按钮，扫码后在手机上观察排版效果，并及时加以调整。图 2-52 为排版后电脑端文字效果。

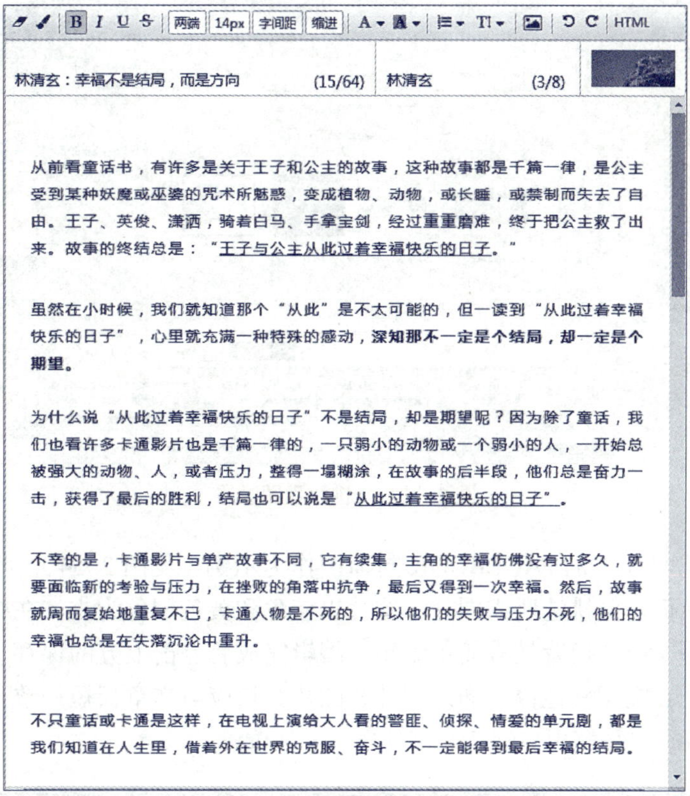

图 2－52 电脑端文字效果

（三）标题设置

为了让用户有较佳的阅读体验，虽然原文没有标题，在排版时编辑人员可以增加一些小标题加以修饰。如果小标题选择的是较小的样式，可以在小标题上下各增加一个空行。

编辑人员在要插入小标题的位置单击鼠标左键，点击左侧样式库中的标题，在标题样式库中寻找与公众号品牌色和文章配图色相近的标题样式，点击需要添加样式的内容，样式即出现在工作区光标处，将标题文字更改一下，就完成了。文章底部设置了一个标题样式，编辑人员可将作者介绍等相关文字放入其中。

（四）配图设置

编辑人员在配图时可考虑封面图和文章内图片两种方式。

编辑人员选择文章内图片，可在需要插入图片的位置单击鼠标左键，选择文字上方的多图上传按钮，在弹出的对话框中有多种选择方式。本地上传是从电脑中直接上传图片，“我的图片库”里面存储的是编辑人员曾经上传的图片。此外，系统提供了大量的图片素材，编辑人员可以根据需要选择类别、尺寸。建议编辑人员创建自己的素材库并保存在“我的图片库”中，适当引用系统图片素材加以修饰。i 排版配图设置如图 2-53 所示。

图 2-53　i 排版配图设置

选择图片素材库中的 FACEBOOK 封面图作为示例（见图 2-54），此种图片尺寸较大。在弹出的页面左侧挑选所需图片，图片以蓝色和黄色配色为主。在中间的展示区可进行加贴纸、写文字、换背景等简单编辑。编辑完成后点击上方的保存按钮并返回主编辑页面。同理，在文章其他位置插入图片，图片数量应与文章长短一致，一般宜在两三屏出现一张图片，以缓解用户阅读文字的压力和疲倦感。

图 2-54　上传封面图

编辑人员通过上方“上传封面图”按钮可实现封面图的上传，同样可以选择本地上传、从我的封面图库中选择上传、从封面图素材库中选择上传三种方式。上传时注意封面图尺寸为 900 像素 × 383 像素。经过简单编辑后可完成封面图的编辑。

（五）引导关注

为了更好地引导用户关注，公众号文章的头部或底部一般会设置一些小贴纸，提醒用户关注公众号。操作方式是在文章的最前方点击鼠标左键，选择左侧的引导关注样式库中的样式，点击后样式就会出现在光标处，编辑人员可通过拖动来调整位置和大小。

（六）预览及发布

编辑完成后，编辑人员可通过右侧菜单栏的实时预览功能查看模拟手机的排版效果（见图 2-55）。建议扫码后在手机端实际查看效果，模拟效果和实际效果还是有出入的，特别要注意字体、图片等小细节，不要出现多余的空行、扭曲的图片等低级错误。

图 2-55　排版效果图

编辑人员可通过右侧菜单栏的同步至微信功能发布消息，将需发布的公众号授权绑定到 i 排版，然后在个人中心中点击"同步"，编辑好的文章就会传送到微信公众平台的素材管理→图文消息中，编辑人员将其群发即可。

课堂测试

请将写好的微信文章用 i 排版工具进行排版，并群发给用户。

案例分享

推荐几个排版效果好的公众号

1. 未读

推荐之处：未读是做荐书的，经常做合集清单的编辑人员可以学习一下。

2. 拾遗

推荐之处：拾遗的配图很有感觉。另外，一节文字 + 一张图的排版样式也很值得学习。

3. 物道

推荐之处：物道的落地头图也会给人以开屏体验。另外，小标题会随着物品变动而改变，很有趣。

4. 誰最中國

推荐之处：标题 + 配图 + 文章，尤其是配图，特别有中国风，非常有辨识度。

5. 顾爷

推荐之处：顾爷做的都是长图，因此也不受微信编辑器本身的限制，在排版上非常有创意。

6. Voicer

推荐之处：Voicer 是分享生活美学和设计的在线杂志，整体审美非常棒。

7. 丹尼尔先生

推荐之处：这个号只有每周六的推文是原创，作者很有品位，将 RGB（244，244，244）底纹用到了极致。

8. 行动派

推荐之处：行动派的排版也经常被大家推崇，头图和尾图都很好看，正文图片并不多，具有鲜明的主题特色。

9. 阿司匹林博物馆

推荐之处：定位为“线上虚拟咖啡馆”，文中插画给人耳目一新的感觉，推文引人深思。

资料来源：加班的熊和猫 . 那些排版美到爆的公众号，你关注了几个？ [EB/OL].（2021-08-12）[2024-04-04]. 知乎平台 .

训练营

在熟悉排版技能和排版工具后，请总结出《公众号排版规范手册》，对公众号的推送页、正文、配图、尾部、样式进行详细的规定，方便团队其他成员共同运营公众号。

项目实训

新媒体图文推广：国家级非遗粽子制作技艺

一、实训背景

图文推广是公众号运营的基础。本项目实训旨在提高文案撰写能力，以及文字排版、封面图和正文图的设置、链接的跳转和视音频的添加等排版能力。

二、实训任务

以国家级非遗粽子制作技艺为主题，撰写一篇公众号推广文案并进行图文排版。

三、实训步骤

1. 第一阶段：了解产品背景

在与春节、清明节、中秋节并称为中国民间四大传统节日的端午节，悬艾草、佩香囊、赛龙舟、吃粽子的习俗，已沿袭2 000余年。

作为端午节的“重头戏”，吃粽子由来已久、花样繁多。从馅料来看，北方多包小枣，南方则有豆沙、鲜肉、火腿、蛋黄等多种馅料。其中，浙江嘉兴五芳斋粽子颇具代表性，具有悠久历史，历经千年传承，号称“江南粽子大王”，以糯而不烂、肥而不腻著称。2011年5月23日，五芳斋粽子制作技艺经中华人民共和国国务院批准，被列入第三批国家级非物质文化遗产名录。

2. 第二阶段：用排版编辑器实现推文美化

（1）以推广国家级非遗粽子制作技艺的背景为依据，寻找核心利益点，结合非遗和粽子关键词设计标题，明确写作结构，撰写公众号推广文案。

（2）小组成员集思广益，讨论该产品的品质特色、卖点优势、款式、规格、价格等。

（3）各小组整合信息，完善标题、图片素材，进行文案创作。

（4）使用排版编辑器排版，用创客贴制作封面图。

3. 第三阶段：课堂路演

（1）各小组展示实训成果。

（2）小组之间互相点评，行业导师、教师共同点评。

（3）将项目图文投放到合适的平台，观察其阅读及评论效果，一周后反馈。

任务六 微信公众号维护

故事导入

小王运营了一段时间公众号，每天很辛苦地写文案、编辑、发布，但是发现公众号文章阅读量很低。这个问题应如何解决呢？接下来，公司要求小王保持用户持续增长并分析公众号用户特点，联合产品部尝试推文并进行产品营销和线下活动。小王决定向公众号用户数量较多的老张请教，怎么才能使公众号的用户数量上涨。老张听了小王的困惑后，问了小王以下问题：

1. 如何利用公众号的功能吸引新用户？
2. 活动应该如何吸引用户关注公众号？
3. 如何精确分析公众号的消息传播时间、渠道？
4. 如何分析公众平台数据助力公众号保持用户持续增长？

课前提问

如果你是小王，你如何回答以上问题？

相关知识点

一、公众号用户运营

用户运营

用户运营是指以用户为中心，遵循用户的需求设置运营活动与规则，制定运营战略与运营目标，严格控制实施过程与结果，以达到预期所设置的运营目标与任务。用户运营是一个很烦琐的过程，运营者要有足够的耐心，并细心整理用户资料和信息。产品的核心首先应该是解决用户问题、了解用户需求，然后才能更好地为用户服务。

在公众号生命周期的不同阶段，用户运营策略也是不同的。

（一）种子期

在对用户需求进行充分研究以及对公众号进行价值提炼和设计的基础上，运营者要抓住一切机会吸引更多的线下客户。首先要找到公众号的精准用户人群，触达用户所在场景进行宣传，或通过赠送一些小礼物等方式诱导用户关注。如果企业自身有线上、线下店铺，有一定的流量，运营者要优先抓住企业自有渠道进行曝光，可尝试小规模、低成本的活动引流。在吸引用户成功关注公众号的基础上，运营者需要在前期一次次地引导用户认识到公众号的核心价值和外延价值，让用户自己找到保留公众号的理由，促使用户养成习惯，最终沉淀下来并成为核心用户。

（二）增长期

在种子用户积累完成后，理想的状况是种子用户会带动周边用户关注公众号。这时，公众号用户进入快速增长阶段。运营者可以通过任务宝等工具进行公众号裂变吸粉运营，通过诱导分享、邀请好友获积分等方式找到用户爆发式增长点。

（三）稳定期

在这一阶段，运营者应持续输出优质内容，在留言区加强与用户互动，有条件的话可以通过互推、付费推广等方式带来更多用户，可投放微信朋友圈广告、公众号文章底部广告进行引流。

案例分享

美食公众号种子期吸引新用户

“好吃货”是一个专业介绍杭城美食的公众号，后期运营者打算通过介绍美食、与线下店合作、线上开美食商城等形式变现，但这些都要建立在拥有大量用户的基础上。现在公众号运营处于初始阶段，用户数量少于20人。公众号运营者小王及其团队希望通过一些方式来扩大用户群体，并为此行动起来。

1. 准备工作

在分析了公众号的定位和用户画像后，小王决定进行线下线上联合推广。小王及其团队准备好了公众号短链接和推广软文，印刷了一些介绍公众号的二维码宣传单，与一些线下店铺联合推出一些优惠活动，并精心设置了新用户关注后的自动回复内容等。

2. 线下引流公众号种子用户

小王分析了好吃货公众号的用户群体所在的场所，总结了三个用户场景的吸粉策略。一是到喜欢吃美食的用户所聚焦的线下美食店铺，采用在店铺中设置展架、与店铺联合开展微信支付并关注公众号送优惠券、扫公众号二维码送小礼物等活动，吸引用户扫码。二是到爱做美食的用户经常出没的线下菜场，与菜场联合开展活动，用户在不同摊位买过菜后可得到小卡片，集齐5张小卡片并关注公众号，即可参与抽奖活动。三是到爱学做美食的用户出现的烹饪学校、书店等场所，与用户沟通和交流，鼓励他们扫码关注。经过一段时间的积累，有一批用户作为公众号的种子用户群加入进来。

3. 线上聚焦公众号种子用户

公众号是微信端产品，本身属于线上产品，能在线上找到种子用户，更易转化和留存。

（1）微信端用户搜索。好吃货运营团队通过新榜等公众号榜单找到同类公众号，查看其文章点击和分享情况，分析其用户群体。如果有可能的话，可以联系公众号运营者进行软文互推。记录和分析如公众号名称、活跃度、内容栏目、转发量、合作方式等信息，分析互推成功率最大的公众号。大咖公众号可能互推较难，可重点关注一些初始期较活跃、用户增长较快的公众号进行互推。

（2）微博端搜索。登录微博网站，通过搜索“美食”相关的关键字，找到同类的微博博主，分析其用户群体活跃时间等数据。如果有可能的话，联系博主进行博文推荐。记录和分析如微博名、活跃度、活跃时间、博文内容、评论量等信息，分析互推成功概率最大的微博主。与大咖博主互推可能较难，可重点关注一些初始期较活跃、用户增长较快的博主进行互推。好吃货运营团队也可以发起一些与美食相关的话题，在评论中插入公众号的推广信息。

（3）QQ 群搜索。好吃货运营团队通过搜索 QQ 群名关键字，找到美食类 QQ 群，加入后运用社群营销的方法进行微信公众号文章链接转发、吸粉。

（4）贴吧等其他渠道。好吃货运营团队通过发帖、回帖、短视频等方式介绍公众号，吸收公众号用户。在发帖过程中不要过于生硬地直接发广告，应采用故事的方式来描述公众号。

4. 形成公众号种子用户资料库

经过一段时间的推广，公众号的用户数量逐渐增加。接下来，好吃货运营团队继续坚持每天推出优质的公众号内容，并不断分析这些用户的活跃度，将持续活跃的用户加入公众号种子用户核心群，不定时地开展线下活动、线上调研等，激发这些种子用户的参与度，提炼公众号的内容并不断调整定位。公众号的用户数量很快达到了上千人。

注意：现阶段公众号数量庞大，获取用户越来越难。对此，公众号运营者要耐心、细心，运用多种渠道和手段不断探索，找到触达用户的机会。从增加关注的角度来说，能够关注公众号的用户才是有效用户。如果不对公众号加以关注，对方人气再高也只是低效用户。

课堂测试

你的公众号能用什么方式找到种子用户呢？请结合实际做一做。

二、公众号活动运营

活动运营

当公众号运营到一定阶段，有了一定的用户基础时，运营者应举办一些活动，这样既可以吸引新用户，也可以活跃老用户。活动运营就是围绕一个或一系列活动的策划、资源确认、宣传推广、效果评估等环节做好全流程的项目推进、进度管理和执行落地。运营者必须事先明确活动的目标，并持续跟踪活动过程中的相关数据，做好活动效果的评估。活动策划过程分为以下几个环节。

（一）调研

运营者应确定开展活动的目的、活动所面向的用户群体、用户的核心诉求。

（二）策划

该环节是通过精心设计的方案，将一系列资源、人力、创意等要素有效整合，并按照预定时间、地点、形式执行的一系列活动规划与管理过程。运营者要考虑各种细节，制定突发情况预案。例如：分析活动时间节点、行业情况、竞品情况、自身情况以及用户需求。不同活动会有不同的侧重点，运营者应结合背景进行分析，从不同维度提炼每次活动的差异，包括价格、货品、服务、利益点、时间。

（三）执行

活动执行人员要完成各类活动项目的前期跟进、中期执行与后期制作工作，完成策略、创意方案的撰写工作，做到活动全程中对各个环节的精准把控，以顺利达成活动目标。

（四）复盘

活动结束后一定要及时复盘。复盘一般包括四个步骤：目标回顾、效果评估、原因分析以及经验总结。

步骤一：目标回顾。目标回顾，即看预先制定的目标是否实现。例如：在电商类活动中，需要重点回顾活动的整体情况，如 KPI 完成情况、UV、客单价、毛利；活动情况，如新用户来源、老用户复购、预热收藏、加购物车、优惠券使用情况等；类目情况，如各类目完成度、流量、客单价以及转化情况。

步骤二：效果评估。运营者需要根据监测的数据得到评估效果，如流量、客单价、转化、互动分享传播等。

步骤三：原因分析。运营者应根据前面的效果评估结果，分析可能造成该结果的原因，分析到底是规则、流量、文案还是运营等方面出现了问题。具体要细究到是在哪个时间点发生了什么，谁应该为此负责，从而避免以后再犯类似错误。

步骤四：经验总结。运营者要习惯总结各个活动的经验，将其中的得与失详尽展示，提出后续的优化方向。

以上四个步骤就是活动复盘的全过程，缺一不可。其中，每个步骤中的具体环节需要视具体活动和目的而定。

案例分享

网易严选使用任务宝吸引新用户

为了进一步扩大知名度，提高微信公众号的辐射范围和自有 App 的影响力，网易严选通过使用任务宝这一营销工具，以达到增加用户的目的。任务宝支持认证服务号和认证公众号，是一款公众号网红级裂变工具，可实现用户指数级增长，解决公众号营销难题，完成用户拉新裂变。用户可申请免费体验后付费使用。任务宝用户裂变模式如图 2-56 所示。

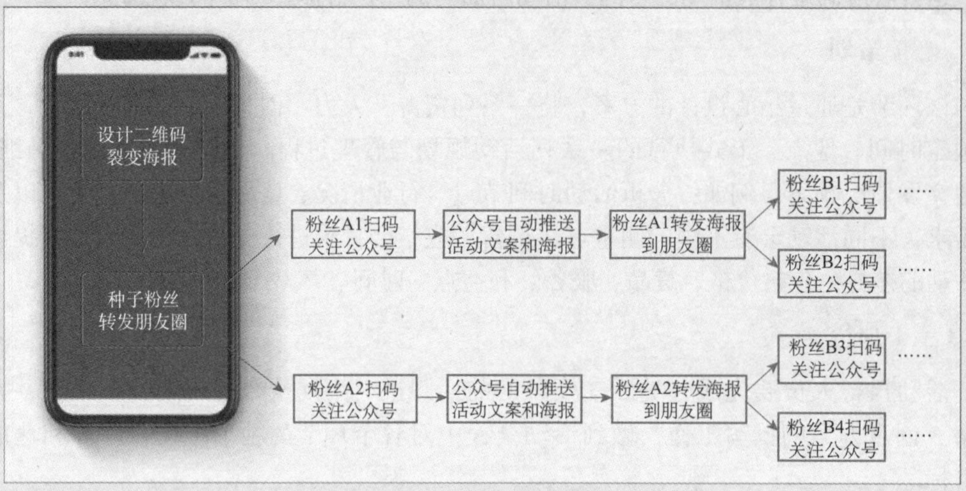

图 2－56　任务宝用户裂变模式

用户通过点击网易严选微信公众号的自定义菜单，生成属于自己的二维码海报，好友可扫码关注，关注人数达到一定数量后，自己即可兑换奖品。

活动流程（网易严选用户通过使用优惠码的方式兑换奖品）：发展 10 人扫码关注后直接兑换一个优惠码→复制优惠码→从指定菜单进入网易严选商城→粘贴优惠码，支付 10 元运费即可兑换。

1. 奖品的选择

网易严选设置的奖品是伸缩杆懒人拖把（附赠 5 片无纺布拖布），商城售价 39 元。拖把既属于家居用品，也是生活必需品。为“懒人”设计的宣传点使该款产品易引起顾客的共鸣，让顾客愿意支付 10 元运费并为此下单。如果奖品普普通通而没有突出卖点，没有多少顾客愿意买单。图 2-57 为活动进行期海报。

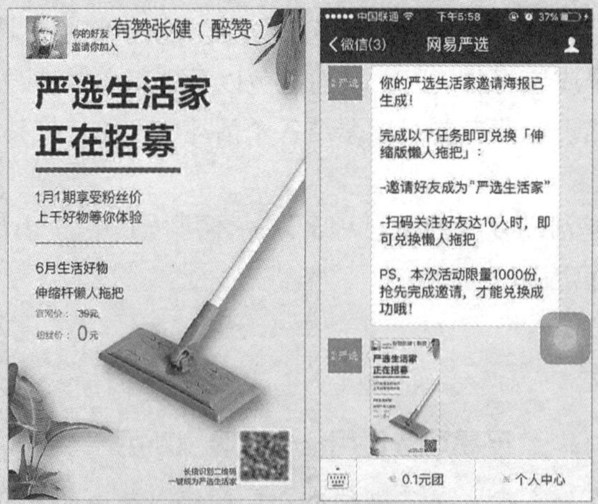

(a)　(b)

图 2－57　活动进行期海报

2. 活动说明

在生成海报的同时，弹出活动说明文字（见图 2-58），直观地告知用户参与方法。

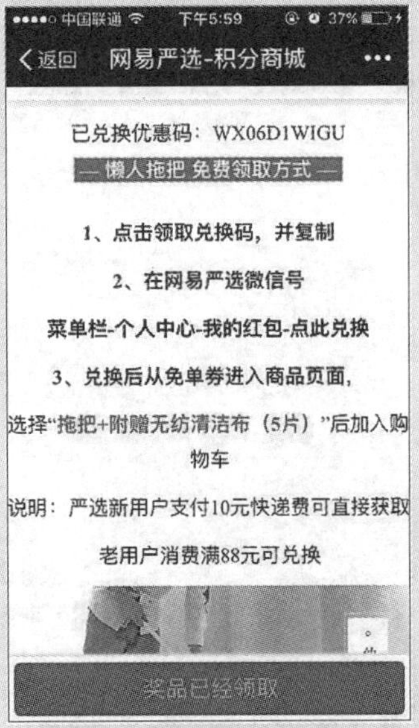

图 2－58　活动说明

3. 奖品说明

该公众号清楚地介绍了优惠码的使用方法，尽可能减少用户在活动中的困扰。系统自带的消息提示，也全面、细致地向用户展示了任务的进度（发展了多少人，还需要多少人）、奖品的剩余数量等信息，保证用户参与的体验感（见图 2-59）。

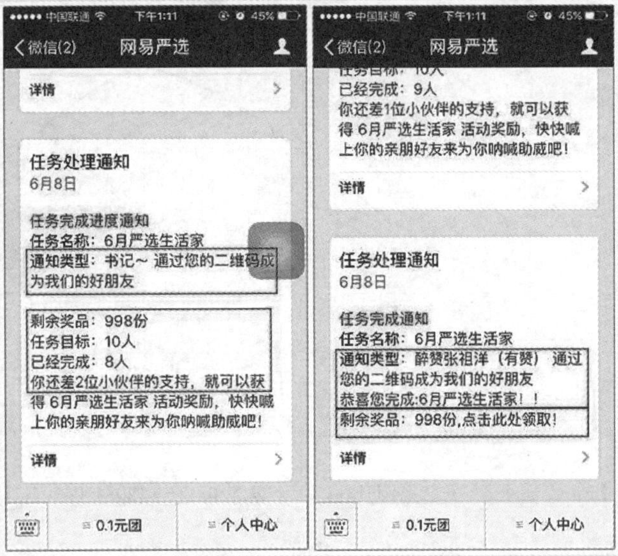

图 2－59　向自有商城和 App 引流

通过优惠码的方式，让用户在自有商城中消费，一定程度上也促进了网易严选 App 的注册与下载。在新用户注册的同时，网易严选还会赠送优惠券以留存用户（见图 2-60）。

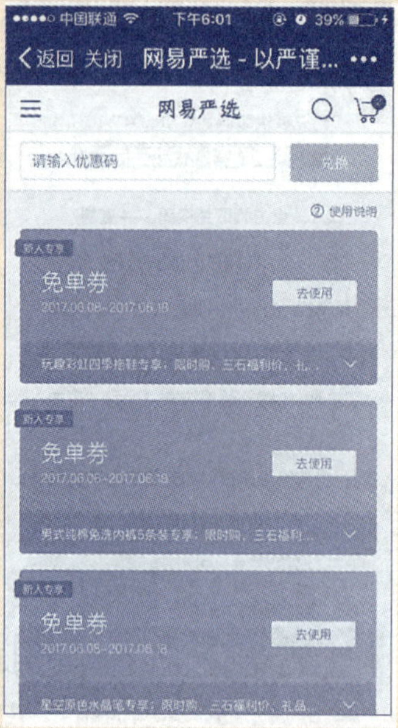

图 2－60　赠送优惠券

4. 活动效果

经过 3 天的活动期，网易严选累计净增粉丝 25 000 多人，同时获得了极大的 App 引流效果。活动效果如图 2-61 所示。

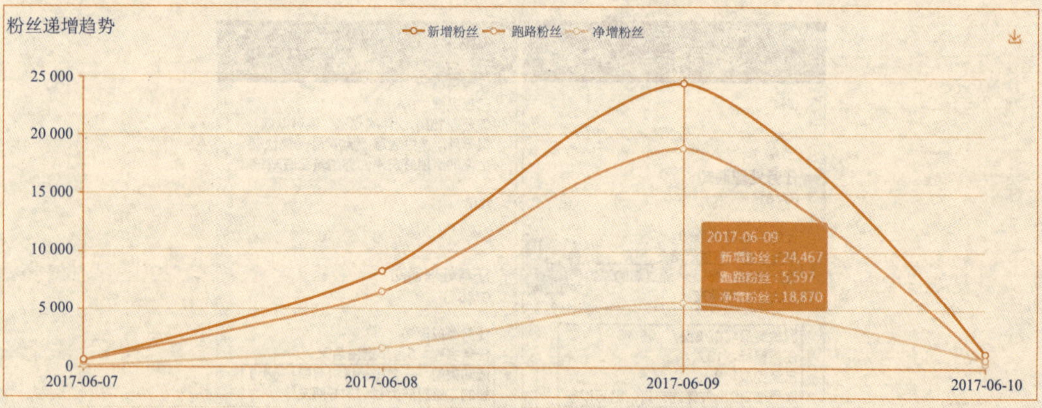

图 2－61　活动效果

资料来源：Ksir 学长．“任务宝”玩法案例 [EB/OL].（2018-05-16）[2024-04-04]. 有赞论坛．

课堂测试

1. 你的公众号能使用任务宝吸粉吗？请结合实际做一做。
2. 请为你的公众号设置一次吸粉活动。

三、公众号数据运营

数据运营

数据运营是指数据的所有者通过对数据的分析和挖掘，研究企业的内部数据、同行的运营数据以及行业的趋势数据，将隐藏在海量数据中的信息作为运营、产品等方面决策的依据，从而提高运营质量。数据充斥在运营的各个环节，所以成功的运营一定是基于数据的。在运营的各个环节，都需要以数据为基础。当运营者养成以数据为导向的习惯之后，做运营就有了依据，不再是凭经验盲目运作，而是有的放矢。运营者有了足够的数据之后，将不再依赖主观判断，而是让数据成为决策的依据。理想情况下，如果运营者能够追踪一切数据，那么管理层所有的决策都可以基于数据而作出。

（一）数据运营的作用

1. 了解运营质量

通过对比竞争平台、环比数据等，并对文章阅读数据、活动转发与评论数据等进行分析，运营者可以掌握公众号的当前运营效果。

2. 预测运营方向

通过查看百度、新榜等数据网站，运营者可以判断公众号内容、活动、推广是否和网络热点相结合。

3. 控制运营成本

在公众号进行付费推广或商业价值转化的阶段，运营者需要分析用户的分布城市、阅读习惯、购买能力等数据，对广告投放情况进行调整与优化，以控制成本。

4. 评估营销方案

营销方案是运营团队根据以往经验而制定的工作规划。在营销方案执行一段时间后，运营者需要通过数据进行评估。一方面，通过分析最终完成数据，运营者可以反推方案中目标的可行性；另一方面，通过分析过程数据，运营者可以及时发现方案执行过程中遇到的问题，及时调整和反馈。

（二）公众号数据运营关键指标

判断一个公众号的运营是否良好，需要综合考虑多个关键指标，以下是一些重要的指标。

关注量增长：运营良好的公众号应该有持续增长的关注量。关注量增长代表公众号的吸引力和用户认可度。

活跃用户：活跃用户是指在一定时间内与公众号有互动的用户。运营良好的公众号应该能吸引并留住大量活跃用户。

阅读量和阅读深度：高阅读量和较长的阅读深度表明公众号内容吸引用户，并且用户对文章感兴趣，愿意进行深入阅读。

互动率：运营良好的公众号应该有较高的互动率，即点赞、评论、转发等互动行为的比例较高。互动率高表示用户参与度较高。

转化率：转化率是指通过公众号的推送做出实际行动的用户人数与公众号关注用户数的比率，如点击链接、购买产品等。运营良好的公众号应该有较高的转化率。

粉丝留存率：运营良好的公众号应该能够保持较高的粉丝留存率，即持续吸引粉丝保持关注。

内容质量：内容质量是公众号运营的核心。运营良好的公众号应该提供有价值、有趣、有吸引力的内容，能够满足用户的需求。

互动回复率：公众号运营者应该积极回复用户的评论和私信，良好的互动回复率能提升用户满意度和忠诚度。

用户增长率：运营良好的公众号应该有逐渐增长的用户增长率，而不是停滞或下降。

受众定位：运营良好的公众号应该有明确的受众定位和内容定位，以吸引特定的目标群体。

（三）微信公众平台后台数据分析功能

对用户数据进行分析时，运营者需要登录公众平台的后台，在后台可以看到“数据”模块分析从整体上分为六大板块，分别是用户分析、内容分析、菜单分析、消息分析、接口分析、网页分析。运营者要重点关注的是用户分析、内容分析、菜单分析、消息分析这几项。

1. 用户分析

登录微信公众平台→数据→用户分析，运营者可以看到用户分析数据。用户分析分为数据趋势和用户属性两部分。数据趋势体现了用户在公众号中的活跃度，运营者从中可以创建出用户画像。用户属性则是用户的固有信息，如城市、性别等。

（1）用户数据。

数据趋势部分清晰展示公众号的新增关注人数、取消关注人数、净增关注人数、累计关注人数数据变化（见图 2-62）。

新增关注人数：表示在某个时间段内新关注公众号的用户数量。通过跟踪这个指标，运营者可以了解公众号的吸引力和用户增长情况。如果新增关注人数持续增加，说明公众号的内容和推广活动可能很受欢迎。

取消关注人数：表示在某个时间段内取消关注公众号的用户数量。这个指标反映了公众号的流失情况。如果取消关注人数较多，运营者需要分析原因，如是否是内容质量、频率或推送时间等导致的。

净增关注人数：净增关注人数等于新增关注人数减去取消关注人数。这个指标体现了公众号的整体增长趋势。如果净增关注人数为正数，表示公众号在这段时间内有用户增长；如果净增关注人数为负数，表示有用户流失。

累计关注人数：表示在某个时间点之前所有关注公众号的用户总数。这个指标可以呈现公众号的总用户基数。如果累计关注人数稳步增长，说明公众号的用户积累良好。

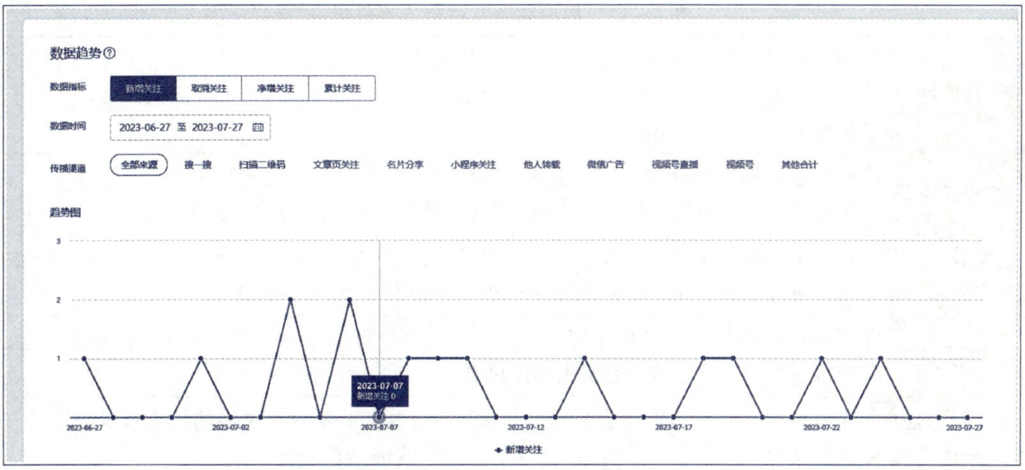

图 2-62　数据趋势

其中最重要的是数据趋势中的新增关注来源分析。全部来源的下拉框提供了新增关注用户的渠道构成（见图 2-63）。运营者需要分析这些数据，扬长补短以稳定新用户来源。

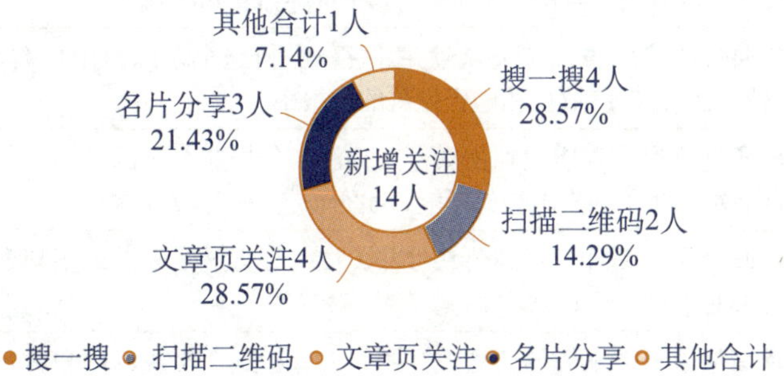

图 2-63　新增关注用户的渠道构成

运营者需要导出数据表进行数据分析，针对每个渠道，统计新增关注的用户数量，了解每个渠道的贡献度和受欢迎程度（见表 2-13、表 2-14）；对比不同渠道的访问量和关注量，计算转化率。转化率有助于评估不同渠道的转化效果。对于不同渠道的用户，运营者可以分析其后续行为，包括互动频率、阅读深度、转发分享等，了解不同渠道的用户质量。对比两个表格后我们可以看到，该公众号的搜索量一直比较稳定，继续保持就可以。监测新增关注人数的数据时，运营者需要特别关注数据的突然变化。例如，扫描二维码在 3 月 3 日这一天突然增加了 210 人，而其他数据没有明显波动，运营者需要分析活动执行人员是如何展示的二维码及二维码的引导扫码方式如何。运营者对这种有效的推广方式必须予以记录并不断优化升级。图文页右上角菜单新增用户数据不是很理想，需要运营者查找原因，稳定来源。通过以上方式，运营者可将各项数据不断优化以实现良好的运营效果。

表 2－13　用户来源及对应行为分析

搜一搜	用户通过在微信内的“搜一搜”功能搜索关键词，找到公众号并进行关注。分析这个来源的用户数量和行为，可以了解公众号的搜索流量和搜索关键词热度，有助于优化关键词设置和 SEO 策略。
扫描二维码	用户通过扫描公众号、线下涨粉活动或线上海报的二维码进行关注。分析这个来源的用户数量，可以评估二维码推广效果，比较不同二维码的受欢迎程度。
图文页右上角菜单	用户通过在图文页右上角点击公众号头像或名称进行关注。分析这个来源的用户数量，可以了解公众号内文章的吸引力，以及用户对作者的关注度。
文章页关注	用户通过在单篇文章页底部点击公众号名称进行关注。分析这个来源的用户数量，可以了解哪些文章或主题吸引的用户更多，有助于进行内容优化。
图文页内公众号名称	用户通过在图文页内点击公众号名称进行关注。分析这个来源的用户数量，可以了解图文页中推荐公众号的点击效果，有助于改进推荐策略。
名片分享	用户通过其他用户的名片分享进入并关注公众号。分析这个来源的用户数量，可以了解名片分享的传播效果，是否有潜在的用户传播效应。
小程序关注	用户通过微信小程序关联的公众号进行关注。分析这个来源的用户数量，可以评估小程序对用户增长的贡献度，是否有需要加强小程序与公众号的链接。
他人转载	用户通过其他人转载的内容找到公众号并关注。分析这个来源的用户数量，可以了解公众号内容被转载的影响力，以及内容传播的范围。
微信广告	用户通过微信广告找到公众号并关注。分析这个来源的用户数量和广告投放成本，可以评估广告推广效果和广告投放的回报率。
视频号直播	用户通过视频号直播找到公众号并关注。分析这个来源的用户数量，可以了解视频号直播对公众号用户增长的影响，是否值得继续投入资源。
视频号	用户通过在视频号中找到公众号并关注。分析这个来源的用户数量，可以评估视频号带来的用户增长效果。
其他合计	表示其他未分类来源的新增关注用户。分析这个来源的用户数量，可以发现一些意外的用户获取途径，可能需要更深入地了解来源。

表 2－14　新用户来源渠道数据

时间	搜一搜	扫描二维码	图文页右上角菜单	图文页内公众号名称	名片分享	其他	总关注
3 月 1 日	155	2	10	34	40	56	297
3 月 2 日	153	4	30	321	34	34	576
3 月 3 日	149	210	23	15	34	65	496
3 月 4 日	156	6	5	17	43	562	789
3 月 5 日	154	3	7	12	55	34	265
3 月 6 日	165	4	8	13	24	45	259
3 月 7 日	155	2	9	15	26	23	230
3 月 8 日	154	5	7	14	14	41	235

除了分析数据突然的变化外，运营者还需要进行数据对比分析。对比分析主要分为同比和环比，以及与竞争对手比较。同比是指与相邻时段的某一相同时间点进行比较，如今年5月份和去年5月份数据相比较。环比是本期统计数据与上期数据比较，如2024年9月和2024年8月的数据相比较。此外，运营者还可以通过数据分析工具，抓取竞争对手公众号的用户数量等数据进行对比，了解公众号在领域中的位置和影响力。运营者分析这些数据时，可绘制统计图表，方便看到数据规律。

（2）用户属性。

用户属性分析中的主要核心数据字段包含性别分布、语言分布、地域分布（城市分布）、终端分布（机型分析）。其中，性别和语言分布有助于运营者了解公众号用户的性别，根据性别决定内容推送及推送的配图、风格。如果账户中女性用户的比例偏大，那么运营者的写作风格可以更亲切一些，抓住女性用户的特点。男女比例不同的公众号，适合推广的内容有所侧重。例如，男性用户居多的微信公众号可以推送体育、汽车、游戏等相关内容资讯；女性用户居多的微信公众号则可以推送时尚、美妆、娱乐等内容。性别分布如图2-64所示。

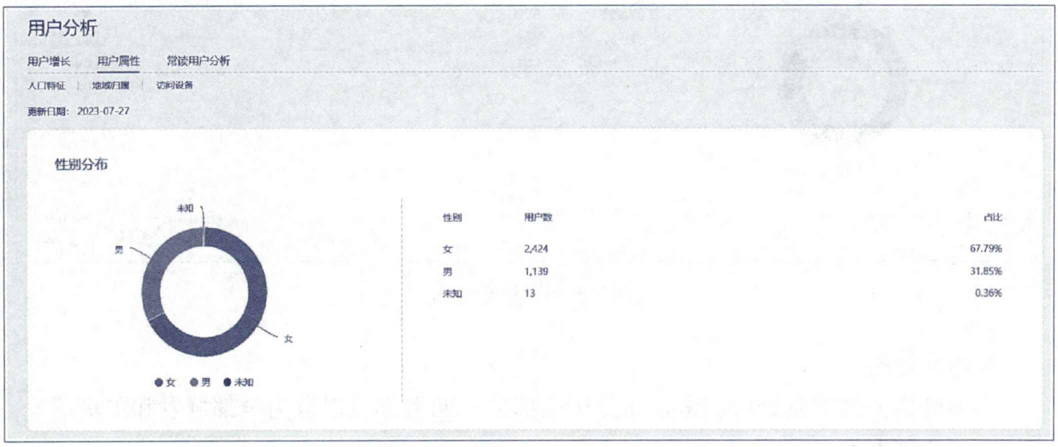

图2-64　性别分布

地域分布（城市分布）显示了公众号用户的地区分布。地域分布数据能为运营者提供用户付费能力、活动举办、内容创作等参考。当运营者知道用户城市分布的数据后，就可以根据用户的集中分布城市判断其付费能力。一般而言，一、二线城市的用户比三、四线城市的用户付费能力强。用户的城市分布数据可以为运营者策划线下活动、举办用户见面会等活动提供参考。了解用户集中的城市后，运营者可以尽量结合本地的文化、生活习惯进行内容推送。例如，某公众号的用户中浙江用户比例较大，那么创作诸如越剧、杭州等话题的文章会比较合适，推送北漂、京剧之类内容效果就会大打折扣。地域分布如图2-65所示。

地域	用户数	占比
浙江省	3,184	92.80%
上海	52	1.52%
江苏省	42	1.22%
山东省	22	0.64%
安徽省	19	0.55%
广东省	16	0.47%
江西省	13	0.38%

图 2－65　地域分布

终端分布（机型分析）影响微信文章排版时的字体和配图。编辑人员在排版时可使用多数用户的机型查看测试效果，以达到最大的美观度。终端分布如图 2-66 所示。

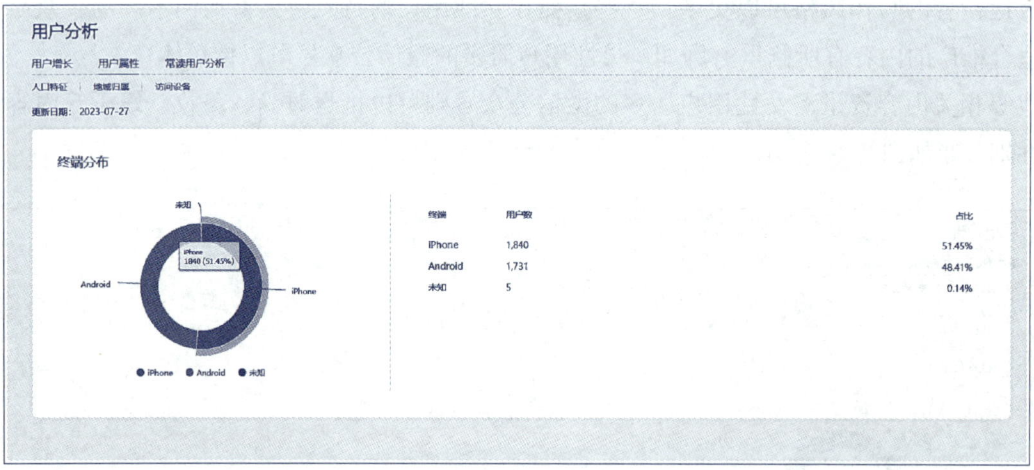

图 2－66　终端分布

2. 内容分析

内容分析分为群发分析和多媒体分析两部分。两者都可以分为全部群发和单篇群发。

（1）全部群发。

全部群发模块提供了日报和小时报两种类型的数据（见图 2-67）。运营者可以观察阅读、分享、跳转阅读原文、微信收藏、群发篇数五个方面的日报数据。运营者可通过阅读、分享获取细分日报数据来源：公众号消息、聊天会话、朋友圈、朋友在看、推荐、搜一搜、公众号主页、其他。运营者可选中起点时间和终点时间后点击按时间对比，观察指定时间周期的数据对比，所有数据均可导出成 Excel 表（其截图见图 2-68）。通过分析这些渠道的数据，运营者可以掌握以下信息：

- 各个渠道的阅读、分享、跳转阅读原文、微信收藏和群发篇数的具体数据，了解各个渠道的表现情况。
- 哪些渠道对于阅读、分享、跳转阅读原文和微信收藏等有较高的贡献，帮助优化推广和内容策略。
- 哪些渠道的用户转化率较高，可以优化用户引导和关注转化方式。

- 分析不同渠道的用户行为特点，帮助调整不同渠道的内容定位和推广策略。
- 分析群发篇数和效果，评估不同渠道的推送效果，优化内容发布计划。

通过上述内容，运营者可以掌握公众号图文消息的总体用户活跃度，找到某个渠道的薄弱之处并加以分析、优化。

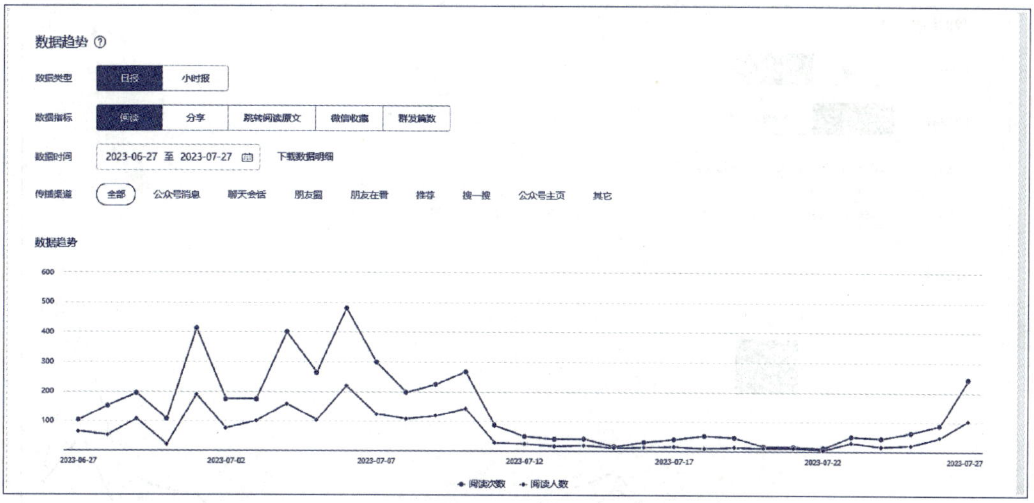

图 2－67　某公众号内容分析之日报阅读量数据趋势

日期	阅读次数	阅读人数	分享次数	分享人数	阅读原文次数	阅读原文人数	收藏次数	收藏人数	群发篇数	渠道
20230727	144	91	8	3	0	0	0	0	0	公众号消息
20230727	44	12	1	1	0	0	0	0	0	聊天会话
20230727	52	20	2	1	0	0	0	0	0	公众号主页
20230727	2	1	0	0	0	0	0	0	0	其他
20230727	242	104	11	4	0	0	0	0	1	全部
20230726	58	36	4	3	0	0	0	0	0	公众号消息
20230726	14	4	1	1	0	0	0	0	0	聊天会话
20230726	1	1	0	0	0	0	0	0	0	朋友圈
20230726	6	5	0	0	0	0	0	0	0	公众号主页
20230726	2	1	0	0	0	0	0	0	0	其他
20230726	7	5	0	0	0	0	0	0	0	搜一搜
20230726	88	47	5	4	0	0	0	0	1	全部
20230725	12	7	1	1	0	0	0	0	0	公众号消息
20230725	5	2	0	0	0	0	0	0	0	聊天会话
20230725	1	1	0	0	0	0	0	0	0	朋友圈
20230725	36	9	1	1	0	0	0	0	0	公众号主页
20230725	8	4	0	0	0	0	0	0	0	其他
20230725	1	1	0	0	0	0	0	0	0	搜一搜
20230725	63	21	2	2	0	0	0	0	0	全部

图 2－68　某公众号内容分析之日报阅读量

小时报数据展示每天 24 小时的阅读来源分析及趋势图（见图 2-69、表 2-15），不同类型的公众号的阅读高峰时段是不一样的。例如：资讯类公众号适合早上发文，娱乐类公众号适合下午发文，睡前则是用户深度阅读的时段。如何确定公众号应该在哪个时段发文呢？运营者需要对过去一段时间的推文进行整理、集合、分析，得出哪个时段是阅读量最高的时段，据此调整推文时间。

运营者要根据公众号的图文消息发送时间有针对性地进行分析，找出用户阅读的最佳活跃时间。运营者也可以自己计算一些对比数据，如图文转化率（图文页阅读人数 /

送达人数）、分享转发率（分享人数 / 图文页阅读人数）等。图文转化率体现的是文章标题的好坏，好的标题转化率高，也就是在送达人群中的打开人数多。分享转发率体现的是内容质量的好坏，用户之所以分享文章，首先肯定是阅读了文章内容，是文章的某一点打动了他，能打动用户的内容自然是优质内容。

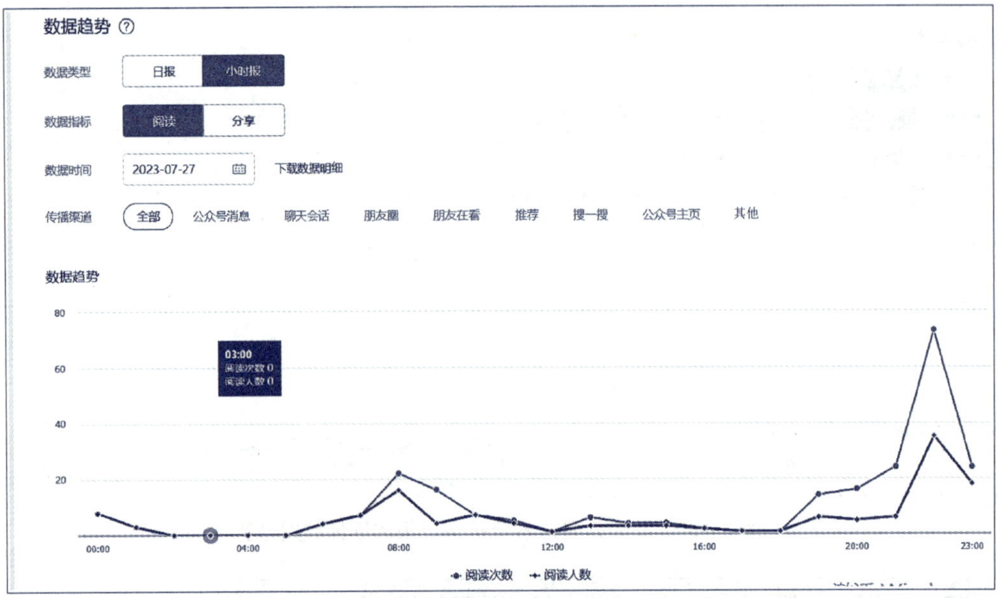

图 2-69　某公众号内容分析之小时报阅读量数据趋势

表 2-15　某公众号内容分析之小时报阅读量

全部群发详细数据 - 小时报（2023-07-27）					
时间	阅读次数	阅读人数	分享次数	分享人数	渠道
11：00	2	2	0	0	公众号消息
11：00	1	1	0	0	聊天会话
11：00	0	0	0	0	朋友圈
11：00	2	1	0	0	历史消息
11：00	0	0	0	0	其他
11：00	0	0	0	0	推荐
11：00	0	0	0	0	搜一搜
11：00	0	0	0	0	朋友在看
11：00	5	4	0	0	全部

（2）单篇群发。

这一模块清楚地展示了群发后 7 天内每条图文消息的阅读、分享等数据（见图 2-70）。选择下载数据明细可得到图 2-71 所示结果。

从图 2-70 中可以看出，该公众号 7 月 27 日文章送达阅读率为 1.62%，相对较低。运营者可分析是否是以下原因导致的。

- 内容吸引力不足：文章标题或开头没有引起用户兴趣，缺乏吸引力。
- 推送时机：推送的时间可能不是用户活跃的时间段，错过了用户的最佳阅读时机。
- 推送渠道：可能未通过其他渠道进行宣传推广，导致阅读量不足。

从图 2-71 中可以看出，该公众号 7 月 27 日文章总分享次数仅为 1 次。运营者可分析是否是以下原因导致的。

- 缺乏分享价值：用户觉得文章内容不值得分享，或者没有明确的分享触发点。
- 缺乏分享引导：未设置明确的分享提示，导致用户忽略了分享的可能性。

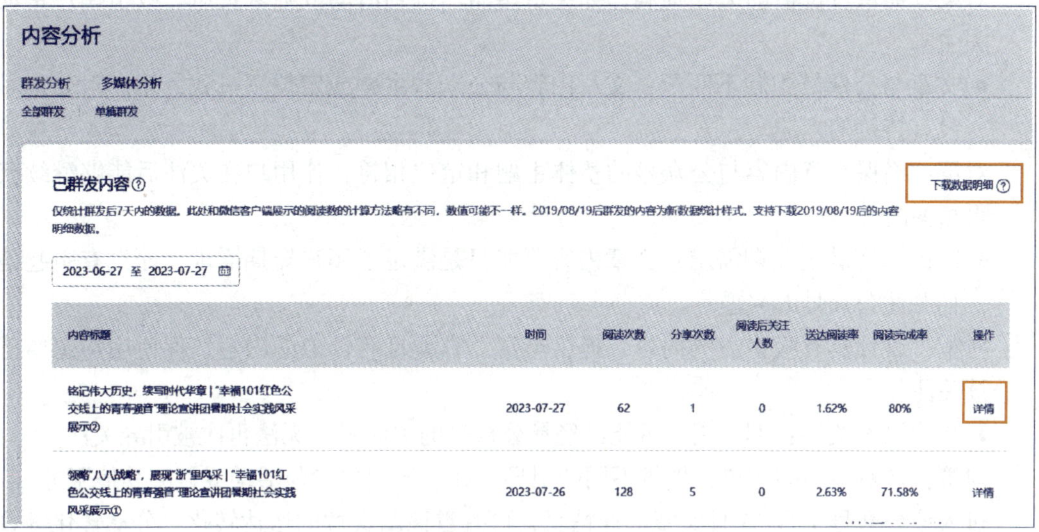

图 2－70　某公众号内容分析之单篇群发

内容标题	发表时间	总阅读人数	总阅读次数	总分享人数	总分享次数	阅读后关注人数	送达人数	公众号消息阅读次数	送达阅读率	首次分享次数	分享产生阅读次数	首次分享率	每次分享带来阅读次数	阅读完成率
铭记伟大历史，续写时	20230727	51	62	1	1	0	3575	58	0.0162	1	0	0.0172	0	0.8
领略"八八战略"，展现"	20230726	96	128	3	5	0	3575	94	0.0263	3	7	0.0319	1.4	0.7158
今日节气丨大暑	20230723	22	24	0	0	0	3577	18	0.005	0	0	0		0.8571
点赞! | 收到一封感谢信	20230710	98	137	4	4	0	3578	99	0.0277	3	16	0.0303	4	0.6842
风吹"浙"里 遇见"嘉"境	20230709	117	173	2	3	0	3579	125	0.0349	2	16	0.016	5.3333	0.7193
风吹"浙"里 遇见"嘉"境	20230708	127	177	2	2	0	3581	105	0.0293	1	29	0.0095	14.5	0.736
风吹"浙"里;遇见"嘉"境	20230707	124	188	4	7	0	3583	104	0.029	3	28	0.0288	4	0.7661
风吹"浙"里;遇见"嘉"境	20230707	53	86	1	1	0	3563	43	0.012	0	4	0	4	0.4717
今日节气丨小暑	20230707	4	4	0	0	0	3583	2	0.0006	0	0	0		0.75
风吹"浙"里 遇见"嘉"境	20230706	42	55	3	4	0	3585	45	0.0126	4	7	0.0889	1.75	0.7895
现代商贸学院2023年暑	20230705	246	395	8	8	0	3584	162	0.0452	4	171	0.0247	21.375	0.6951
风吹"浙"里，遇见"嘉"境	20230704	114	206	7	10	0	3585	91	0.0254	3	30	0.033	3	0.6518
我为师生办实事 守护校	20230704	56	71	1	1	0	3585	34	0.0095	1	6	0.0294	6	0.8182
风吹"浙"里;遇见"嘉"境	20230703	168	277	10	13	0	3585	155	0.0432	7	67	0.0452	5.1538	0.7202
叮咚~暑期离校安全指	20230702	84	120	6	6	0	3585	67	0.0187	4	21	0.0597	3.5	0.6145
薪火相传 勇挑担当丨现	20230701	212	375	12	15	0	3586	207	0.0577	12	83	0.058	5.5333	0.774
七一建党节	20230701	8	9	0	0	0	3586	6	0.0017	0	0	0		1
叮咚！这里有一份考试	20230628	105	121	0	0	0	3591	101	0.0281	0	0	0		0.7353
中国共产主义青年团第	20230627	70	77	1	1	0	3593	56	0.0156	1	3	0.0179	3	0.4265

图 2－71　某公众号内容分析之单篇群发数据明细（最近 30 天）

运营者可通过单条群发文章详情分析单条消息质量。阅读量低、朋友圈转发量低的选题：慎重考虑。阅读量低、通过公众号分享到朋友圈转发量高：标题差、内容好，看的人少，但看了的用户都转发了。阅读量高、通过公众号分享到朋友圈转发量低：标题好、内容差，看的人多，没人转发。阅读量高、朋友圈转发量高、在朋友圈再次分享：标题、内容都好，看的人多，转发的也多。

我们从图 2-71 可以看到 7 月 1 日所发文章阅读及分享数据表现良好，但是在阅读后关注人数为 0。阅读后关注人数较少的情况可能是由以下多种原因导致的。

- 缺乏明确的引导关注提示：在文章结束或适当位置缺少明确的关注公众号提示，导致用户忽略了关注的可能性。

对策：在文章结尾或合适位置加入明确的关注公众号提示，使用吸引用户的语言和图片鼓励用户关注。

- 关注引导不够吸引用户：引导关注的方式和内容可能不够吸引用户，没有使用户产生足够的动力关注公众号。

对策：提供有价值的关注福利，如免费赠品、特别活动或独家资讯，吸引用户主动关注。

- 文章与公众号主题不匹配：文章内容与公众号主题或定位不一致，用户对公众号没有持续的兴趣。

对策：确保文章内容与公众号的整体主题和定位相符，让用户在关注后能够继续获得相关内容。

- 阅读内容满足短期需求：文章内容可能只是满足了用户短期需求，而没有引起他们关注公众号的兴趣。

对策：设计具有吸引力的内容，提供丰富、有趣且有价值的内容，促使用户想要持续关注。

- 用户已经关注：部分用户可能已经是公众号的关注者，无法再次被引导关注。

对策：针对不同的用户，提供不同的引导，如引导用户参与活动或订阅其他服务。

进入该公众号 7 月 27 日文章的详情页，可查看该篇文章的送达转化、分享转化等数据（见图 2-72）。选择下载数据明细后可得到如图 2-73 所示的截图。

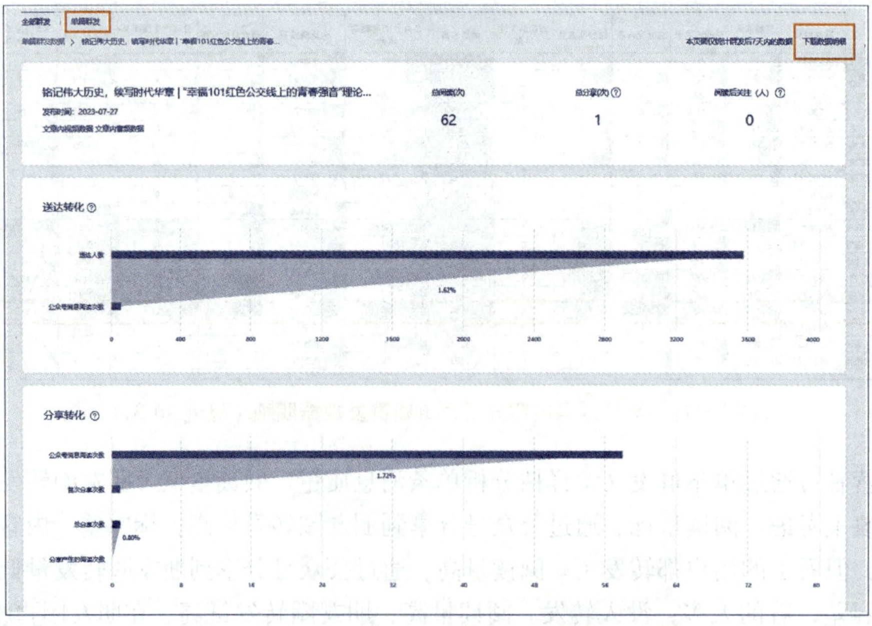

图 2-72　某公众号内容分析之单条群发文章详情

从图 2-73 中可以看到，在 45% 处有 3 人跳出阅读。高跳出率意味着许多用户在打开文章后很快离开，没有继续浏览其他内容。运营者可分析是否是以下原因导致的。

- 标题与内容不符：文章标题吸引了用户打开，但内容与预期不符，导致用户失去兴趣而离开。
- 内容质量低：文章内容质量不高，没有吸引力，用户浏览后感觉无价值，从而跳出。
- 文章排版混乱：文章排版不清晰，过于冗长或缺乏段落分隔，导致用户阅读困难。
- 加载速度慢：文章加载速度过慢，使用户等待时间过长，用户选择跳出。
- 推送目标不准确：推送的文章可能不符合用户的兴趣和需求，导致用户不感兴趣而跳出。
- 广告或弹窗过多：文章中存在过多的广告或弹窗，打扰了用户的阅读体验，用户选择跳出。

阅读完成情况				
浏览位置	跳出人数	跳出比例	仍读人数	仍读比例
0%	0	0.00%	50	100.00%
5%	0	0.00%	50	100.00%
10%	0	0.00%	50	100.00%
15%	1	2.00%	50	100.00%
20%	0	0.00%	49	98.00%
25%	1	2.00%	49	98.00%
30%	1	2.00%	48	96.00%
35%	0	0.00%	47	94.00%
40%	0	0.00%	47	94.00%
45%	3	6.00%	47	94.00%
50%	1	2.00%	44	88.00%
55%	0	0.00%	43	86.00%
60%	1	2.00%	43	86.00%
65%	2	4.00%	42	84.00%
70%	0	0.00%	40	80.00%
75%	0	0.00%	40	80.00%
80%	0	0.00%	40	80.00%
85%	0	0.00%	40	80.00%
90%	0	0.00%	40	80.00%
95%	0	0.00%	40	80.00%
100%	40	80.00%	40	80.00%

图 2－73　某公众号内容分析之单条群发文章详情数据明细

充分运用数据是新媒体运营者的必备技能。数据运营的第一步是有规律地导出各种用户数据、菜单数据、图文数据；积累至少前三个月的图文数据表，同时每天更新数据，涵盖的指标选项主要有但不限于日期、图文位置、文章标题（超链接）、内容形式、阅读人数、点赞人数、留言人数、打开率、一次传播率、二次传播率、关键指标的平均数。数据运营的第二步是根据数据逐项分析公众号图文消息的薄弱点，提出改进措施，如优化公众号消息发布时间、优化标题、优化内容等，并找出菜单、用户、图文消息之间的连接点，分析用户喜欢的选题，将之固定成栏目等。对此，运营者可灵活掌握。

3. 菜单分析

菜单分析中包括菜单点击次数、菜单点击人数、人均点击次数等数据。运营者可根据这些数据调整菜单的顺序，将无人点击或点击量少的菜单进行优化。通过菜单栏的点击率，运营者也可以了解用户关心什么、在乎什么，并做出对应的调整规划。运营者可将用户点击量大的项目调整到用户更容易看到的位置，将无人点击或点击量少的项目进行重新规划。某公众号菜单分析如图 2-74 所示。

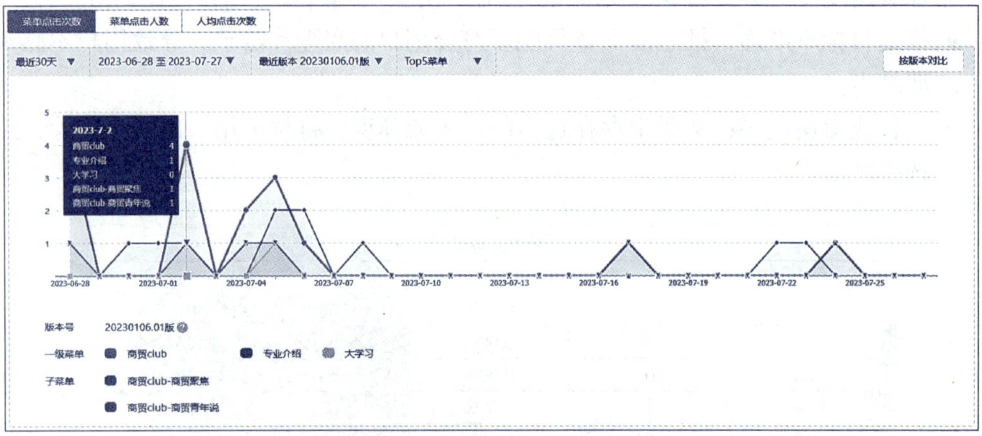

图 2－74　某公众号菜单分析

4. 消息分析

消息是粉丝和公众号产生互动的结果，消息分析有助于指导公众号运营。消息关键词中列出了后台自定义关键词和非自定义关键词的发送排行榜。通过这些数据，运营者可以直观地看出之前设置的哪些关键词粉丝发送的多，哪些非自定义关键词呈现爆发式增长，及时设置相应的自定义关键词以优化公众号的服务。针对用户比较常见的问题，运营者可设置成快捷回复列表。例如，获取资料，回复数字 1；申请加入数据分析初级社群，回复数字 2。快捷回复列表不仅有助于客户快速找到感兴趣的内容，而且可以对没有明确目标的用户起到引导的作用。

（四）数据分析工具

1. 自媒体分析工具

每个自媒体平台如微信、微博、今日头条等都具有统计功能，运营者无须掌握其他代码，即可以直观查看和一键导出数据。微信公众号的统计功能包括用户分析、内容分析、菜单分析、消息分析、接口分析、网页分析等。

2. 第三方分析工具

第三方分析工具是指非官方平台自带的、需要官方平台授权后才可以使用的数据分析工具。虽然微信公众号等平台已具有数据统计功能，但是相对简单，需要精细化数据的（如公众号排名、文章转发数据等）运营者就需要借助第三方分析工具。常见的第三方分析工具包括新榜数据、西瓜数据、清博指数、Excel 等。

（1）新榜数据：https：//www.newrank.cn/。新榜构建了微信公众号系列榜单和覆盖最全面的样本库，与超过 20 个中国主流内容平台签约独家或优先数据合作，进而形成中国移动端全平台内容价值标准体系。运营者可以通过新榜官方网站进行大数据查询及分析。

（2）西瓜数据：https：//data.xiguaji.com/。西瓜数据是专业的新媒体数据服务提供商，系统收录并监测超过 300 万个公众号，每日更新大量的微信文章及数据。目前，西瓜数据提供的服务如下。一是公众号诊断。西瓜数据可对公众号进行运营质量检测及广告价值评估，提供公众号用户预估、发文分析、违规预警、广告报价预估、广告分析、公众号人群画像等。二是阅读量监控。西瓜数据可对公众号发文进行预约监控或即时监控，提供分钟级的文章阅读量和点赞量监测，有助于运营者掌握公众号文章阅读走向。三是公众号雷达。相似公众号匹配、地方公众号百科、公众号智能搜索等功能为运营者提供了包含预估用户数量在内的丰富的公众号数据，有助于打造最有价值的公众号库。

（3）清博指数：https：//www.gsdata.cn/。清博指数有助于运营者有效地运营微信公众号。清博指数聚合了微信公众号大数据、今日头条大数据等多平台大数据。清博指数可以帮助运营者进行数据分析，让运营者更了解自己的用户。其中的微信传播指数（WCI）通过微信阅读指数和点赞指数反映账号的整体传播力和影响力。WCI 旨在鼓励账号提高单篇文章质量，合理把握推文数量，多发精品、少发“垃圾文”。

（4）Excel。当自媒体后台和第三方分析工具无法完成个性化数据分析时，运营者可使用 Excel 工具作为补充，如指定时间段分析、对比分析、公式分析等。

课堂测试

1. 你的公众号用户有哪些特点？通过分析你得到哪些结论？请结合实际说一说。

2. 请对你近三个月公众号图文消息数据进行分析，做成图表，分析用户有哪些特点。通过分析你得到了哪些结论？请结合实际说一说。

案例分享

海底捞为什么从来不打广告?

提起海底捞，大多数人想到的都是极致的服务态度。笔者最初了解到海底捞，就是因为身边的朋友们都在说海底捞“服务好”。特色服务成就了海底捞和其他火锅店的不同之处，成为海底捞的主要卖点。但服务这么好的一家店，为什么不打广告呢？

海底捞的卖点在于“服务好”，广告中宣传的内容应该就是“贴心的服务与愉快的就餐体验”。但这些话如果由海底捞自己说出，显然是无法令人信服的。虽然多数传统广告都在自卖自夸，但肯定比不上消费者自发的夸奖更令人信服。因此，海底捞基本上是不投放传统广告的。海底捞放弃了传统渠道的硬广，但并不代表着放弃了主动推广宣传。取而代之的，是无形的口碑传播和内容营销。

1. 口碑传播

一家好吃的火锅店，或许存在口味的偏差，但好的服务质量却有标准可循。例如，“等位的时候可以做美甲”“服务员给顾客送礼物”等特色服务，都是海底捞“服务好”的证明。于是，海底捞的服务口碑就在年轻人中传播开来了，有消费者愿意分享自己的消费体验，有媒体愿意报道这样一家将服务做到极致的火锅店。海底捞也通过特色的服务让每一个到店消费过的顾客都成为其“行走”的广告牌。

2. 内容营销

微博上关于“海底捞服务”的段子合集的转发量上万，且有许多用户自发分享在海底捞的经历。社交平台的海底捞酱料攻略和创意吃法点赞量破百万。海底捞的优质服务并不是中规中矩的，而是带着一丝惊喜与可爱，让人忍不住分享自己的经历。当在海底捞的体验成为一种年轻人之间的谈资时，在社交平台上安利海底捞就成为一种自发行为，而不是“广告”。

定位做“服务好”的火锅店→让人惊喜的高品质服务留下好口碑→KOL 引导用户在社交网络上分享到店经历→引导下一批顾客到店，海底捞的“心机”操作化广告于无形，同时也让海底捞成为一个社交网络上的网红品牌。

资料来源：餐饮内参 . 揭秘海底捞为何从不打广告？ [EB/OL].（2024-03-11）[2024-04-04]. 百家号 .

训练营

1. 连线题。

用户场景	增长来源
朋友分享了一篇不错的文章给你，你看完后特别满意，顺便关注了公众号	公众号搜索（搜一搜）
好友说最近“嘉兴美食”这个公众号不错，你打开手机查找并关注	扫描二维码
逛街时你接到一张宣传单，显示关注微信号可以领取小礼物，于是你扫码关注	图文页右上角菜单
买完蛋糕，你打开微信支付时，在服务员的推荐下，付款成功后关注了“美丽家”	图文页内公众号名称
好友说某公众号发布了一篇党的二十大精神学习的文章很精彩，发给你之后，你马上关注	名片分享
朋友圈一篇美文特别打动你，看到文章最后的二维码，你扫码关注后把公众号文章多看了几篇	支付后关注
你参加了一个微信投票大赛，为了投票方便，关注了大赛公众号	其他

2. 结合本项目介绍的数据分析工具，选择任意一个工具尝试获取微信公众号的以下数据：

（1）同类别的任意 3 个公众号活跃用户数量；

（2）该公众号所处领域，排名最靠前的 10 个微信大号；

（3）总结公众号用户最喜欢看的文章选题方向。

3. 根据本项目知识，假设你要投放一个在线课程的广告，在新榜查询后发现有两个公众号可供选择。两个公众号的图文打开数据如下：A 账号订阅打开比例很高，阅读量在 1 万以上、广告费为 1 万元；B 账号朋友圈打开比例很高，阅读量在 10 万以上、广告费为 5 万元。你认为在哪个公众号上投放广告性价比更高？为什么？

项目实训

新媒体项目推广：端午节营销活动

一、实训背景

在当今数字化时代，新媒体平台成为企业营销和品牌推广的重要渠道。端午节作为中国传统的重要节日，为企业提供了一个宣传和促销的良机。本项目实训旨在培养学生利用公众号等新媒体平台开展端午节营销活动的能力，提高学生的营销技能和创意策划能力。

二、实训任务

在端午节期间，学生需要通过公众号等新媒体平台，进行端午节营销活动的策划与执行，以实现以下目标：（1）增加公众号的关注量和活跃用户数；（2）提高端午节期间相关产品或服务的销售量；（3）提升品牌知名度和用户认知度。

三、实训步骤

1. 策划与准备阶段

学生团队进行头脑风暴，确定端午节营销主题和活动方案；调研目标受众，了解用户需求和喜好，确定有针对性的活动内容；策划端午节主题的公众号文章、海报、短视频等宣传素材。

2. 实施与推广阶段

在公众号上发布端午节主题内容，包括节日祝福、端午节历史文化介绍、产品推荐等。利用微博、知乎等平台进行跨平台推广，吸引更多的用户关注公众号。引导用户参与互动，如发起端午节知识竞答、抽奖活动等，增加用户互动和黏性。

3. 促销与销售阶段

推出端午节限时优惠、折扣或赠品促销活动，鼓励用户购买相关产品或服务。引导用户通过公众号实现在线购买或线下到店消费，提高销售转化率。在实体店铺开展端午节促销活动，提供免费试吃体验，吸引顾客购买。

4. 数据分析与总结阶段

定期分析公众号运营数据，评估活动效果和用户参与度。总结活动经验与不足，为后续营销活动提供参考和优化方向。学生团队进行课堂路演，展示端午节营销活动成果和经验分享。

四、课堂路演

学生团队进行端午节营销活动的课堂路演，展示实训过程中的策划、执行、推广和结果分析。团队成员分工合作，通过演示、PPT 等方式生动展示端午节营销活动的全过程。路演结束后，小组之间互相点评，行业导师、教师共同点评，进一步加深对营销技能的理解和掌握。

任务七

微信公众号推广

故事导入

小王的公众号运营逐渐步入了正轨，通过合理的运营方式和线上线下活动，公众号的文章阅读量、用户数量能保持稳定的增长。随着公司规模的扩大，小王也接到了老板新的要求，整合目前流行的社群、视频号、直播、小程序等资源，进一步扩大公众号的影响力。小王就以下问题向业内专家刘教授请教：

1. 公众号如何与视频号打通？如何将直播与公众号联系起来？
2. 小程序怎么开通？公众号怎么关联小程序？
3. 如何建立社群？公众号如何向社群引流？

课前提问

如果你是刘教授，你如何回答以上问题？

相关知识点

一、公众号与直播

（一）公众号绑定视频号

将公众号绑定在视频号中的前提是公众号和视频号必须是同一主体或者同一个管理员，并且一个公众号只能被一个视频号绑定。进入个人微信账号并开通视频号，进入账号管理，进行公众号的绑定。公众号与视频号绑定后，视频号主页会出现公众号入口，点击即能跳转到相应的公众号。同时，公众号入口也会展示相应的视频号，实现了相互的打通连接（见图 2-75）。

（二）视频号直播

1. 入口

视频号与公众号打通后，公众号可绑定到视频号直播间作为新流量入口。在开启视频号直播时，进入公众号信息流后，会看到一个显著的公众号直播按钮，点击就可以进入直播间。直播按钮除了顶部的常读栏中有明显的按钮标示外，在推送信息流以及公众号主页中都有相应的展示，如文章列表集合上方、公众号标题下方、公众号消息列表名称等，点击可直接跳转进入直播间（见图 2-76）。

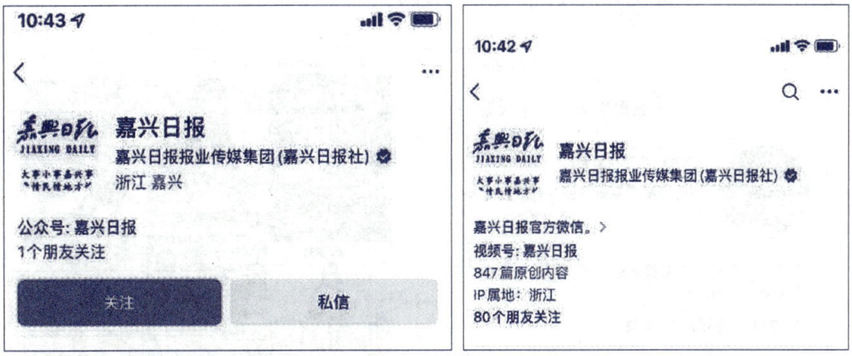

图 2－75　公众号与视频号绑定效果

图 2－76　视频号直播展示入口

2. 直播间互动功能

在视频号直播中，直播间左上角将会展示公众号账号名称，用户点击头像昵称区域将前往公众号主页。同时满足关注直播间互动条件，如关注主播即可参与抽奖等的用户，将会从关注视频号变更为关注公众号，不过展示公众号时无法使用粉丝团功能。直播结束之后，主播视角的直播结束页将展示直播期间公众号的新增关注人数。观众视角的直播结束页，将引导观众前往公众号主页。

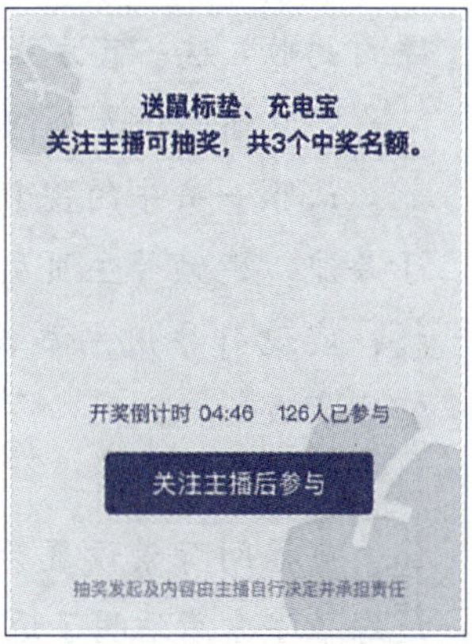

图 2－77　视频号直播抽奖

视频号直播的主要任务就是引流。在视频号直播中，主播可以通过抽奖、发红包等福利活动吸引用户关注（见图 2-77），将用户引流到公众号中，将视频号直播间流量沉淀到私域流量池中。将视频号直播与公众号绑定，不仅有利于主播盘活私域流量，而且可以使用户更方便地了解信息。

3. 公众号主页的视频号栏

已发布的视频号视频将同步展示在公众号主页（见图 2-78），形成一个巨大的流量入口，不仅让原本许多只有图文阅读习惯的用户进一步进入直播生态中，而且有利于公众号作者更好地运营自有视频号，带动粉丝迁移。

图 2－78　公众号主页同步展示视频号

案例分享

“认养一头牛”视频号直播拆解

“奶牛养得好，牛奶才会好。”杭州认养一头牛生物科技有限公司以“只为用户养好牛”为使命，以奶牛养殖与牛奶产品销售为核心主业，集现代奶牛养殖、旅游观光、饲料加工和乳制品加工销售于一体。

1. 视频号基本情况

目前认养一头牛的官方账号有两个，该公司主要运营的是“认养一头牛”这个账号，运营方式包括链接官方商城、直播以及视频号推送、引流等；而“认养一头牛订奶啦”这一官方账号目前维护较少。

2. 直播间场景介绍

认养一头牛的视频号页面非常整洁，且引流的公众号和直播预约都很显眼，易于导流。视频号主页引流可以在视频号有固定的直播时间段，引导用户预约最新直播；实现引导用户添加企业微信，进群享有粉丝专属福利；引导用户进入公众号、官方商城等。

● 直播亮点

直播间背景设置为实景加绿幕的组合，背景干净清爽，没有太多复杂元素，通过绿幕字体简洁明了地显示直播主题。（1）主播介绍商品时会有对应链接弹出，既不会使页面显得凌乱，也方便用户直接下单，且有“去购物”这一箭头指示，即使是对直播间不熟悉的用户也能够第一时间找到商品。（2）直播过程中，主播会适时替换展品且进行展示，并有对应的道具配合带货，进一步方便用户了解产品。

● 团队配合

团队配合较为融洽，主播与助播配合较好，主播在讲解商品时，助播会适时带动气氛并帮主播念观众弹幕，以促进彼此互动。在商品上架后及卖完后会有固定话术煽动直播间氛围，如“教你们如何薅直播间羊毛”等话术。二者的配合较好，不会让人感到嘈杂、不适。根据主播带货内容，助播会适时拿出各种道具及标语进行讲解，使直播有一定的趣味性。

中控在上活动链接等时候都能够适时切入；直播间的背景音乐不会太吵，而是比较柔和，适合主要目标群体为女性的观众。有用户提问时主播会给予答复，再加上发弹幕参与抽奖的福袋活动，直播间整体氛围较好。

在直播过程中，主播通过配合道具能够给观众带来更清晰的讲解。例如：在观众问到保质期及质量问题时，主播能够立刻拿出准备好的承诺板及质检书进行解释，这对于观众来说是一个良好的体验，能够让人信服。

● 直播间引流方式

直播间采用以下方式引流：视频号主页有直播预约链接；用户关注公众号就会收到直播间链接相关信息；通过官方商店小程序跳转到视频号直播间；通过企业微信跳转到视频号直播间。

资料来源：每日运营案例库．认养一头牛品牌直播带货实现的新增长策略[EB/OL].（2023-03-11）[2024-04-04]. 传播蛙平台．

二、公众号与小程序

小程序的出现不仅方便了人们的生活，而且让很多商家开始转变线上开店的方式，无需烦琐的程序和复杂的操作，就能轻松实现线上小程序开店。用户在使用时也无须下载各种 App，直接点击进入小程序就可以快捷购物。

（一）公众号与小程序的区别

1. 定位不同

微信公众号是一个自媒体平台，商家可以在公众号中发布与企业商品相关的文章、视频、图片。商家可通过粉丝关注，与粉丝进行互动，推广自己的商品以及品牌，达到营销目的。公众号是商家和用户的一个互动工具。

微信小程序不需要用户下载，在微信上运行并实现类似 App 的功能。

公众号开放的是一个应用，小程序开放的是一种能力，一种取代传统 App 的能力，两者完全不一样。

2. 运营方式不同

微信公众号采取以粉丝为主的运营方式。一般而言，微信公众号想要有更多的粉丝关注，就需要不断地发布高质量的原创文章来吸引用户，沉淀用户之后还要转化，通过各种方式引导新加入的用户进行消费。这种转化的方式相对比较烦琐。

在小程序中，用户需要什么，可以直接搜索并完成商品的购买。这种方式简单直接、转化率高。

一个小程序可以关联 500 个公众号。如果一个公众号有 1 万粉丝，关联 500 个公众号，那么小程序就能覆盖 500 万人。此外，小程序还有营销功能、裂变功能，能从 500 万人拓展到更多人。

3. 应用入口

小程序：公众号菜单、二维码、小程序搜索、桌面快捷方式。

公众号：公众号菜单、二维码。

4. 功能不同

小程序：基本上覆盖所有的行业需求，如外卖、点餐、企业展示、共享经济、智慧门店等，功能强大、交互性强，提升用户体验感，用户可以直接购买，流失率低、成交率高。

公众号：以内容为主，功能单一，对内容要求比较高，不能实现直接购买，用户体验感一般，转化率低。

（二）公众号与小程序的相互链接

公众号可以关联小程序，并将小程序店铺链接到公众号自定义菜单。

公众号推文中可以插入小程序或小程序卡片，在微信客户端最上方的搜索窗口或发现入口内用户可以通过关键词搜索到相关的小程序。当用户使用过小程序以后，在微信客户端的发现小程序的列表里面就可以看到这个小程序，用户想要再次使用它的时候，通过列表中的浏览痕迹就可以直接进入。

商家引导用户扫码使用小程序时，即可展示当前公众号，用户可直接关注该公众号。用户使用小程序完成支付后，商家即可展示同主体的认证服务号，用户可直接关注该公众号。

商家可关联或快速创建小程序。已关联的小程序可被使用在图文消息、自定义菜单、模板消息和附近的小程序等场景中。公众号可关联 10 个“同主体或关联主体”的小程序、3 个“非同主体”小程序。

（三）注册小程序

小程序开发制作的基本流程包括：注册小程序、选择第三方平台、制作小程序、授权小程序、发布小程序、微信审核。

在微信公众号内，找到小程序管理，点击开通，选择快速注册并认证小程序（见图 2-79）。

图 2－79　小程序注册

填写账号信息，然后邮箱激活，选择小程序主体类型，进行用户信息登记，提交即可成功（见图 2-80、图 2-81）。微信公众平台对小程序的账号主体及范围有明确规定（见表 2-16），申请者可按需求确定。

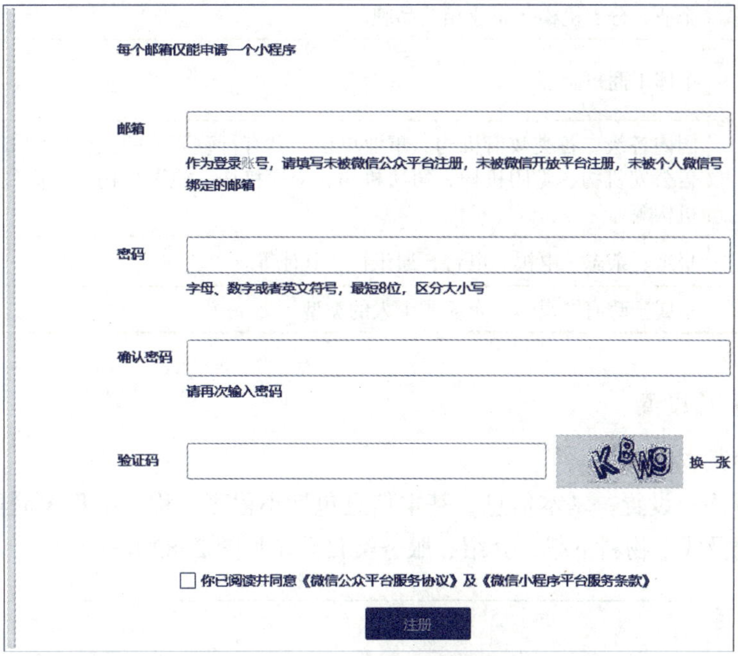

图 2-80　小程序账号信息填写

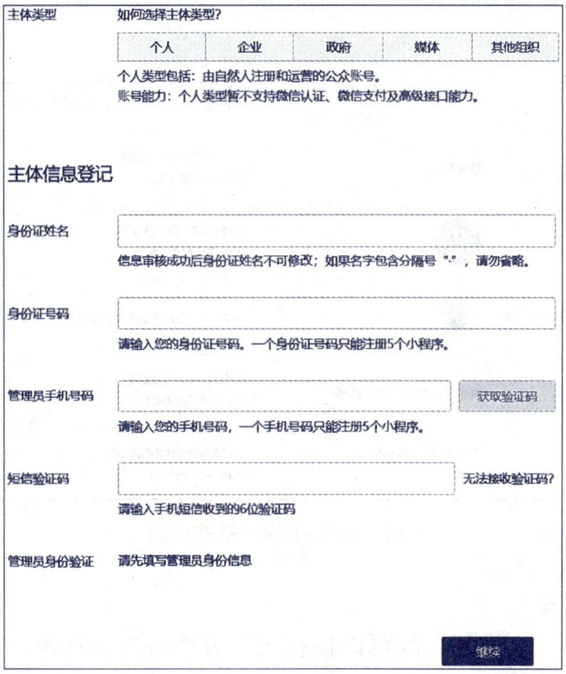

图 2-81　选择小程序主体类型

表 2－16　账号主体及范围

账号主体	范围
个人	18 岁以上有国内身份信息的微信实名用户
企业	企业、分支机构、企业相关品牌。
企业（个体工商户）	个体工商户。
政府	国内各级、各类政府机构、事业单位、具有行政职能的社会组织等。目前主要覆盖公安机构、党团机构、司法机构、交通机构、旅游机构、工商税务机构、市政机构等。
媒体	报纸、杂志、电视、电台、通讯社、其他等。
其他组织	不属于政府、媒体、企业或个人的类型。

（四）小程序设置

1. 小程序基本设置

登录小程序→设置→基本信息，基本信息包括小程序名称、小程序简称、小程序头像、小程序码及线下物料下载、介绍、服务类目等（见图 2-82）。

图 2－82　小程序基本设置

2. 选择第三方平台

商家可以进行第三方设置，既可以授权第三方平台进行管理，也可以自己开发或找服务商开发。本节以第三方有赞平台有赞授权管理为例进行讲解（见图 2-83）。

图 2－83　小程序授权第三方管理

3. 关联设置

商家既可以绑定微信开放平台账号，也可以关联公众号进行关联设置。关联的公众号将可在自定义菜单、模板消息、客服消息等功能中使用该小程序（见图 2-84）。

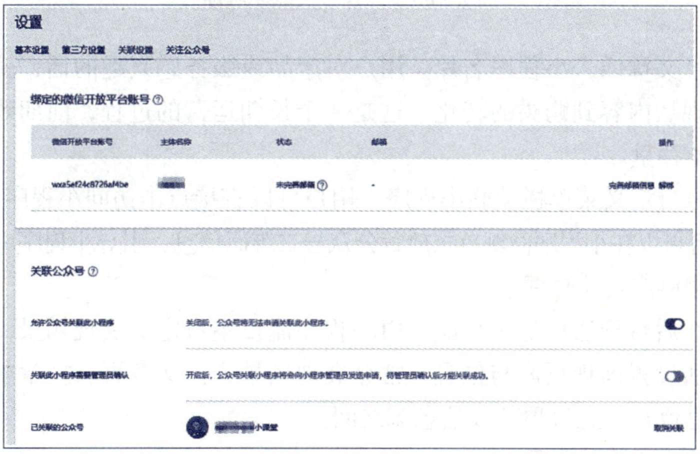

图 2－84　小程序关联公众号

公众号关联小程序的绑定流程包括以下几个步骤：（1）登录公众号→小程序→管理小程序→添加；（2）管理员扫码确认；（3）输入需要绑定的小程序 App ID，查找小程序并发送绑定邀请；（4）小程序管理员接收邀请；（5）绑定完成；（6）小程序发布。

小程序成功发布以后，运营者既可以在微信内搜索到，也可以通过店铺后台点击店铺小程序管理微信小程序，查看小程序码，扫码后就会进入小程序店铺。

（五）小程序推广

在实际运营过程中，运营者要结合自身产品特点和经营情况，选择合适的小程序推广方式，以达到预期运营目标。以下是常见的与公众号相关的小程序推广方式。

1. 公众号关联小程序（免费）

（1）公众号资料详情页绑定相关小程序。当用户关注公众号时，就能看到位于界面中间位置的相关小程序，点击可直接跳转到小程序（见图 2-85）。

图 2－85　公众号关联小程序

（2）公众号文章插入小程序名片。用户对产品或服务感兴趣的话，就会直接点进小程序，从而实现从内容到购买的转化。这是一个长期运营的过程，前期效果取决于公众号本身的粉丝留存量。

（3）公众号自定义菜单栏关联小程序。用户可以直接点击访问小程序。

（4）运营者可以在小程序商城首页放置公众号二维码信息，引导小程序用户关注公众号。

2. 微信小程序广告（付费）

运营者可在后台开通广告主功能，由小程序流量主自定义展现场景，根据各自小程序的特点，灵活设置展现页面与位置。常见展现场景为：文章页—文章末尾、详情页—页面底部、信息流—信息流顶部或信息流之间。

3. 新媒体软文推广（付费）

运营者可借助 KOL 的粉丝号召力推广小程序，通过优质的公众号软文广告或硬广，将小程序投放到微信及其他的新媒体平台。目前，很多 10 万 + 自媒体都有明确的投稿标价。

4. 小程序与小程序之间的跳转（免费）

运营者可以将每个产品线各做一个小程序，绑定在同一个公众号主体上，然后互相跳转。

微信小程序只是一个工具，商家要深挖用户心理，做出小程序爆款并形成裂变传播。

商家要打组合拳，如小程序 + 微信支付、小程序 + 微信支付 + 扫一扫 + 社交立减金、小程序 + 公众号 + 微信支付 + 拼团等营销工具。

案例分享

雪糕品牌小程序营销

2018 年，某国潮雪糕品牌横空出世，平均单价十几元的雪糕，凭借中式瓦片状造型、独特高级的口感以及新型的营销理念，很快打开市场。该雪糕品牌瞄准了社交电商市场，于 3 月正式运营有赞微商城，通过搭建小程序商城拓展新的销售渠道。店铺上线仅 4 个多月，月销售额就突破 90 万元。

1. 小程序运营第一步：社交广告引流获客

该雪糕品牌制定的一个策略就是投放朋友圈广告。广告投放不仅能快速引流获客，在朋友圈的大量曝光还能帮助该品牌实现微信端的品牌推广，让更多的微信用户知道该品牌的产品和小程序商城。夏季是冰品类消费旺季，进入 6 月后，该品牌调整了投放策略，对几个火炉城市进行了重点投放，素材突出冰爽清凉的特点，文案增加了“夏季消暑，来片雪糕”“咬一口，甜蜜整个夏天”这样场景化的内容，符合夏季家庭消费特征。

为了进一步促进成交，该品牌还在广告上露出“限时折扣”“满减进行中”“领券立减”等折扣信息，外加“融化包赔”的售后服务，消除了用户的购买疑虑。有了前期的首轮推广做铺垫，再加上夏季的应季推广，广告的投入产出比持续降低，目前投放的 ROI 接近 1∶3，小程序每日客流量达 7 000 人次。

2. 小程序运营第二步：店铺活动提升下单转化

通过广告引来了顾客后，该品牌第二步做的就是开展相应的活动以提升这部分人群的转化。例如，商城首页放置新人券，包括 10 元无门槛、满 159-10、满 299-30 三个梯度。优惠券福利促使进店的用户主动购买。7 月下旬，该品牌还利用有赞的砍价 0 元购工具开展了一波裂变活动。

活动时间：7 月 12 日 18:00—7 月 13 日 20:35，砍价有效期为 24 小时。

传播渠道：商城首页 banner 小程序消息定向推送。

活动商品：少女心系列 ×20 件。

活动设置：24 小时内分享活动链接给好友砍价，当发起者助力砍价达到 50 人时最低可砍至 0 元，参与者可获得店铺一张 20 元优惠券。

活动效果：小程序消息送达 5 080 人、回访 2 207 人，活动期间共有近 9 000 人参与助力。

砍价活动不仅给小程序引流了一大批新客，参与者获得的 20 元优惠券又反过来激励了顾客下单，提升了店铺的整体销售额。砍价 0 元购与优惠券的结合，让该品牌 7 月的店铺成交额又上一个台阶，小程序店铺日均成交额达 3 万元，总营业额突破了 90 万元。

3. 小程序运营第三步：建立小程序积分体系，提升用户忠诚度

该品牌灵活应用小程序，在小程序打造会员体系，群主会引导用户去小程序签

到、参与活动获得积分。用户可将获得的积分兑换抽奖机会，可以抽到优惠券、积分等，也可以直接兑换产品周边。积分的兑换机制充分调动了用户的参与热情。

企业微信的社群、私聊、朋友圈都是支持小程序的，小程序＋公众号联动能够成功打通线上线下场景，实现持续引流。另外，该品牌充分利用小程序实现“签到唤醒→活动激励→下单转化→私域回流”的闭环，触达更广泛的客户群。

资料来源：运营研究社小贤．成立16个月营收超1亿，某雪糕是怎么做私域的？[EB/OL].（2022-01-05）[2024-04-04]. 百家号平台．

三、公众号与社群

很多互联网达人都基于个人魅力建立公众号，然后以此为入口，吸引精准粉丝，后续再做线下活动、商业演讲、App产品等。从用户精准画像的角度来说，长期关注一个优质公众号的人群本身就具有共性。公众号输出用户认可的内容，是社群经济不可缺少的流量导入，而以公众号孵化切入社群经济的运营方式，在受众、关系链及内容信息平台方面具有巨大的优势，成为社群引流的常用手段。

（一）公众号引流触点和路径分析

公众号引流到社群触点众多，可以实现公众号→企业微信→社群的多条用户引流路径。如路径1：菜单栏→H5落地页→企业微信→进群，路径2：推文→企业微信→进群。运营者可以通过公众号和企业微信后台捕捉用户数据，分析用户来源，优化用户引流路径（见图2-86）。

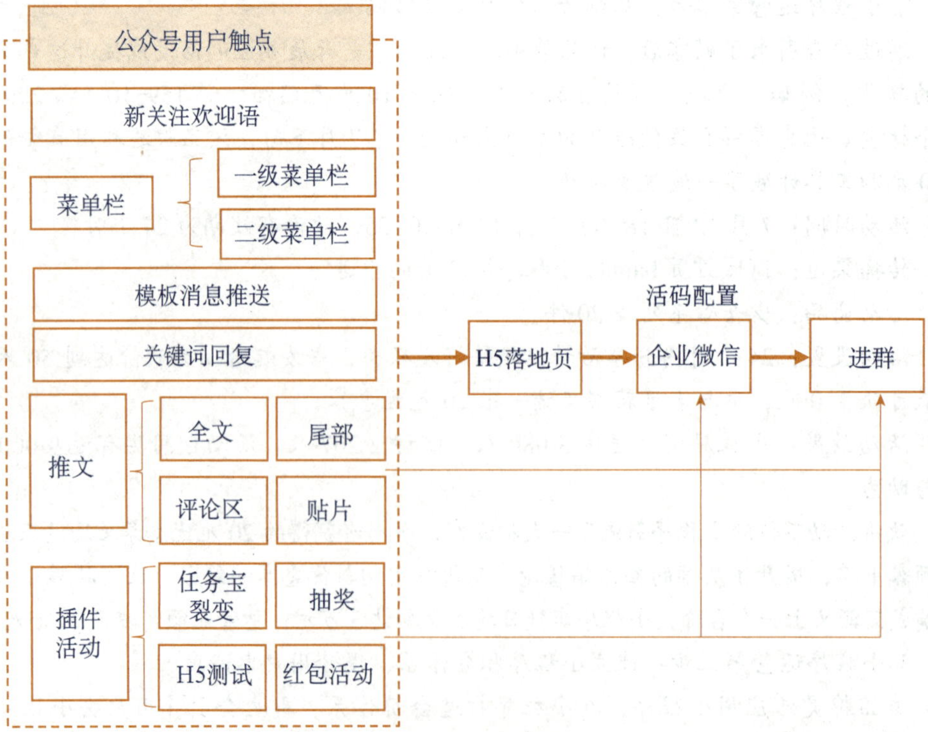

图2－86　微信公众号用户引流路径

（二）公众号引流实施步骤

公众号引流路径为：公众号矩阵→自动回复诱饵→引导首单转化→引流至个人号→引导加入社群进行复购→社群内互动触达。引流前需准备的物料包括公众号、福利诱饵、H5 落地页、企业微信个人号、企业微信群。

1. 公众号矩阵

在实施引流前，企业可设计多个定位不同但相互之间有关联的公众号，通过布局多个具有不同定位的公众号，从而对有不同需求或特征的用户进行精细化的公众号运营。在进行社群引流时，企业可通过公众号用户触点进行引流路径设计。如果是在其他公众号上投放推文，应先对其公众号用户的数据进行分析，保证投放质量。

2. 自动回复诱饵

用户在关注公众号时，公众号会自动发送已设置好的文字、语音、图片、视频给用户。例如：公众号完美日记的被关注回复（见图 2-87），主要呈现了向用户表示欢迎、介绍公众号功能、展示最近的营销活动、引导用户互动等内容。

3. 引导首单转化

当用户关注公众号后，接下来最为关键的一点就是首单转化。对于大部分电商产品来说，首单转化决定着该用户是否可以最终成为该产品的忠实用户。对于商家来说，最终目的都是促进用户不断地下单，那么完成首单相当于该用户完整、深入地体验了一次购买该产品的整个流程，这是后续不断购物的第一步。新人大礼包是最常见的业务形式。例如：完美日记公众号的新人专区（见图 2-88），就是通过向用户发送礼券，让用户选择合适的优惠券来完成下单，同时这些礼券可以用于第 2 单或第 3 单，因此起到了促进复购的作用。

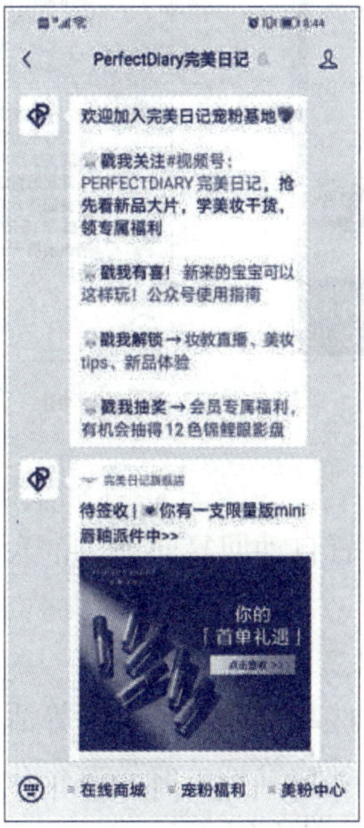

图 2－87　被关注回复示例

图 2－88　新人专区（H5 落地页）

首单转化可通过公众号被关注自动回复文字、被关注自动回复小程序卡片、菜单栏触点、设置 H5 落地页或链接来实现。注意落地页设计要有清晰引导添加的指令，主标题吸引人眼球、文案主次分明，可突出数据、强调价值感、活动机制等，页面体现活动紧迫感，并设置专享多重福利。如果企业有短信系统，可辅以短信触达促进转化。

4. 引流至个人号

无论是做服务还是做产品，运营者都应将用户引流到个人微信号。个人微信号的沟通成本、培育成本更低，转化成交更便捷、更简单，个人微信号权重更高的“人格化”也让用户信任、成交周期变得更短。所以，运营者在公众号中要多设置触点，实现公众号和个人微信号的无缝衔接。例如：完美日记公众号的关注自动回复文字中设置“戳我抽奖……”，二级菜单中设置了“撩小完子”等触点，用户点击后跳转到“小完子”个人微信二维码，附上添加客服微信领优惠券、赠品等作为“诱饵”，调动用户的积极性；跳转到“扫码加小完子”页面，“小完子”的 IP 在引流前已在企业微信中设置完成（见图 2-89）。一般建议放置企业微信员工二维码，并提前设置好自动回复话术（见图 2-90）。

图 2-89　引流至个人号

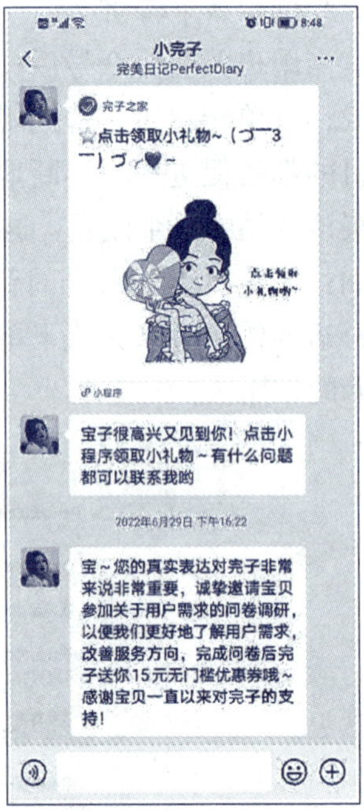

图 2-90　自动回复话术

5. 引导加入社群进行复购

当用户扫码加个人号后，与在企业微信中设置自动回复同理，个人号也应设置欢迎语和专享小礼物，并邀请用户加入社群。

6. 社群内互动触达

运营者应精心运营社群，如在社群内举办一些超值秒杀、拼团等活动，将社群用户引流到商城，特别是在大促前夕，每天都准备一款特价秒杀商品发布在群内，引导粉丝进入微店购买，从而带动店铺其他产品的销售（见图 2-91）。

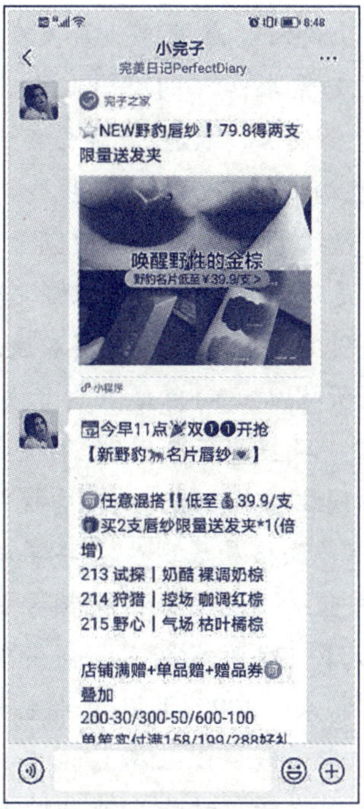

图 2－91　群内互动

总之，公众号引流的成功，在于对用户质量、引流位置、用户路径、引流诱饵、文案包装等因素的综合运用。运营者只有做好每个环节，提前测试并不断优化，才能达到好的效果。

【素养园地】

在微信公众号运营中，虚假宣传现象屡见不鲜，如夸大产品效果、伪造用户评价等，短期内或许能吸引关注，但长远来看不仅损害消费者权益、破坏市场信任，公众号运营者还会面临法律严惩。运营者须警惕虚假宣传带来的用户流失、品牌贬值及法律纠纷等负面影响。

为避免这些问题，运营者应采取正确策略，确保发布的内容真实可信，避免夸大其词；提升内容质量，注重原创与专业，以优质内容吸引用户；同时，严格遵守相关法律法规，维护行业诚信，通过真实互动建立良好口碑。

行业洞察

视频号发展白皮书

2022 年至 2023 年，视频号作为一种全新的社交媒体形式，在中国迅速发展并取得了巨大的成功。很多视频号的用户数量呈现爆发式增长。越来越多的人意识到视频内容的吸引力，通过视频可以更生动地传递信息和表达情感。

1. 三年完成生态组件建设，视频号正式进入商业化元年

2022 年视频号累计更新 30 余项功能，其中 20 余项与商业能力相关：年初视频

号主页打通小程序商城，强化了内容电商属性；第3季度，信息流广告上线释放公域能力，满足广告主对流量的强劲需求；“6·18”“双11”等大促活动联合生态公私域互补共享；商品分享、视频号小任务、优选联盟与视频号互选能力并驾齐驱，为内容创作者、行业达人、MCN机构提供了众多市场机会。

2. 打造有序创作环境，全盘统筹创作导向，视频号内容价值潜力巨大

重视创作环境和内容质量是视频号多年来一以贯之的准则。近年来，视频号在保护原创、鼓励原创方面做了多项工作，除限制粗制滥造和抄袭模仿之外，创作者招募与激励计划、降低变现门槛等策略从正向角度激发了更多内容创作者的信心与动力，也由此带动内容质量整体提升。数据显示，2022年视频号原创内容播放量同比提升350%，万粉及以上创作者数量同比增长308%，日均视频上传量同比涨幅超100%。

3. 直播兼顾“看玩学买”，多赢格局展现生态共享成果

直播依旧是视频号发展的重点。近年来，视频号官方先后推出跨年庆祝、明星演唱会、文博展览、暑期公开课、戏曲戏剧、电商带货等多个方向，积极覆盖网民“看”“玩”“学”“买”的多重需求。2022年视频号主页与小程序打通，企业微信支持转发直播，视频号信息流广告上线，以及微信生态广告全量支持小程序投放，多种举措展示了微信充分调动生态流量、赋能企业品牌和个体经营者的决心。2022年直播带货销售额增长800%，分销收入、主播收入与私域贡献同步增长的成绩展示了品牌、创作者与主播多赢的生态格局。

4. 企业品牌相继涌入，头部玩家持续深耕，视频号商业前景广阔

企业品牌对视频号的热衷与日俱增。在近千个布局视频号的品牌中，42%的品牌已经建立视频号与小程序关联，或者通过视频号开设直播活动，同时做到这两点的品牌占比达17.4%。其中，化妆品、服饰、餐饮行业深入程度更高。越来越多的品牌瞄准视频号在微信生态的重要位置，建立了自己的内容营销和直播电商体系。在强化企业品牌生态影响力的同时，视频号也在助推小程序商业版图向全域延展。随着微信生态广告全量支持小程序投放，公域、私域和社交分销场景配齐，小程序的商业能力更加完备，形成集平台运营、生态营销和全域推广于一体的经营阵地。

资料来源：视灯数据．2022年度视频号发展白皮书出炉：内容、直播、广告三位一体，开启视频号商业新篇章[EB/OL].（2023-01-17）[2024-04-04]. 知乎专栏．

训练营

1. 为公众号申请开通一个视频号，视频号发布一个动态，将其嵌入公众号推文中，实现公众号和视频号的互推。

2. 为公众号申请开通一个小程序账号（或开通第三方小程序账号），在小程序中上新一个产品，将该产品嵌入公众号推文中，实现公众号和小程序的互推。

3. 邀请前期运营的公众号用户进入粉丝福利群，进行以下操作：

（1）课前准备好优惠福利，用作进群福利，提前熟悉微信等平台的诱导分享的相关规定。

（2）设置社群规则，让引流来的新用户能感受温暖的社群氛围。建议使用企业微信群，企业微信群可以设置活码、自动欢迎、群回复、群公告、群管理等规则。

（3）发布分享海报或文案展现社群的产品、优惠或利益点，能有效引起用户扫码或转发兴趣，将海报或文案分享到各种引流渠道，如朋友圈、小红书等。

（4）实践以下引流流程：用户扫码海报加微信或企业微信—引导用户进群—欢迎新人—用户在群里转发海报—自动检查用户完成转发海报情况—用户自动领取福利。

项目实训

讲好家乡故事：南湖菱项目新媒体营销策划

一、实训背景

南湖菱是一项具有地方特色和文化底蕴的产品，在当前竞争激烈的市场环境下，需要通过新媒体的力量来进行更广泛的推广。本实训项目旨在培养学生利用公众号、小程序和社群等新媒体平台进行南湖菱产品及文化的介绍和推广的能力，提升学生的创意策划和传播能力。

二、实训任务

深入了解南湖菱产品的历史文化和特色，准确把握产品的卖点和定位，设计并制定南湖菱产品及文化的新媒体推广策略，创作优质内容，通过公众号文章、短视频、小程序展示和社群互动等方式，生动展示南湖菱的魅力。

三、实训步骤

1. 产品调研与特色定位

学生团队进行南湖菱产品的深入调研，了解其历史文化、生产工艺以及与地域特色相关的故事。确定产品的卖点和定位，明确目标受众和市场定位。

2. 新媒体推广策略制定

学生团队设计南湖菱产品及文化的新媒体推广策略，确定公众号、小程序和社群等平台的角色和功能。确立内容创作方向，包括故事讲述、产品展示、活动策划等。

3. 创作优质内容

在公众号上发布具有故事性和吸引力的文章，讲述南湖菱的历史文化和传承。利用小程序进行产品展示和购买引导，提供用户友好的体验和便捷的购买通道。创建社群，开展互动活动，增加用户黏性和参与度。

4. 数据分析与优化

定期分析新媒体平台的数据，了解用户反馈和参与度，评估推广效果。根据数据分析结果，优化内容创作和推广方式，提高传播效果和用户参与度。

四、课堂路演

学生团队进行南湖菱产品及文化推广的课堂路演，展示创意策划和实际推广效果。团队成员分工合作，通过演示、PPT 等方式生动展示推广成果。其他学生进行提问与互动，小组之间互相点评，行业导师、教师共同点评，进一步加深对新媒体推广策略的理解和掌握。

项目评价

职业素养、自我认知与评价表

班级：　　　　　　　　　　　　姓名：　　　　　　　　　　　　学号：

<table>
<tr><th colspan="6">项目二　微信公众号运营</th></tr>
<tr><th colspan="2">评价项目</th><th colspan="2">评价标准</th><th>分值</th><th>得分</th></tr>
<tr><td colspan="2">考勤（10%）</td><td colspan="2">不无故迟到、早退、旷课</td><td>10</td><td></td></tr>
<tr><td rowspan="2">工作准备（20%）</td><td>了解政策背景</td><td colspan="2">了解微信公众号的发展史</td><td>10</td><td></td></tr>
<tr><td>准备相关材料</td><td colspan="2">能够准备好课程学习所需的材料</td><td>10</td><td></td></tr>
<tr><td rowspan="5">工作过程（45%）</td><td>基本理论</td><td colspan="2">掌握微信公众号的概念、分类</td><td>5</td><td></td></tr>
<tr><td>定位策划分析</td><td colspan="2">掌握微信公众号的内容规划方法、选题方法</td><td>10</td><td></td></tr>
<tr><td>基础操作技能</td><td colspan="2">掌握微信公众号的群发消息、自定义菜单设置、运营规范</td><td>10</td><td></td></tr>
<tr><td>文案写作技能</td><td colspan="2">掌握微信文案的写作和编辑方法</td><td>10</td><td></td></tr>
<tr><td>职业能力分析</td><td colspan="2">掌握微信公众号的用户运营、活动运营、数据运营</td><td>10</td><td></td></tr>
<tr><td rowspan="3">职业素养（25%）</td><td>弘扬中华优秀传统文化</td><td colspan="2">通过微信公众号运营，践行社会主义核心价值观，弘扬中华优秀传统文化，推动社会主义核心价值观在网络传播中的传承与弘扬</td><td>10</td><td></td></tr>
<tr><td>团队合作精神</td><td colspan="2">通过小组实践培养团队合作精神，具备将运营技能应用到具体行业或项目的能力</td><td>10</td><td></td></tr>
<tr><td>规矩意识</td><td colspan="2">在进行微信公众号数据运营时，强调用户隐私保护，遵循数据伦理规范，不滥用用户数据，保障用户合法权益</td><td>5</td><td></td></tr>
<tr><td colspan="4">合计</td><td>100</td><td></td></tr>
<tr><td rowspan="2">综合评价</td><td>自评（20%）</td><td>小组互评（30%）</td><td>教师评价（50%）</td><td colspan="2">综合得分</td></tr>
<tr><td></td><td></td><td></td><td colspan="2"></td></tr>
<tr><td>最佳奖项</td><td colspan="5">本人 / 小组获得最佳　　　　奖！</td></tr>
</table>

项目三

抖音电商运营

知识目标

1. 掌握抖音平台的流量推荐机制
2. 了解抖音账号的定位、开设的基本要素
3. 了解抖音小店的基础操作
4. 掌握商品卡的流量入口及优化方法
5. 掌握商家自播、短视频挂车的方法
6. 掌握精选联盟的操作方法
7. 了解巨量千川

能力目标

1. 能够为自己的抖音账号选择一个合适的定位
2. 能够开设一个抖音账号，并进行基础的设置
3. 能够开设一个抖音小店
4. 能够优化商品卡流量
5. 能够进行商家自播、短视频挂车的操作
6. 能够进行精选联盟的基础操作

素养目标

1. 培养家国情怀，树立正确的人生观、价值观
2. 修炼良好的心理素质，培养协调能力、洞察力、判断力
3. 践行社会主义核心价值观，遵守新媒体行业的职业道德

任务一

抖音基础认知

故事导入

小李是一家服装店铺的老板，在线上开设了一家服装店铺，听说有不少同行通过抖音平台实现了弯道超车，营业额大幅增长；可是小李不太了解抖音平台，特地来向你请教：

1. 在抖音平台销售商品和其他平台有何不同？
2. 抖音平台的流量法则是什么？
3. 在抖音发布视频如何变现？

课前提问

你要如何回答小李的问题？

相关知识点

抖音运营初识

一、抖音平台的流量法则

采用中心化流量分配的平台将价值聚焦于特定个体，为其提供更多的流量支持，从而促进优质内容的传播。然而，普通个体往往无法获得平台的流量支持。例如：微博和微信公众号就是典型的中心化流量分配平台，如果没有粉丝或广告推广，发布的内容便可能无人问津。

抖音的流量分配采用去中心化机制，内容生产者发布的任何视频，都会有一定数量的播放量。去中心化赋予每个个体无限可能，内容生产者拥有更大的自主性，每个人都能创造内容。然而，个人创造的内容未必都是优质的，这是去中心化的不足之处。

抖音采用去中心化的算法，为优质的内容生产者提供了与大号公平竞争的机会。抖音根据算法为每个作品分配一个基础播放量，并根据作品的表现决定是否将其推荐给更多人。这种去中心化机制使得每个内容生产者都有机会展示自己的创作能力，而不仅仅是依赖于平台的支持。

没有完全意义上的中心化和去中心化，两者有各自的优缺点，不会出现去中心化取代中心化的现象，中心化也替代不了去中心化，两者相辅相成、共同发展，在各自适合的领域发挥作用。抖音的算法机制如图 3-1 所示：

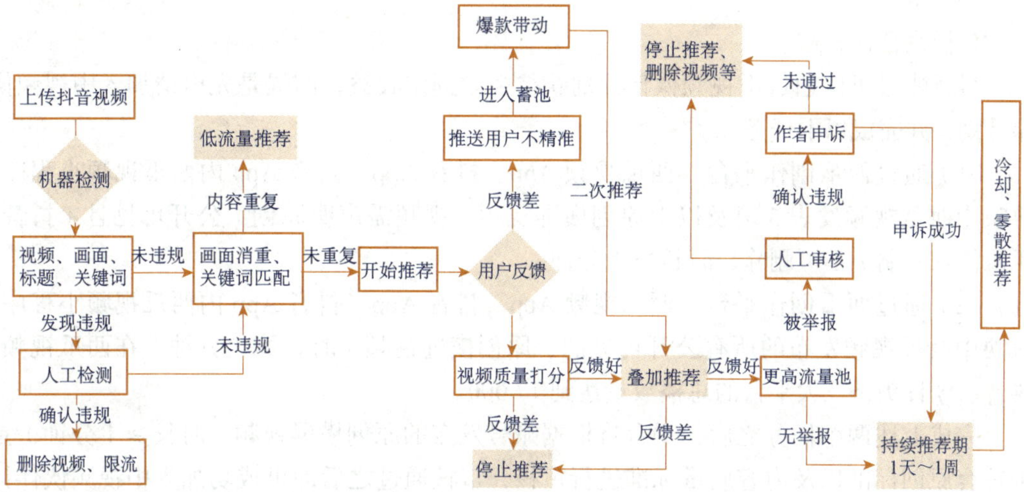

图 3-1　抖音的算法机制

内容生产者要利用好抖音的算法机制，需要关注以下三个因素：智能推荐流量池、叠加推荐、时间效应。

（一）智能推荐流量池

在抖音中，每个作品都会获得一定的流量池，该流量池的大小取决于作品的综合表现。为了能够进入更大的流量池，需要关注四个关键指标：点赞量、评论量、转发量和完播率。这些指标是抖音评估作品在特定流量池中的表现的主要依据。因此，内容生产者需要关注这些指标，并在制作优质短视频内容的基础上，引导用户进行点赞，并加强与用户的互动。

（二）叠加推荐

在抖音平台上，新发布的视频将会自动获得约 30VV（VV：video view，即视频播放量）的初始播放量。如果该视频的转发量达到 60 次，算法将判断其为受欢迎的内容，并增加其权重，使其获得额外的 200VV 播放量。如果转发量达到 100 次，算法将继续叠加推荐至 5 000VV，转发量达到 3 000 次时，再叠加推荐至 20 000VV。以此类推，那些一夜之间播放量达到数百万的视频得益于大数据算法的叠加推荐。

（三）时间效应

一些视频在发布初期并未引起太多关注，但在一段时间后（几天、一周甚至几个月后）突然火爆。这是抖音推荐算法的特点之一，它能够推动一些优质的视频再次受到关注。因此，生产出高质量的视频内容是至关重要的。

二、抖音平台的变现路径

抖音是一个潜力巨大的市场，变现方式多样化，内容生产者可以根据自己的特长和优点，选择相应的方式来变现。无论选择哪种方式，内容生产者只有拥有优质的内容，才能获得足够的收益。

（一）视频创作收益、视频赞赏收益、直播打赏收益

1. 视频创作收益

抖音账号可以通过中视频伙伴计划获得视频创作收益，前提是先申请加入中视频伙伴计划，并完成以下任务：

（1）通过西瓜创作平台、西瓜视频 App、抖音 App、抖音 App 内西瓜视频小程序、剪映中西瓜视频发表 3 篇及以上原创横屏视频，视频需声明原创，公开可见且（抖音、西瓜任意一端）不可删除，时长≥ 1 分钟。

（2）通过西瓜创作平台、西瓜视频 App、抖音 App、抖音 App 内西瓜视频小程序、剪映中西瓜视频发布的所有公开可见的、原创横屏视频（时长≥ 1 分钟）在西瓜视频、抖音、今日头条三大平台的总播放量达到 17 000。

完成上述两个任务之后，平台将根据账号发布的原创横屏视频（时长≥ 1 分钟）是否符合原创标准以及内容质量标准进行审核，审核通过之后即可成功加入中视频伙伴计划。之后通过西瓜创作平台、西瓜视频 App、抖音 App、抖音 App 内西瓜视频小程序、剪映中西瓜视频发布的原创横屏视频（时长≥ 1 分钟），在西瓜视频、抖音、今日头条产生的有效播放均可获得创作收益。需注意的是，内容生产者只有在发布视频时声明原创，才可获得创作收益。

2. 视频赞赏收益

目前，抖音视频赞赏收益功能针对粉丝量在 1 万以上、账号状态正常、无违规、原创度高的部分个人创作者开放内测，部分账号可以申请开通。首先打开抖音 App，点击“我”，点击右上角三道杠，找到“抖音创作者中心”，打开“全部分类”，找到“视频赞赏”选项进入，满足要求后即可开通。

视频赞赏功能开通之后，用户在浏览视频发布者发布的视频时，点击分享按钮，左滑，找到“赞赏视频”，每天有 3 朵免费的“小小心意”，可以赞赏给视频发布者，也可以付抖币购买“大大爱意”或“超级喜欢”进行视频赞赏，如图 3-2 所示。完成赞赏之后，赞赏视频对应的创作者将收到提醒并可查看收到赞赏视频的抖币额度、用户昵称、头像信息等。

图 3－2　用户的视频赞赏界面

3. 直播打赏收益

抖音的直播打赏收益主要指音浪收入。

音浪是抖音中的虚拟货币（目前抖音音浪提现人民币的比例是10：1，也就是10音浪相当于1元钱），开直播时，收到粉丝赠送的礼物后，抖音平台会将礼物换算成音浪给主播。粉丝刷的礼物、点亮的粉丝灯牌，都会换算成音浪累计在账号里。由于抖音提供了平台，因此主播需要与抖音平台进行分账。

需要提醒的是，直播打赏是粉丝对主播的一种认可，但打赏须谨慎，适可而止，千万不可沉溺其中。

（二）广告带货

只要你的账号拥有一定的粉丝数量和优质的内容，你就可以成为抖音广告主来赚取收入。创作者可以通过在视频中植入广告，如通过台词植入、剧情植入、场景植入、道具植入、音效植入等方式，快速地获得广告收入。图3-3就是某抖音旅游博主在旅游视频中植入化妆品广告的案例。

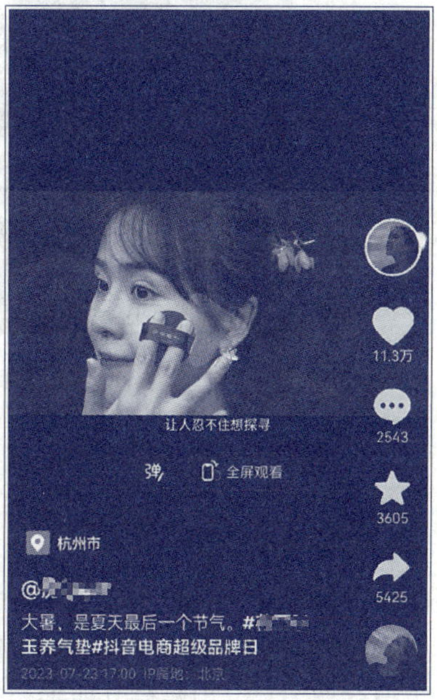

图3-3　在视频中植入化妆品广告

（三）电商变现

抖音最直观的盈利方式是用商品或者服务变现。抖音运营者借助抖音平台销售商品或者服务，只要有销量，就有收入，具体包括自营店铺卖货、帮人卖货赚取佣金等。抖音最初的定位是一款方便用户分享美好生活的短视频平台。由于其独特的算法吸引了大量的用户群体，抖音也在发展中不断拓展商业版图，推出了直播功能、抖音小店、抖音橱窗、本地生活服务等商业功能。

抖音运营者可以通过自营店铺直接卖货，如抖音商品卡卖货、抖音直播卖货、抖音短视频挂车卖货，商品交易完成之后，抖音运营者就可以直接获得收益，类似于传统电商平台的交易流程。

没有店铺的抖音运营者可以通过精选联盟，帮助他人卖货赚取佣金。虽然此时的抖音运营者只负责“销售”，发货环节由提供产品链接的抖音小店商家完成，但抖音运营者在选取产品链接时只有考虑产品的质量、售后服务等问题，才能赢得用户信任，获得长久发展。

（四）引流到线下 / 其他平台变现

实体店铺可以通过短视频 / 直播等方式将线上的抖音用户引导至线下，让抖音用户到线下消费。如果商家拥有线下店铺，或者跟线下企业合作，则一定要进行POI认证（见图3-4），获得一个专属的唯一地址标签。商家或者其他抖音用户在上传视频时，如果对视频进行定位，只要点击定位链接图标，就可以查看店铺的具体信息，如地址、团购信息、推荐菜、用户评价等（见图3-5）。

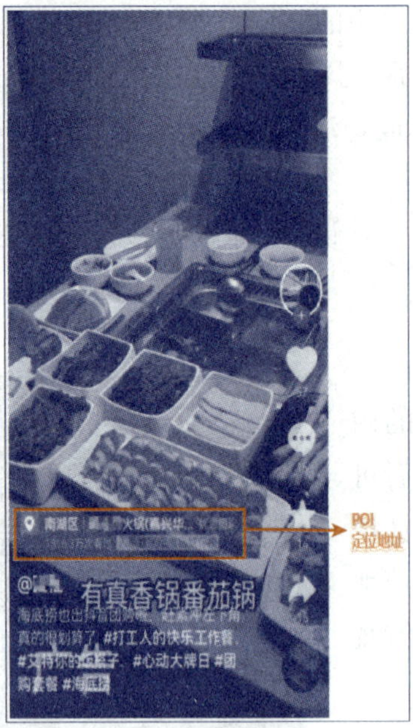

图 3－4 短视频中的 POI 定位地址

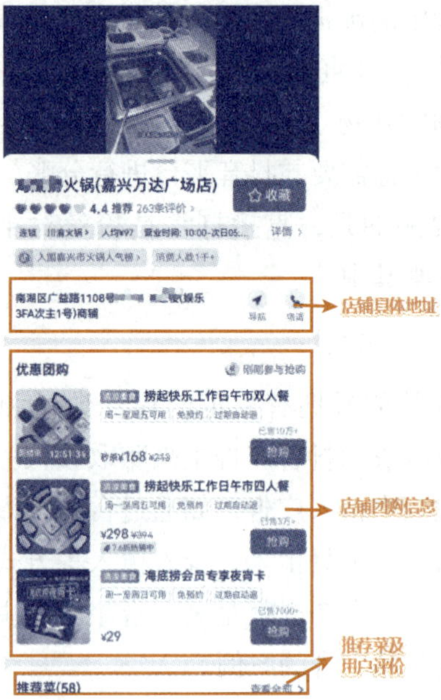

图 3－5 点击后查看店铺的相关信息

抖音实体店铺可以利用 POI 信息界面建立与附近粉丝的桥梁，基于地理位置来链接店铺与用户，吸引目标人群，向用户推荐商品、优惠券、店铺活动等信息，从而有效地为线下店铺引流。

部分商家可能同时运营多个电商平台，而抖音还不是其中最重要的平台。部分商家会通过一定的方法将抖音粉丝引流到特定的其他平台，进而实现变现或增加粉丝黏性。需要注意的是，引流到其他平台时，一定要遵守抖音的相关规定，不要违规操作。

（五）其他变现方式

抖音变现的方式，除了上述 4 种之外，还有以下几种方式：开设课程招收学员，进行内容付费培训服务；打造 IP，利用形象代言变现；转让账号变现。

〖直通职场〗抖店运营岗位描述及职业能力分析

【岗位职责】

1. 负责抖音店铺日常运营及推广工作，根据品牌及店铺定位，制定推广方案。
2. 负责抖音店铺产品上下架、优化及更新，提升产品曝光率。
3. 负责店铺促销活动策划，提升店铺转化率。

【任职要求】

1. 有抖音店铺运营 / 推广经验。
2. 熟悉平台玩法、策略，热爱电商，有营销思维。
3. 精通抖音商城网上交易推广流程，熟悉抖音商城各种营销工具。
4. 思维活跃，工作积极主动，有责任感，协调与沟通能力强。

分析以上内容我们可以发现，抖店运营岗位要求从业者具备扎实的理论知识与实践能力，深入了解平台规则与特性，以驱动店铺日常高效运营；精通产品管理，包括上下架、优化及更新，提升产品曝光率与吸引力。同时从业者须具备出色的营销策划能力，能够创意策划并执行促销活动，有效提升店铺转化率，增加顾客黏性。

从业者要能够运用数据洞察市场趋势与消费者行为，具备数据分析能力为运营决策提供有力支持，精通抖音商城各类营销工具，如直播带货、短视频营销等，并能灵活组合应用，从而在营销中实现效果最大化。

此外，优秀的沟通协调能力与团队合作精神、高度的责任心与执行力也必不可少。从业者应确保与团队成员、供应商及平台方顺畅沟通，协同推进项目；保持思维活跃，勇于创新，不断探索新的运营策略与营销手段，以适应快速变化的市场环境。

课堂测试

1. 谈谈你对抖音和快手两个 App 的看法，说说二者在定位、用户群体、发展前景等方面有何异同点。

2. 请运用 SWOT 分析法分析自身适合从事哪一类岗位。

行业洞察

2023 年短视频行业研究报告

截至 2022 年 12 月，短视频市场规模近 3 000 亿元，用户规模达 10.12 亿，占整体网民规模的 94.8%。短视频成为吸引网民“触网”的首要渠道，近 1/4 网民因短视频与互联网结缘，远超游戏、直播等应用；人均每天刷 3 小时，呈 5 年持续增长趋势。00 后作为短视频的重度爱好者，近半数人每天要刷满 2 小时，但他们浏览时长较短，48.8% 的用户偏好不超过 1 分钟的短视频。相比之下，70 后更能接受 5 分钟内的短视频。

目前短视频行业市场格局稳定，已形成由抖音、快手及相关产品矩阵组成的竞争格局。抖音、快手稳居第一梯队（见图 3-6）。随着创作者和内容生态的趋同以及平台创作者的相互渗透，抖音和快手的用户重合度不断提高，在性别、年龄、学历和收入等维度已无较大差别，但在下沉市场，快手用户比重略高于抖音。

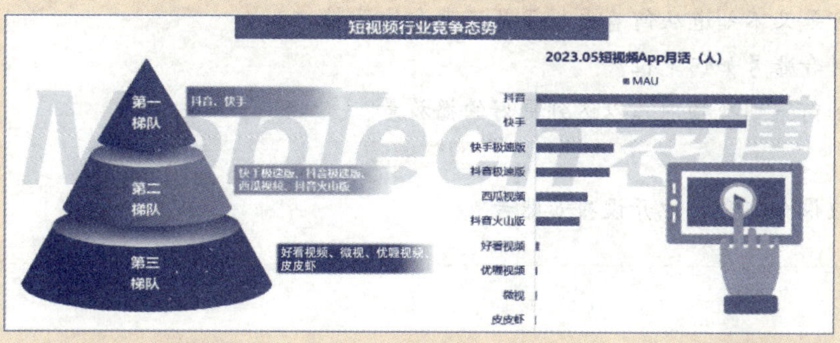

图 3-6　短视频行业竞争态势

作为短视频平台的两大巨头，抖音和快手在定位、功能和结构等方面存在差异（见图 3-7），这也导致了两者在商业模式、盈利模式上的不同。但随着电商价值的显现，抖音和快手都在发力内容+货架模式上布局。

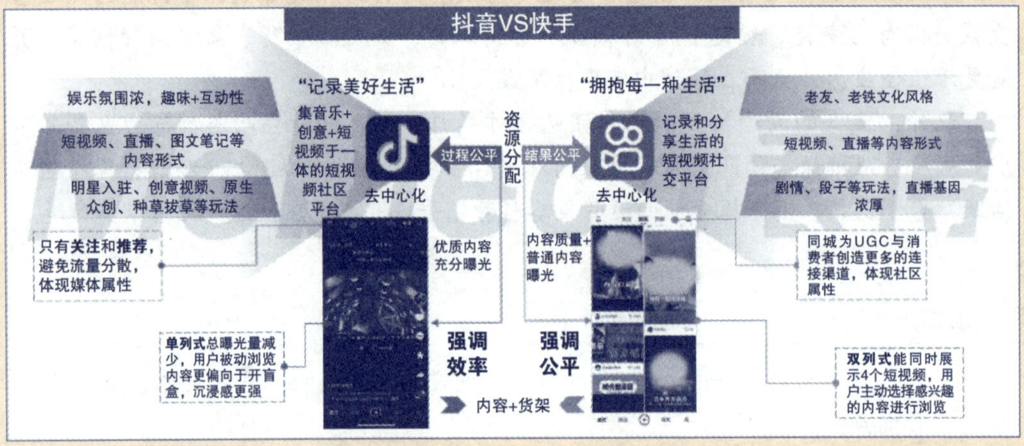

图 3-7　抖音 VS 快手

资料来源：MobTech 研究院. 2023 年短视频行业研究报告 [EB/OL].（2023-06-30）[2024-04-04].MobTech 研究院官网.

任务二

抖音账号开设

故事导入

经过你的介绍，服装店铺的老板小李对抖音有了初步的了解，他也想开设抖音账号，可是又不知道从何着手，于是又来向你请教。

1. 抖音账号如何定位？

2. 如何策划视频内容以达到更好的播放量？

课前提问

你应该如何帮助他开设抖音账号？

相关知识点

抖音短视频策划

一、抖音账号定位

在抖音平台上，准确的账号定位是非常重要的一步。它决定了账号在未来的发展方向和潜在影响力。为了成功地创建并运营一个抖音账号，运营者要做到以下三个方面。

（一）自身认知剖析

在开设抖音账号之前，运营者首先要对自己进行深入的分析：擅长领域是什么？能为粉丝提供什么样的价值？未来的变现方式是什么？这些问题都是在开设抖音账号时需要考虑的。例如，对汽车领域比较熟悉，可以为粉丝提供购车建议、车型评价以及与汽车相关的故事等。在变现方面，运营者可以考虑与汽车厂商合作推广产品，但要注意务必诚实，不要误导用户。

例如：抖音账号“虎哥说车”，虎哥本人已经在汽车媒体行业干了10多年，同时也是杭州有名的汽车主持人，相关的汽车资源非常丰富，这是虎哥自身拥有的资源和优势，为其在抖音上开设“虎哥说车”账号提供了可能。“虎哥说车”的抖音账号发布的视频大多是与汽车相关的。

（二）竞争对手分析

在确定账号定位之前，了解竞争对手也是非常重要的。运营者需要思考竞争对手是如何定位的，自己能否提供比他们更好的产品或服务。

例如：在汽车解说领域，有很多其他的抖音账号，运营者需要找到自己与他们的区别，从而打造差异性。例如，“虎哥说车”账号定位如下：首先是说车人虎哥的形象打造，最明显的标志就是光头，提到汽车主持界的光头，很多人会想到虎哥；其次是虎哥的气质，每个视频中的虎哥都精神饱满、神采飞扬，令人印象深刻；最后是虎哥解说的方式，虎哥讲解汽车时，既犀利又幽默，让人愿意相信他所说的，这就是他的魅力。另外，虎哥也非常接地气，当网友说想看挖掘机、三轮车、自行车的解说时，虎哥能满足网友的需要，而且解说得非常幽默有趣。这就是“虎哥说车”与其他汽车类短视频的明显不同。

（三）确立自身账号定位

基于对自身的了解和竞争对手的分析，运营者需要明确账号定位。这个定位应该能够体现专业性和独特性，从而吸引用户的关注。

例如：“虎哥说车”主打专业的内核、幽默的表现形式，在汽车测评行业取得了成功。截至 2025 年 3 月，“虎哥说车”在抖音的粉丝量已达到了 3 186.6 万。

二、抖音账号设置

抖音账号的定位明确之后，接下来就是正式开设抖音账号。运营者需要考虑以下几个问题（见图 3-8）。

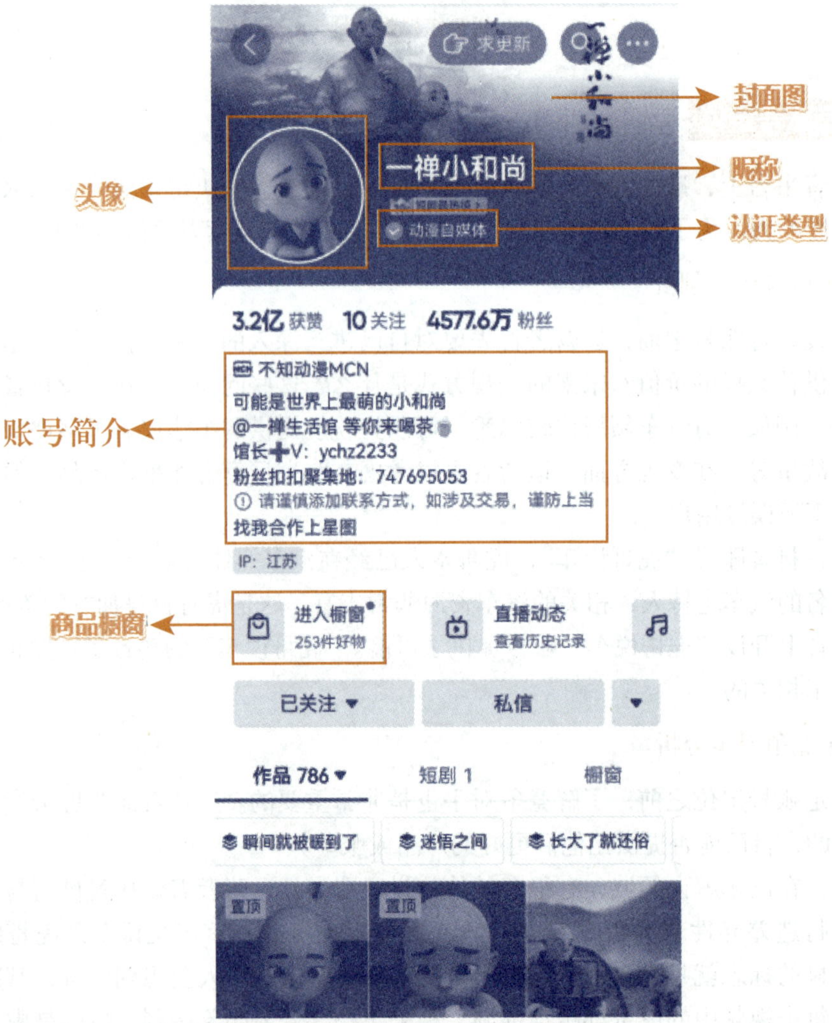

图 3-8 抖音个人账号页面基本信息

（一）封面图

封面图最好给出与账号相关的内容。例如：“一禅小和尚”的背景图是一禅和师父坐在草地上吃着冰棍，这是一张岁月静好的图片。账号可以引导关注或给出直播、店铺等信息，如可以告知粉丝每天几点直播，提醒粉丝观看。

（二）头像

头像要清晰、有特色。运营者应根据账号特点决定使用什么类型的头像。目前，抖音账号的头像设置类型有以下几种。

1. 真人头像

有的抖音账号，其主理人本人已经有一定名气，或者想要打造属于自己的 IP，就可以使用真人的头像。例如：记录自己一家人的农村生活的账号，就可以用一家人的真人照片作为头像。

2. 文字头像

文字头像，即将账号名称直接做成文字头像进行展示，适合账号名称比较简单、方便用户记忆的账号类型，如图 3-9 所示的“央视新闻”。

图 3-9 “央视新闻”文字头像

3. 文字和图片相结合的头像

例如：“秋叶 Excel”抖音账号，上面是代表 excel 的图片，下面是“秋叶”两个字，如图 3-10 所示。

图 3-10 “秋叶 Excel”文字 + 图片的头像

4. 卡通头像

虚拟 IP 是当下比较流行的文化形式。例如：抖音粉丝有 4 000 多万的超级大 IP“一禅小和尚”，以一禅小和尚和师父的日常生活构建的虚拟动画场景为主要内容，抖音头像就是卡通的小和尚，给人一种萌化了的感觉，关注率自然大大提升（见图 3-11）。

此外，有的账号以公司标志或者稍作变化后的标志为抖音头像。头像最好能给用户留下深刻印象。运营者需要根据自己账号的特点选择合适的头像类型。

图 3－11 “一禅小和尚”卡通头像

（三）昵称

昵称要简洁、方便记忆。用户关注时第一时间看到的就是昵称，昵称会影响用户是否会关注。昵称最好能体现人设，用户看到昵称就能联想到人设。昵称应能让用户知道这个账号主要推广什么内容。例如：“秋叶 Excel”，用户一看就知道其与 Excel 操作相关，用户在查找页面搜索与 Excel 相关的内容时方便找到。昵称要简单明了、不能太长，3~5 个字即可，“一禅小和尚”“虎哥说车”“飞恋伞厂”等账号都简单明了，方便用户记忆。

（四）认证类型

抖音认证分为个人认证、企业认证、抖音影响力认证等类型。个人认证适合个人创作者、行业专家、自媒体领域创作者，个人认证之后会在个人账号主页的账号名称下面出现一个橙 V 的标志；企业认证适合企业、个体户、国家机构等，企业认证之后会出现蓝 V 的标志；抖音影响力认证适合在带货、探店等场景表现优秀的个人或机构，抖音影响力认证之后会出现红色五角星的标志。认证之后可以提高账号权重，提升粉丝对该账号的信任度，所以账号最好进行认证。相关认证标志如图 3-12、图 3-13 所示。

图 3－12 个人橙 V 认证

图 3－13 企业蓝 V 认证

（五）账号简介

账号简介最好简单明了，再加上联系方式，从而让用户能够快速、清晰地了解账号主体或者账户的基本内容。联系方式有助于之后的商务联系。

（六）商品橱窗

商品橱窗是抖音的卖货窗口，是实现账号变现的重要途径。运营者在开通商品橱窗之前，需要了解抖音带货权限。抖音带货权限是指用户在抖音平台获得的短视频购物车、达人推荐橱窗等直播间添加商品的权限。获得权限的用户可以在抖音售卖自家商品或带货。

开通电商权限共分为 3 个步骤：开通商品橱窗→提交带货资质→开通收款账户。

步骤 1：开通商品橱窗。运营者需要核对自己是否具备开通权限资格，必须满足以下 4 个条件：公开发布视频数≥10 条、抖音账号粉丝数量≥1 000 粉丝、抖音账号进行过实名认证、缴纳了作者保证金。

步骤 2：提交带货资质。带货资质是指电商在抖音平台所使用的身份资料信息，运营者可以使用个人身份证、营业执照等。如果运营者在抖音其他业务如企业号、巨量千川进行过资质认证，当提交带货资质时会要求与其他业务资质主体保持一致。

步骤 3：开通收款账户。开通收款账户是指运营者需要有银行账户来进行佣金结算，如未开通收款账户，平台将无法进行佣金结算。因此，在开通电商权限时，运营者应开通收款账户。开通方法：点击抖音主页右下角的“我”→右上角“三”→“抖音创作者中心”→“全部”→“商品橱窗”，根据提示一步一步操作即可。

三、抖音内容策划

抖音内容策划的目的是取得更多的播放量。运营者可以从完善账号信息、提升视频打开率、提升视频完播率、提升互动率、参与官方活动等方面入手。影响抖音播放量的因素如图 3-14 所示。抖音播放量主要受账号分值和视频分值影响，账号分值包括是否认证、头像 & 昵称等信息是否完整，如果账号未认证，则包括内容质量、话题专业度；视频分值主要包括视频的完播率、点赞（点赞量 / 点赞率）、关注（关注量 / 关注率 / 进入主页数）、评论（评论量 / 评论率 / 评论的点赞量）、分享（分享量 / 分享率）。因此，运营者在进行账号运营时，要特别关注这些数据，提升数据的相关指标。

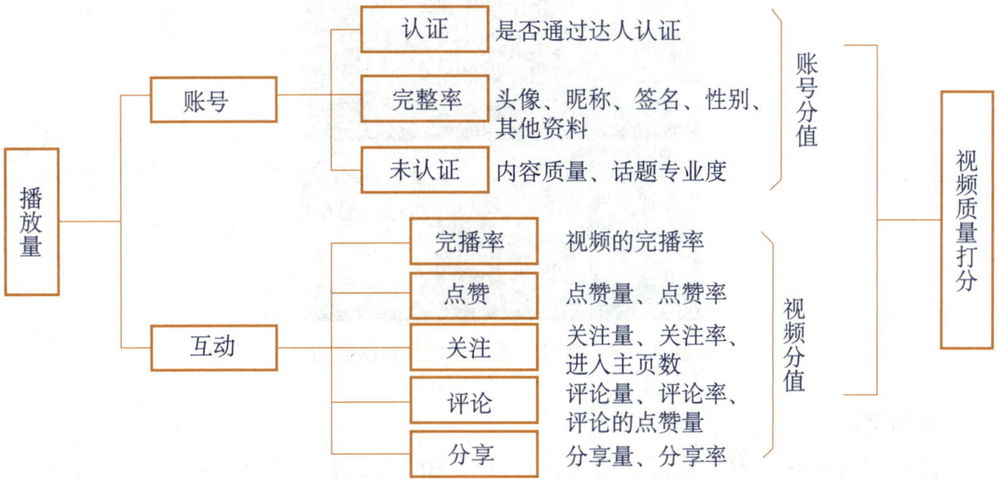

图 3-14　影响抖音播放量的因素

（一）完善账号信息

账号的情况会影响抖音视频的播放量。运营者应完善账号信息中的头像、昵称、签名、性别及其他资料，绑定手机号、QQ、微信、微博、今日头条等平台，并进行抖音账号认证等。

（二）提升视频打开率

视频打开率是指用户进入账号主页之后打开某个视频的概率，或者用户接收系统的推送视频时观看视频的概率。影响视频打开率的主要因素是视频封面和标题文案。视频封面是在用户进入账号主页时影响用户；标题文案是在用户接收系统推送时影响用户。

1. 视频封面

一般而言，长期运营的抖音账号会设计一个风格统一的视频封面，视频封面会影响用户的视频打开率。例如：某旅游博主的抖音账号中，一个视频介绍一个旅游地，旅游地的名字会竖排放大并显示在封面上，以方便用户查看相应旅游地的视频，非常清晰明了，而且放在封面的旅游地名称统一竖排，汉字和拼音结合，看起来更美观（见图 3-15）。

图 3-15　某抖音博主的视频封面截图

2. 标题文案

标题要配合视频内容，最好能吸引用户。标题的写法有以下几种：

（1）悬念法。例如：抖音“央视新闻”账号某日发布的短视频的标题是“男子过安检图省事，竟然来了个令人窒息的操作”，用户看到之后就会好奇到底是怎样的操作，打开该视频观看的概率就会大大提高。

（2）数字法。例如：某室内设计类抖音账号发布了一条新房装修的视频，视频点赞量为 21.8 万，标题为：“新房装修怎么省钱，记住这 7 点不踩坑”。“7 点”就是典型的数字法。

（3）对比法。例如：某母婴类抖音账号发布了一条爸爸给软萌女儿洗头发时与女儿亲密互动的视频，视频点赞量为 35.6 万，标题为：“如果是儿子，就是另外一个故事了吧”。该视频使用的就是儿子与女儿对比的方法。

（4）热词法。热词法是在标题中融入热点事件、流量热词等。运营者应关注抖音热搜中的热点，并将之融入相关视频作品中，就能够提升视频热度。但是运营者切不可为了蹭热度而突破道德底线，一定要有自媒体人的操守和修养。

（三）提升视频完播率

运营者想要提升视频完播率，就要关注以下几个方面：

1. 视频质量能否保证

抖音账号想吸引用户观看，提升粉丝数量，最重要的是视频内容，这是抖音账号运营的基本要求。如果视频内容质量无法保证，就像盖一座高楼一样，没有稳定的地基，上面的装饰再漂亮也会倒塌，所以视频内容的质量是账号运营的根本。运营者可从以下三个方面衡量视频质量能否有保证。

（1）视频内容是否有用或有趣。

用户愿意点开某视频观看，一定是能从这段视频中获得一些东西，即“价值”。例如：用户看了视频后能了解到自己从来不知道的内容，或者这段视频能让用户觉得很好玩、很有趣。只有视频满足其中一点（即有用或有趣），用户才会点击观看视频。所以，视频内容选题是重中之重。那么，运营者如何才能挖掘出用户喜欢的爆款选题呢？

运营者可以通过以下 3 种方式挖掘爆款选题：

1）通过分析竞争对手的选题，了解近期的爆款选题。运营者可通过抖音后台或者第三方平台（如飞瓜数据、抖查查等平台）找到同领域播放量较高的爆款视频；关注头部竞品账号、内容领域相近的账号发布的内容，了解竞争对手的选题方向。

2）注重自己的积累。运营者应积累抖音爆款视频具有的共性特点及其他运营者的相关经验。例如：情感类视频要能引起共鸣，美食类视频要简单能上手，搞笑类视频要与生活贴近。

3）关注用户的评论。运营者应关注用户在评论区反馈想看哪些内容，当很多用户反馈对某一内容感兴趣时，这一内容就可以成为爆款选题的来源。

另外，运营者一定要保证视频内容的更新频率，从而提高粉丝黏性。

（2）视频内容结构是否合理。

爆款视频的构成要素包括黄金 3 秒开头 +2 ～ 5 个爆点 + 好的结尾。在如今快节奏的时代，短视频的时长较短，如果开头吸引不了用户，用户就会立马划走，即使后面的内容再精彩，也不会被欣赏到。因此，短视频的开头 3 秒一定要能够吸引用户。视频开头减少铺垫，直接放出视频中的高光时刻，能快速吸引用户的注意力。

开头的 3 秒吸引用户之后，视频中间的内容需要具备 2 ～ 5 个爆点，也就是用户可以讨论的点，让用户持续看下去，在有限的时间内，为用户提供足够多的信息，足够多的信息就会引发足够多的讨论点。对于视频的精彩之处，用户会用评论的方式找出来，视频与评论相互促进，视频爆火的概率会更高。

结尾可以使用揭晓悬念、互动、共鸣、反转的方式让用户情绪达到高潮。例如，某抖音账号使用的就是揭晓悬念的方法：每个视频均会根据网友的建议安排一天的饮食，视频开头会显示早上起床时的体重，视频结尾则会揭晓这样饮食之后的第二天一早的体重，为了看到最后视频创作者到底是胖了还是瘦了，很多用户都会坚持把视频看完。

图 3-16 “黄金 3 秒开头 +2 ～ 5 个爆点 + 好的结尾”的内容结构视频

很多爆款视频采用的是“黄金 3 秒开头 +2 ～ 5 个爆点 + 好的结尾”的内容结构。例如：某抖音账号发布的一个姐弟减肥日常的视频（见图 3-16），点赞量达 170.5 万。视频开头，姐弟俩眼神坚毅地用押韵说唱的方式表明吃水煮菜减肥的决心，旋律朗朗上口，利用黄金 3 秒吸引用户注意。视频中间，姐弟两人说服自己往水煮菜中加鱼丸、加羊肉卷、加牛肉卷，并蘸麻酱等调料，这是视频中间的 4 个爆点，一顿减肥餐硬生生吃成了火锅，每个爆点配合上“这是飞扬的感觉”的背景音乐，让人忍俊不禁。视频结尾，则是回应视频中间一直说的吃完出去跑步，不会胖，结果两人吃得太撑，同时外面下雨，更是给自己不去跑步的借口，让减肥人士产生共鸣：不运动不是因为我不想运动，而是外界因素（下雨）导致的。

（3）视频画质是否清晰。

清晰的画质是用户观看视频的先决条件。抖音视频上传之后会被系统压缩，所以创作者最好使用专业拍摄设备进行拍摄。如果条件不具备，创作者只能使用手机拍摄的话，则应尽量使用手机的主摄像头，即后置摄像头，前置摄像头的像素要比主摄像头低很多，不建议使用。创作者拍摄时要对好焦，这样拍出的照片更清晰。同时，拍摄时应尽量使用三脚架、云台等防抖工具。

创作者后期处理视频时，应尽量使用专业的剪辑软件，处理之后不要使用 QQ、微信等通信软件从电脑导入手机，因为数据传输的过程中视频也会被压缩，所以创作者应尽量选择数据线或者网络云盘工具，如百度网盘等传输，降低画质模糊的概率。

2. 音乐是否带感

音乐既是抖音作品的灵魂，也是提升用户视频观看体验的重要砝码。一段视频是否有趣，自身内容是一部分，音乐是否带感、能否配合视频发挥最大功效也是非常重要的，所以创作者一定要为视频配上一段合适的、带感的音乐。

3. 多维配合是否到位

选题是否是用户关注、感兴趣的，视频是否清晰，音乐是否和视频内容相得益彰……只有在各方面、各维度的因素都配合到位的情况下，产生一款抖音爆款视频的可能性才会更大。

（四）提升互动率

互动包括点赞、关注、评论、分享。创作者可以在视频中引导用户点赞、关注、评论、分享，而账号主体唯一可以和用户有交互的就是评论，运营者可以通过回复用户的评论来提高粉丝活跃度。

运营者在评论区与用户（粉丝）进行互动，一方面可以拉近与用户之间的距离，提高互动率；另一方面可以从用户评论中发现好的选题。

例如：卖伞的抖音账号“飞恋伞厂”，粉丝有 200 多万，前期由于视频有特色，视频全程没有人声出镜，虽然是卖伞，但视频中每个动作都展示出伞的一个卖点，动作虽夸张但很搞笑，吸引了大批粉丝；后期该账号根据粉丝评论，生产出粉丝自己设计的各式各样的伞，所以该账号的短视频一直维持着比较高的播放量。如图 3-17 的评论区互动主要是拉近与粉丝的距离，粉丝都称呼视频博主为“叔”，让人感觉很温暖，不是单纯的买家与卖家的关系，粉丝黏性会更好，博主会到评论区与粉丝“卖萌”互动，进一步拉近距离；图 3-18 的评论区则是粉丝提出自己设想的伞的样式，提醒博主生产，一方面提升了评论区的热度，进而提升视频热度；另一方面为账号提供了更多选题，这个样式的伞生产出来，就又可以创作一个短视频，而且也能卖货赚钱。

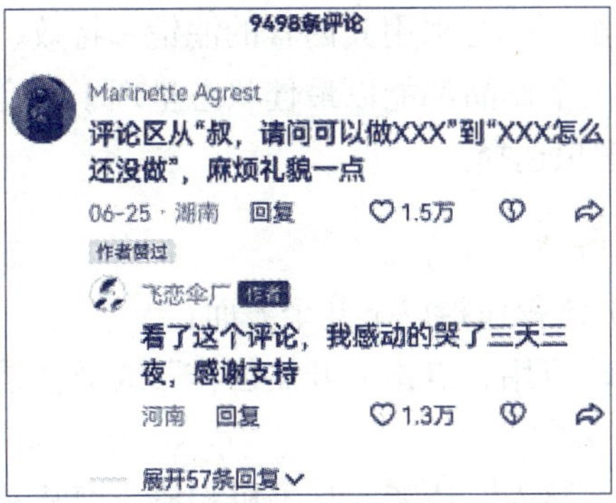

图 3-17 拉近与粉丝距离的评论

图 3-18 粉丝提出自己设想的伞的样式的评论

（五）参与官方活动

运营者参与官方的挑战赛，加入官方的话题，就会有大量的流量支持。官方的活动、话题原本就是官方力推的活动，必然会给予一定的流量倾斜。参与活动或者话题是获得曝光和流量的有效方式。

首先打开抖音 App，点击“我”，点击右上角三道杠，找到“抖音创作者中心”，下滑找到“找灵感、找活动、找爆款、找热点”的任务，可以参与这些官方的活动、话题，提高视频播放量；也可以点击“找活动”最下方的“了解更多官方活动”，参与更多官方活动（见图 3-19）。

图 3－19　参与官方活动、话题

四、抖音短视频剪辑工具

剪映作为一款专为抖音等短视频平台设计的剪辑工具，以直观、易用的界面和丰富的编辑功能，为创作者提供了一站式的视频处理解决方案。通过剪映，创作者可以轻松实现视频裁剪、拼接、调速、倒放等基本操作，同时利用其内置的滤镜、特效、贴纸及字幕模板，快速提升视频创意与质量，让每一个作品都能以最佳状态呈现于抖音等热门社交平台，是学习与掌握短视频剪辑技巧的理想选择。

（一）使用剪映剪辑视频并发布到抖音的流程

创作者使用剪映剪辑视频并发布到抖音的流程包括以下几个方面：

（1）打开剪映应用并创建项目：启动剪映应用，点击“开始创作”或类似选项，进入视频编辑界面。

（2）导入视频素材：在编辑界面，选择“导入”功能，从手机相册或剪映素材库中选取需要编辑的视频素材，并将其添加到项目中。

（3）视频剪辑与编辑：对视频进行裁剪、分割、拼接等基础操作，调整视频的速度、音量等属性。

（4）应用滤镜、特效、贴纸、文字等素材，增强视频的视觉效果和创意表达。

（5）导出视频：完成视频编辑后，点击右上角的“导出”按钮，设置视频的分辨率、帧率等参数（如有需要），然后等待视频导出完成。

（6）分享到抖音：导出成功后，剪映通常会提供分享选项，直接点击“一键分享到抖音”或类似按钮。如果没有直接分享选项，创作者可以先将视频保存到手机相册，然后在抖音应用中打开，选择“上传”功能，从相册中选取导出的视频并进行发布。

（7）发布设置与发布：在抖音的发布界面，创作者可以添加视频标题、描述、话题等，选择封面图片，并设置视频的可见范围（如公开、私密等）。确认无误后，点击“发布”按钮，将视频上传到抖音平台。

（二）剪映的 AI 创作

近年来，剪映在 AI 领域投入大量精力，研发出 AI 作图、营销成片、AI 特效、AI 商品图和数字人等创新功能，提升了视频剪辑的智能化水平，简化了操作流程，让用户能轻松创作高质量视频作品。

1. AI 作图

用户可以在剪映应用内直接进行 AI 作图。用户输入中文提示词，剪映通过智能化的图像处理和生成技术，创作出具有专业水准的图片或设计元素，为视频编辑提供更多的素材选择。

2. 营销成片

用户上传视频素材，剪映可以根据爆款脚本的思维，一键生成 5 条高质量的爆款带货视频，解决了用户在文案写作、剪辑视频等方面的困扰。

3. AI 特效

剪映提供如自动添加转场效果、调整视频速度、修复抖动等功能。用户只要选择一张照片，并且输入想创作的画面风格，AI 就可以一键生成风格化效果。这些特效可以增强视频的观赏性和趣味性。

4. AI 商品图

剪映支持用户上传所拍摄产品图后，通过 AI 商品图，抠除商品背景图片，将产品置于不同的环境中，以提升产品的表现力。

5. 数字人

剪映支持利用克隆的声音，播报新闻、说明、课件等类视频。用户可选择数字人和音质，设置参数后生成数字人进行自动播报。

课堂测试

1. 通过飞瓜数据或新榜查找本地抖音大号，分析其账号定位、视频传播完播率、点赞量、用户群体、变现方式等数据，形成一份报告。

2. 请根据自身优势申请一个抖音账号，完善账号资料，并发布 3~5 个符合账号定位的短视频。

3. 请用剪映工具或其他 AIGC 创作工具创作 1 个短视频，发布后对比流量数据。

案例分享

“飞恋伞厂”抖音账号的成功之路

飞恋伞厂的老板通过脑洞大开的雨伞创意，以及“看过的人都沉默”的短视频，不仅解决了伞厂面临的滞销危机，还成了自家工厂里的头号网红。

“飞恋伞厂”通过个性化的短视频吸引了众多粉丝关注。在“飞恋伞厂”的短视频中，老板亲自上阵拍摄短视频，视频只有大幅度的肢体动作展示伞的性能，个性化的风格一下就吸引了很多人的注意。同时，根据网友对产品的疑问，老板逐渐完善了这部“默片”中的展示环节。比如有人提问：“伞面沾水后干得快吗？”老板觉得直接回复“干得快”似乎没有说服力，于是接来一大盆水直接泼到伞面上，将伞旋转几圈，快速开合几下，将水珠抖落，再拿来干燥的纸巾放在伞面上，一吹气，纸巾因干燥未吸水被吹落在地上。这个视频很快就“爆”了，大量询问接踵而至：“这把伞两个人能打吗？”“能抗风吗？”“拉杆顺不顺？”……有了之前的经验，老板也迅速做出了回应——他将所有的解答，都拍成了直观的视频展示。一问一答间，粉丝们对老板的称呼也从“主播”变成了“叔”，“飞恋伞厂”抖音短视频账号粉丝也达到了 196.5 万。

随后，满足评论区用户的个性化设计风格让“飞恋伞厂”再次走向巅峰。随着“飞恋伞厂”短视频的走红，渐渐地，评论区不再仅有对性能的提问，还充满了稀奇古怪的“许愿”。某天，有个用户在评论区询问：“有电动伞吗？”当时伞厂没有相关产品，但老板一看就知道“这东西不难，能做出来”。大量的点赞和留言更让老板笃定“这把伞肯定卖得好”，于是立即安排生产。如他所料，这款电动伞很快就卖断货了。老板敏锐地意识到这背后蕴藏的商机，“这届年轻人变了，他们更强调个性，有更多新奇的想法”。随即他转变了经营思路，开始根据热门评论，推出一些被大家评为“虽然看不懂，但我大为震惊”的伞，如“情侣伞”“镭射反光伞”“遇水开花伞”等，尤其是那把会反光的伞，这把被同行视为“卖不出去”的伞，在抖音电商上一炮而红，相关视频获赞 150 多万，上架 3 个月售出近 2 万把。如今，仅通过抖音电商，该伞厂每个月就能卖出近 5 万把伞，销量较以前提升了 60%。

资料来源：干政．上万网友追着定制！绍兴一伞厂老板爆火，评论区亮了 [EB/OL].（2024-01-18）[2024-04-04]. 绍兴网．

任务三 抖音小店运营

故事导入

经过介绍，服装店铺的老板小李开设了抖音账号，听说同行通过抖音小店销售商品，他也想开设抖音小店，可是又不知道从何着手，又来向你请教。

1. 抖音小店如何开设？

2. 开设小店后如何进行商品推广？

课前提问

你应该如何帮助他开设抖音小店？

相关知识点

抖音小店运营

一、开设抖音小店

（一）入驻抖音小店

抖音小店，即抖店，是抖音电商推出的为商家提供一站式服务的平台，商家入驻抖音小店，上传商品，完成商品的售卖，用户在抖音上看到商品可以直接下单，类似于一个传统的电商店铺，只是基于抖音平台开设的店铺而已。

早在 2018 年，手握流量的抖音就涉足电商，支持平台内跳转到第三方平台。2019 年，抖音开始自建抖音小店，逐渐不再支持跳转到第三方电商平台，而是留住用户在抖音平台直接购物。刚开始的抖音小店只有企业 / 公司、个体工商户才能入驻。2023 年 3 月起，抖音电商开放支持部分类目的个人开店，个人仅需提供符合要求的身份证并通过实名认证，即可在抖音电商注册“抖音小店”成为商家。抖音小店的开店要求进一步降低，个人也可以入驻开店，对个人经营者而言是一个重大的利好消息。

抖店小店入驻流程如图 3-20 所示。入驻者使用电脑端打开浏览器，访问抖店官方网站 https://fxg.jinritemai.com/，登录抖音账号，根据实际情况选择主体类型——企业 / 公司、个体工商户或者个人身份；填写主体信息、店铺信息，然后经过平台审核，账户验证，缴纳保证金，即可完成抖店入驻。不同主体的认证流程会有所不同，个人身份认证的流程相对简单（见图 3-21）。

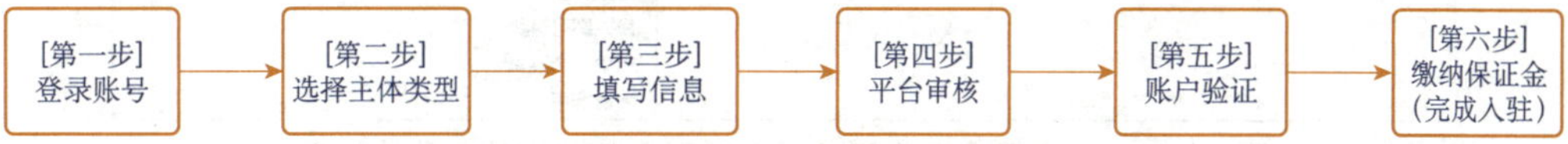

图 3-20　抖音小店入驻流程

抖音小店在填写店铺信息时，对于品牌要求和店铺名称的要求也有所不同。例如：个体店、企业店的店铺名称不得使用“旗舰”“专卖”“专营”“官方”“直营”“官字”“官方认证”“官方授权”“特许经营”“特约经销”或其他带有类似含义的内容；入驻成功之后可变更的店铺类型也不同（见图 3-22）。

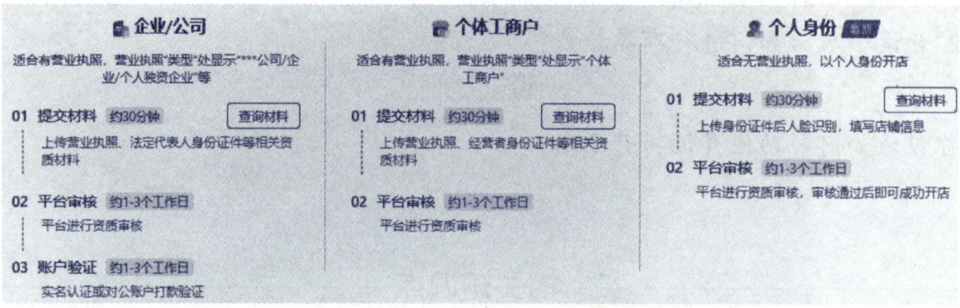

图 3-21　抖音入驻主体的 3 种类型及入驻流程的区别

字段分类	个体工商户	企业				
店铺类型	个体店	企业店	专营店	专卖店	旗舰店	官方旗舰店
入驻成功后可变更的店铺类型	不支持变更	专营店/专卖店/旗舰店/官方旗舰店	专卖店/旗舰店/官方旗舰店	专营店/旗舰店/官方旗舰店	专营店/专卖店/官方旗舰店	专营店/专卖店/旗舰店
品牌资质	入驻时不可选择品牌，入驻后可增加品牌	可选品牌数：0-5 品牌力要求：低	可选品牌数：2-5 品牌力要求：中/高 授权类型：一个类目下至少包含2个品牌（支持普通授权品牌或自有品牌）；其他类目包含1个或多个品牌均可（支持普通授权品牌或自有品牌） 商标要求：商标为R标或TM标均可	可选品牌数：1-5 品牌力要求：中/高 授权类型：多个授权品牌需属于同一商标所有人 商标要求：商标为R标或TM标均可	可选品牌数：1-5 品牌力要求：中/高 授权类型：自有品牌；可经营1个或多个一级独占授权品牌，多个授权品牌需属于同一商标所有人 商标要求：商标为R标或TM标均可	可选品牌数：1-5 品牌力要求：高 授权类型：自有品牌；可经营1个或多个一级独占授权品牌，多个授权品牌需属于同一商标所有人 商标要求：商标为R标或TM标均可
店铺基本信息-目店铺命名	格式：自定义+个体店/企业店（个体店或企业店为固定字段，无需重复填写） （1）店铺名称不得使用"旗舰""专卖""专营""官方""直营""官字""官方认证""官方授权""特许经营""特约经销"或其他带有类似含义的内容； （2）如店铺名称出现品牌（企业商号包含品牌且该品牌的权利人为商家店铺入驻主体的情况除外），需提供品牌授权。 （3）目部分类目不允许出现部分品牌名。		格式：企业商号+一级类目（下拉选择）+专营店（固定） 若经营多类目，则可选择其中一个经营类目即可	格式： （1）若企业商号与品牌名不重复：品牌名+企业商号+一级类目（下拉选择）+专卖店（固定） （2）若企业商号与品牌名重复：品牌名+企业商号（公司名称中任意字段）+一级类目（可选）+专卖店 若经营多类目，则可选择其中一个经营类目即可	格式：品牌名+一级类目（可选）+旗舰店 若经营多类目，则可选择其中一个经营类目即可	格式：品牌名+官方旗舰店

图 3-22　抖音平台不同店铺类型对于品牌和店铺名称的要求

（二）抖音小店设置

1. 登录抖音小店

在抖音电商首页 https://www.douyinec.com，右上角点击"登录"，选择"商家工作台”，使用抖音小店绑定的抖音账号扫码登录（也可使用手机号＋验证码登录）。

2. 进行店铺基础设置

抖音小店入驻成功之后，就可以进行店铺的基础设置了。运营者可在抖店后台的“店铺”→“店铺管理”下进行店铺的各种基础设置（见图 3-23）。

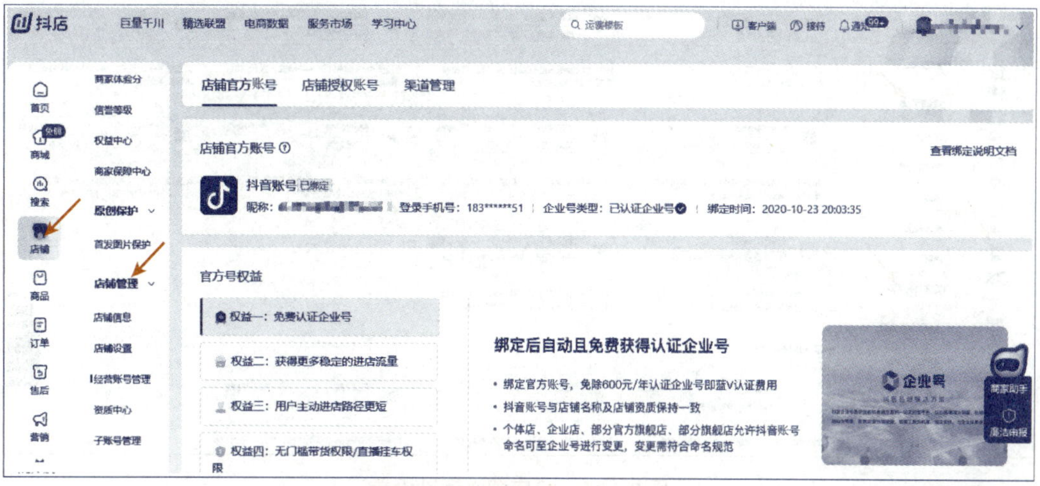

图 3－23　抖音店铺基础设置

3. 上架商品

运营者可在抖店后台点击“商品”→“商品管理”→“新建商品”，根据系统提示一步步填写商品基本信息，进行商品上架（见图 3-24）。

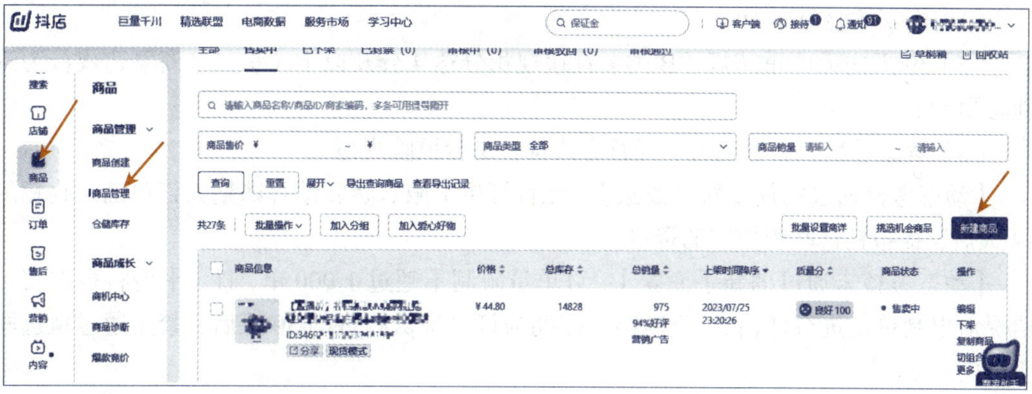

图 3－24　抖店上架商品

4. 设置营销活动

在抖店后台“营销”→“营销工具”→“更多营销工具”，运营者可根据店铺实际情况，设置相应的营销活动，如可以设置优惠券、多件优惠等，促进成交（见图 3-25）。

（三）抖音小店出新手期

抖音小店运营前期一定要出新手期。为确保新商家的货品质量及服务能力，2020 年 9 月 23 日，抖音电商平台制定了新手期规则——《新手期商家管理规范》。商家开店成功后即进入新手期。2024 年 4 月 1 日，抖音电商平台发布公示通知，该规则废止。没有了新手期限制，商家前期开店自由度增大。现在新手期废止，新手商家依然要注意在抖店后台学习平台的规则和运营知识。以下介绍原《新手期商家管理规范》，供学习者参考。

图 3－25　抖店营销活动设置

新手期直通：店铺认证品牌为行业知名品牌且店铺类型为旗舰店的店铺，则直接通过新手期考核。

1. 新手期动态考核要求

平台每天对进入新手村店铺进行经营合规动态考核，考核要求如下：

（1）商家体验分＞ 60；

（2）30 天内无严重违规（B 类）且违规积分达 4 分及以上（参见《商家违规行为管理总则》）；

（3）货品质量、服务能力、经营方式符合平台风险规范。

【动态考核通过的优质新手商家】：无日订单上限、货款结算账期为订单确认收货的 14 天后、提报精选联盟推广的资格。

【动态考核未通过的新手商家】：订单量限制不超过 1 000 单 / 日（平台将根据实际情况对限制单量进行评估）、货款结算账期为订单确认收货的 30 天后、禁止通过精选联盟推广。

2. 新手期出村标准

在抖店后台点击“店铺”→“店铺保障”→“奖惩中心”→“新手十字星”。“十字星”依据平台规则，对商家的新手学习、运营能力、经营合规、综合体验 4 个维度进行综合评估，如图 3-26 所示。

（1）新手学习维度：新手期学习任务完成并通过考试，在“新手十字星”界面，“新手学习”下的“去考试”，一项一项完成考试，即可通过新手学习维度。

（2）经营合规维度：新手期动态考核通过（即优质新手商家）。

（3）运营能力维度：满足累计签收订单量≥ 100 单。

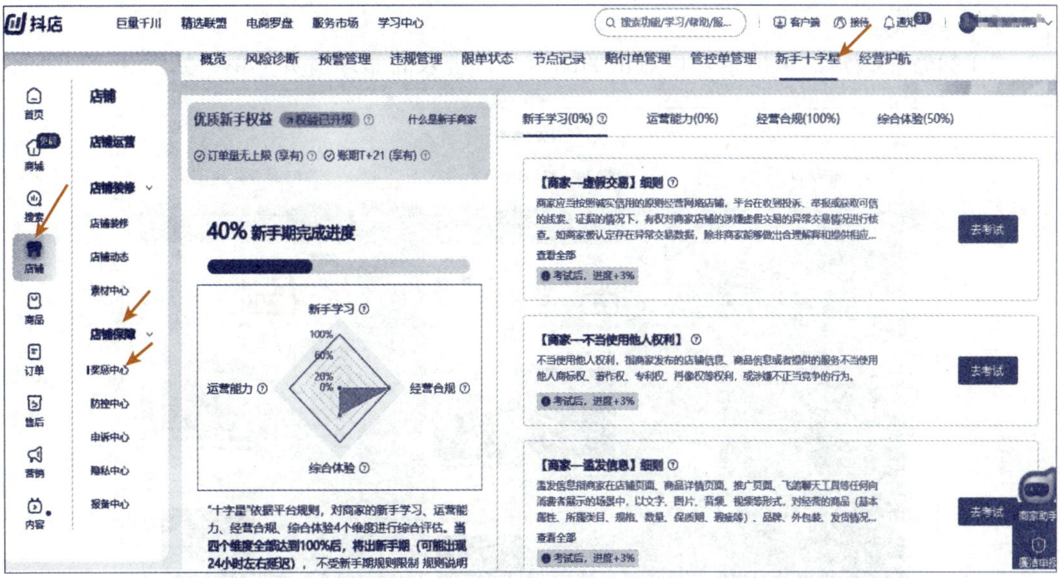

图 3－26　抖店新手十字星

（4）综合体验维度：满足“商家体验分≥ 70，店铺的品退率、差评率、投诉率同时满足≤对应指标店铺主营类目中位数”。

当上述 4 个维度全部达到 100% 后，将出新手期（可能出现 24 小时左右延迟），不受新手期规则限制。

另外，注册地为江沪皖的新手期商家，须通过消保委知识点学习考试。

3. 新手期出村权益

抖音小店出了新手期之后，在结算账期和活动提报等方面会有很大的优势。

（1）结算账期：非新手期商家，结算账期缩短（体验分≥ 70 分店铺，结算账期为订单确认收货的 4 天后；体验分＜ 70 分的店铺，结算账期为订单确认收货的 10 天后）。结算账期缩短可以在一定程度上缓解商家的资金压力，降低经营风险。

（2）活动提报：非新手期商家，可报名参加平台特定营销活动（具体以各活动招商规则要求为准），促进商品曝光，提升销售额。

二、抖音小店运营方法

抖音小店可以通过商品卡、商家自营、达人带货、广告投放四种方法进行运营。

（一）商品卡

1. 商品卡流量入口

商品卡订单是指用户在抖音、抖音极速版，通过非直播、非短视频页面点击商品卡片后进入商品详情页直接成交或加入购物车后成交的订单，不去除退货退款金额，不包含未知来源和赠品订单。商品卡流量渠道包括但不限于：橱窗、抖音商城、活动页、活动频道、猜你喜欢、IM 消息等。

商品卡流量入口包括：

（1）搜索。

1）抖音主搜索：从搜索入口点击商品卡片，进入商品详情页下单，如图 3-27 所示。

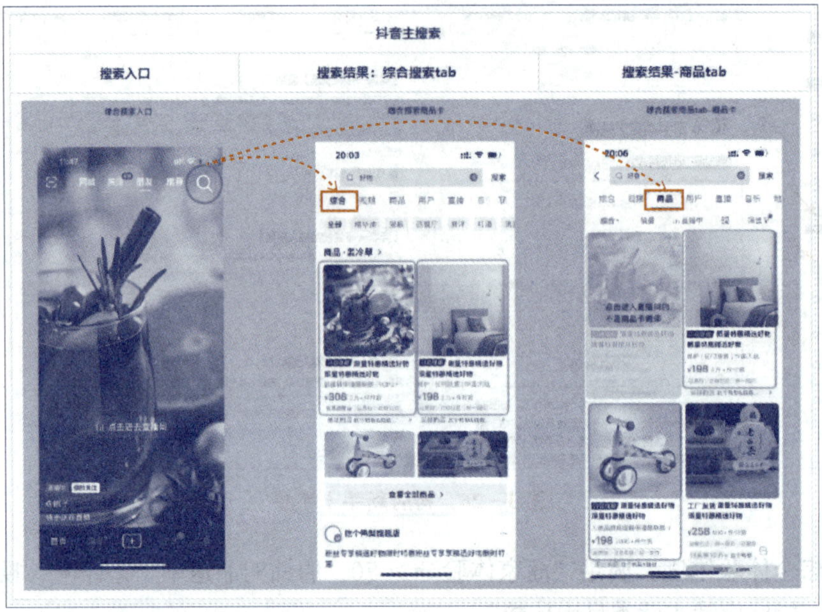

图 3－27　商品卡之抖音主搜索流量入口

2）商城搜索：在抖音商城页面搜索后点击商品卡片进入商品详情页下单，如图 3-28 所示。

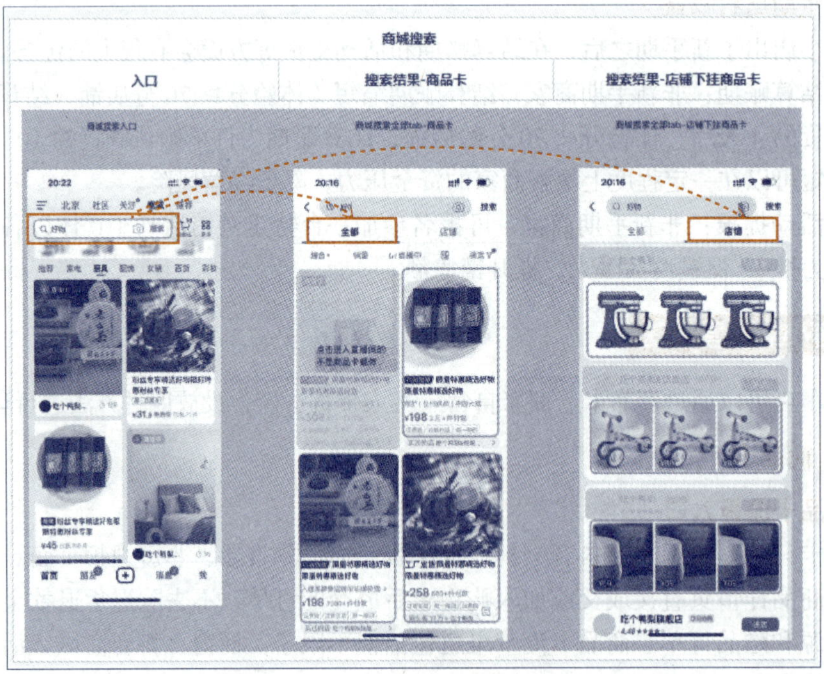

图 3－28　商品卡之商城搜索流量入口

3）商品详情页搜索：用户在商品详情页顶部搜索框搜索商品并点击商品卡片，进入商品详情页下单，如图 3-29 所示。

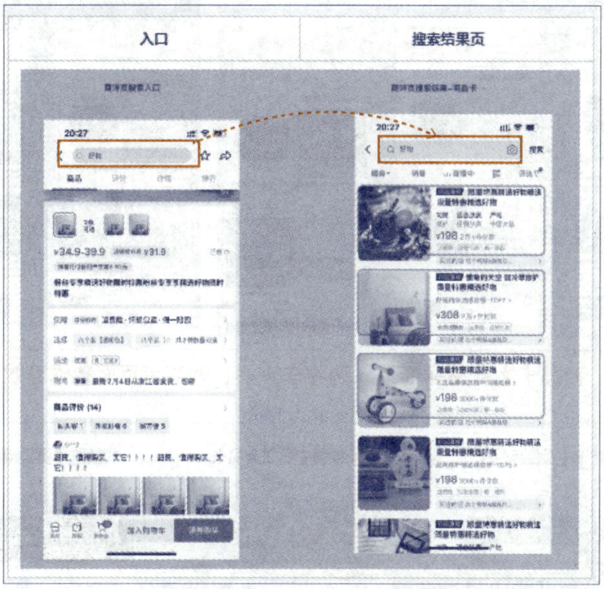

图 3-29　商品卡之商品详情页搜索流量入口

（2）猜你喜欢（商城推荐）。

用户在商城首页推荐任务、商品详情页或其他购买后页面的猜你喜欢任务点击商品卡，进入商品详情页下单，如图 3-30 和图 3-31 所示。

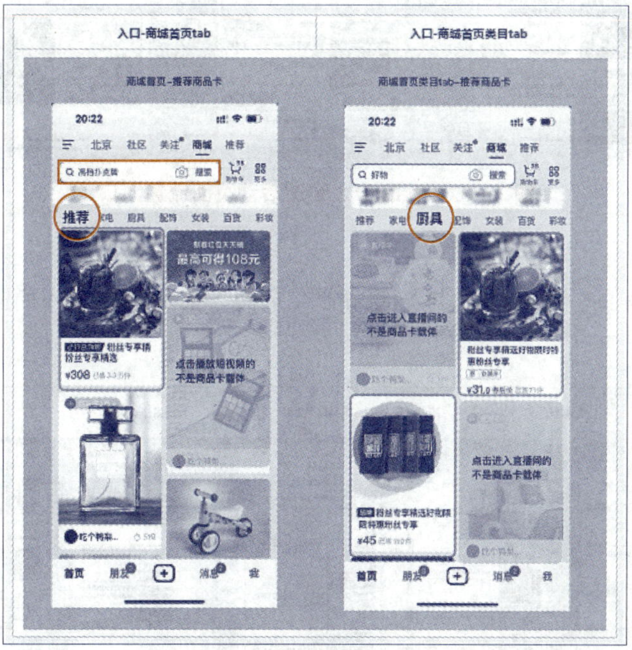

图 3-30　商品卡之商城首页的猜你喜欢流量入口

（3）频道活动页面。

用户在品牌馆主页面、秒杀频道主页面、超值购主页面等大促活动页面（见图 3-32）以及日常活动页面进入商品详情页下单。

图 3－31　商品卡之商品详情页、购物车页面、购买后页面猜你喜欢流量入口

图 3－32　商品卡之频道活动页面流量入口

（4）店铺页面。

用户在店铺首页、商品列表页、商品分类页面、会员页面进入商品详情页下单，如图 3-33 所示。

图 3－33　商品卡之店铺页面流量入口

（5）橱窗页面。

用户在橱窗页面的好物推荐、直播爆款页面进入商品详情页下单，如图 3-34 所示。

图 3－34　商品卡之橱窗页面流量入口

（6）购后页面（不包含猜你喜欢）。

用户在订单列表页、订单详情页、退款页面、评价页面进入商品详情页下单，如图 3-35 所示。

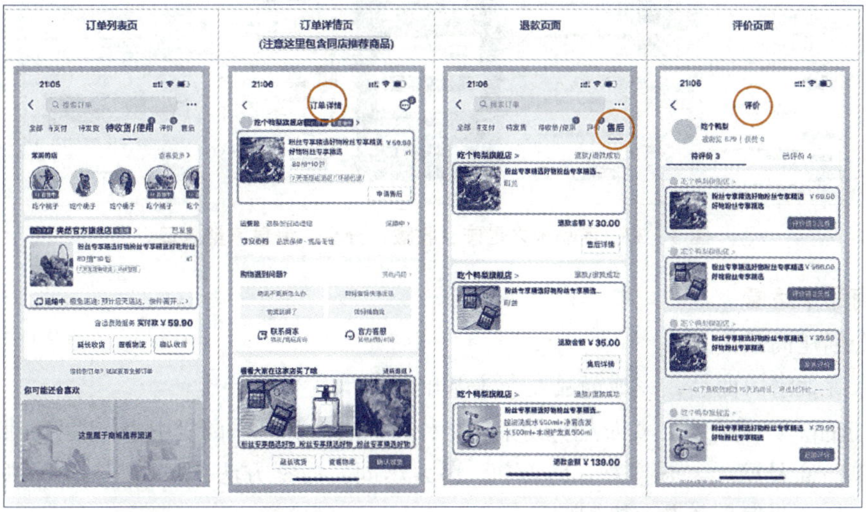

图 3－35　商品卡之购后页面（不包含猜你喜欢）流量入口

（7）购物车页面（不包含猜你喜欢）。

用户在购物车中“全部”或者“降价”页面，直接点击已经放在购物车中的订单，会跳转到商品详情页，这就是购物车页面（不包含猜你喜欢）的商品卡流量入口，如图 3-36 所示。

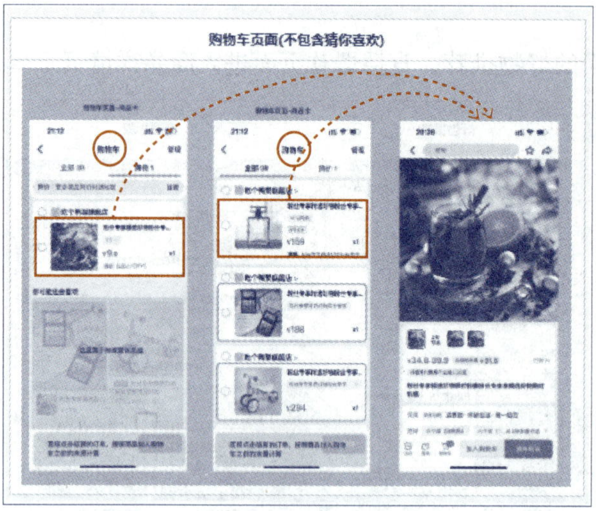

图 3－36　商品卡之购物车页面（不包含猜你喜欢）流量入口

（8）足迹、收藏、分享、消息。

在足迹、收藏、分享、普通对话消息、商家客服消息等页面进入商品详情页下单，如图 3-37 所示。

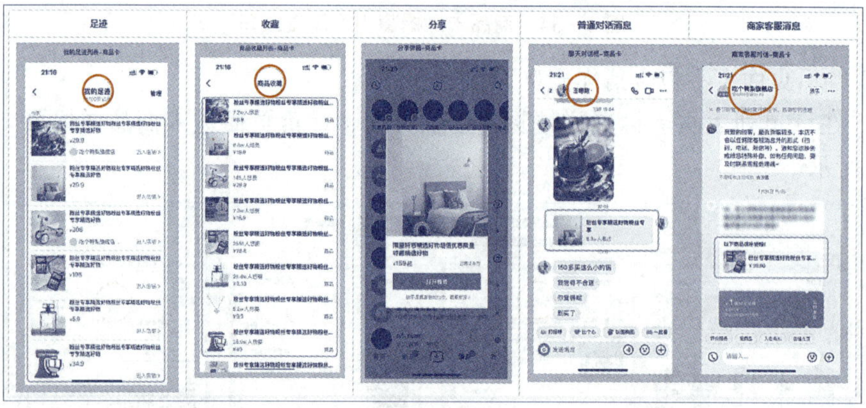

图 3－37　商品卡之足迹、收藏、分享、消息流量入口

2. 商品卡运营

（1）创建商品信息。

商家寻找潜力商品，完成商品发布（基础步骤 + 优化引导）。

1）选品。一是查看热卖及趋势榜单，路径：抖店→商品→商机中心与罗盘→商品卡→行业榜单→商品榜。二是搜索蓝海商机 / 潜力热词，搜索方法：抖店→搜索→搜索蓝海商机；罗盘→搜索→高潜力热词榜。

2）上品。商品创建步骤：主图上传 / 选择商品类目→设置基础信息→设置图文信息→设置价格库存→设置服务与履约→上传商品资质。

3）完善商品信息。商家可根据创建商品时，产品页面左侧提醒的“商品信息质量分”指标下的提升建议，辅助完善商品信息。

（2）做好货架运营。

商家启动商品卡流量位经营，要做好基本功（5 类商品卡流量位优化方案）。

1）搜索：优化商品卡标题，获得更多用户搜索的展现机会；优化商品主图 + 详情页，可参考同行优秀榜单，提升商品点击率、转化率。

2）商城推荐：优化商品入池，获取商城推荐（猜你喜欢）流量位展现机会；优化销售表现，做好商品销量累积，保持价优；优化商品主图 + 详情页，参考商品点击 / 转化榜单。

3）频道活动：找到店铺可报名的活动；查看活动报名规则，提报可参与活动的商品。

4）店铺 / 橱窗：优化店铺装修，抖店内可查看装修诊断情况，并调整至合格标准；优化橱窗合作方式，开通精选联盟，寻找合作达人账号，将商品添加至达人橱窗售卖，达成长期合作。

5）其他：开通分销权限，设置推广费用，提升站外分享购买率；在购物车中设置购物车惊喜券，提升用户在浏览购物车时的转化率。

（二）商家自营

商家可以采用商家自播（即商家自己开设直播）、短视频带货（商家自己的账号发布挂小黄车的短视频带货）的方式售卖自己店铺的商品。

1. 商家自播

商家自播是将商品挂在直播间购物车同步售卖，帮助商品累积销量。商家可以通过 PC 端、手机端进行相应的直播操作。下面主要以 PC 端为例，演示如何登录后台、添加商品、编辑卖点、调整商品顺序、删除商品、讲解商品等操作。

（1）登录后台。

打开抖音电商首页 https://www.douyinec.com，在右上角点击“登录”，选择“达人工作台”，使用要开播的账号扫码登录（也支持手机号 + 验证码登录）。

（2）添加商品。

在“直播管理”中，选择“直播中控台”，点击“添加商品”，选择商品或者粘贴商品链接，点击“确认添加”（亦可多选商品，批量添加），如图 3-38 所示。

图 3－38　在直播中控台添加商品

如果是商家自播，点击“选择商品”，从“我的店铺”选择相应的商品链接（见图 3-39）；如果是达人账号，为其他商家带货，则应该从“选品车”或“我的橱窗”选择相应的商品链接（见图 3-40）。商家可以从“选品车”或“我的橱窗”看到商品的佣金率及预计的佣金额。但“我的店铺”中的商品是没有这项信息的，因为商家是给自家店铺带货，所以不涉及佣金的问题。

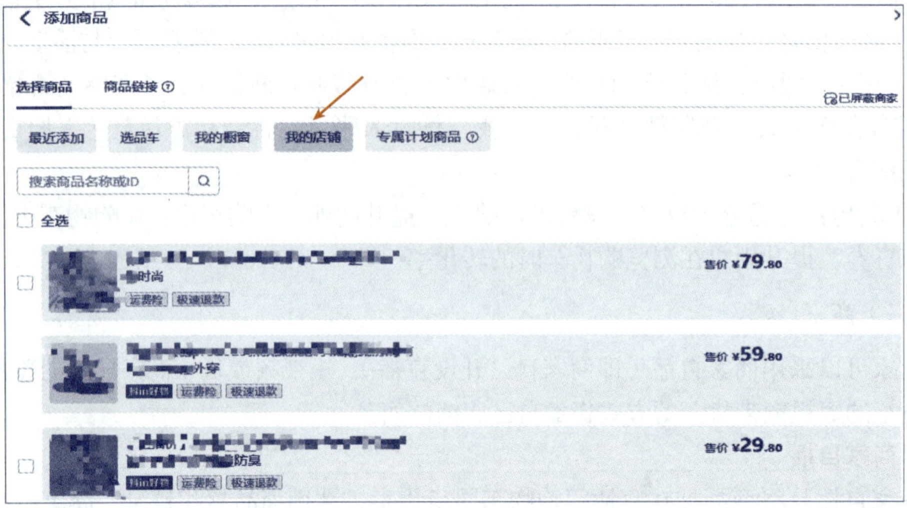

图 3-39　商家自播应从“我的店铺”添加商品

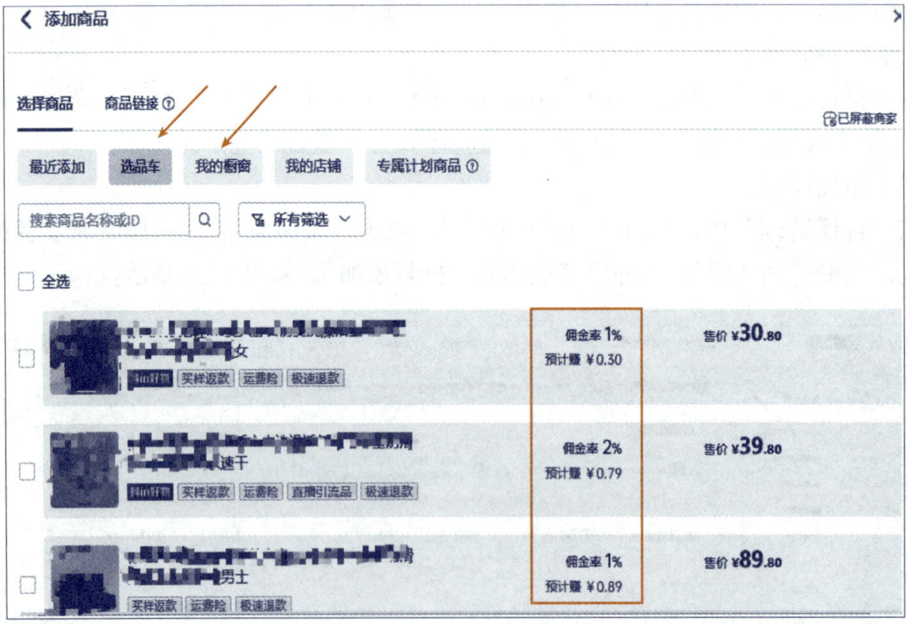

图 3-40　达人带货应从“选品车”或“我的橱窗”添加商品

（3）编辑卖点。

商家添加商品之后，在每个商品的下方找到“...”，然后点击“编辑卖点”。卖点信息是有效引导消费者转化以及与消费者交流的手段，内容要易懂、有吸引力。操作步骤如图 3-41 所示。

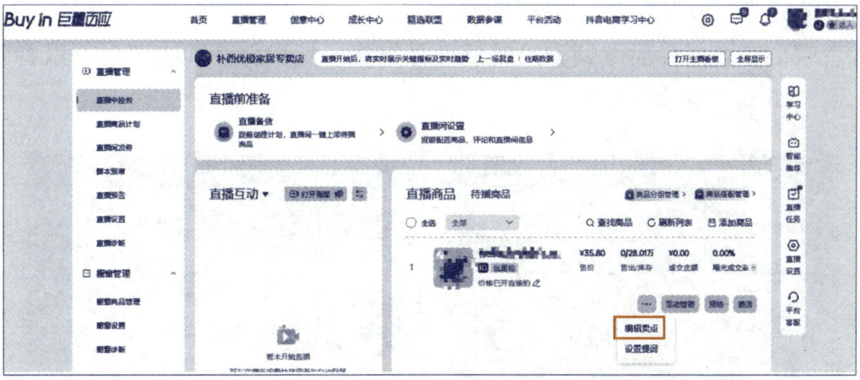

图 3－41　在直播中控台编辑商品卖点

（4）调整商品顺序。

商家可直接拖拽商品链接上下移动，对商品进行移动排序；或者编辑商品序号，敲击回车键，其他商品序号自动顺移，如图 3-42 所示。

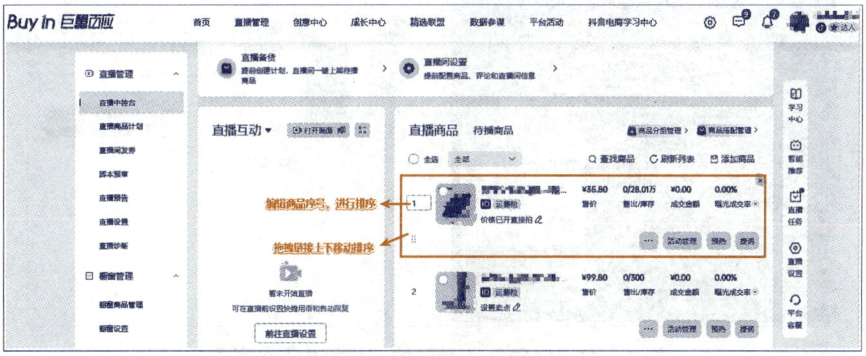

图 3－42　在直播中控台调整商品顺序

（5）删除商品。

商家可将鼠标放在商品卡上，点击右上角的“×”号，即可从直播间删除该商品。

（6）讲解商品。

开启直播后，刷新“直播管理”页面，会出现“讲解”按钮，如图 3-43 所示。用户点击“讲解”按钮，消费者端可以看到讲解卡，了解当前在介绍哪个商品。

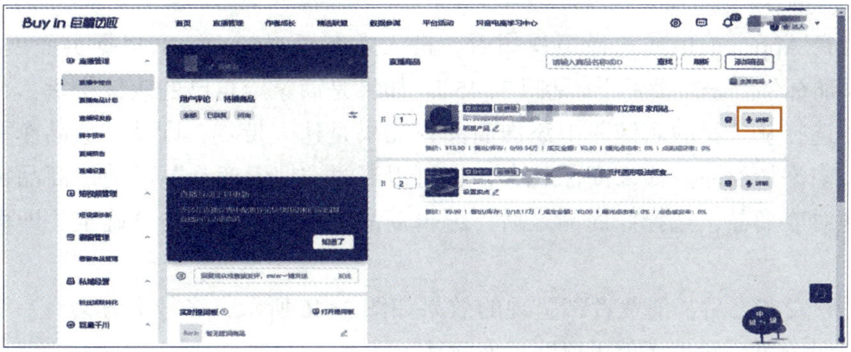

图 3－43　直播中控台弹出“讲解”按钮

讲解卡展示一段时间后会自动消失。如果用户希望持续显示，再次点击“讲解”按钮即可；讲解完毕，可以点击“取消讲解”。

消费者端会在直播界面看到弹出的该商品链接，用户打开购物车也可以看到“讲解中”的标签，如图 3-44 所示。

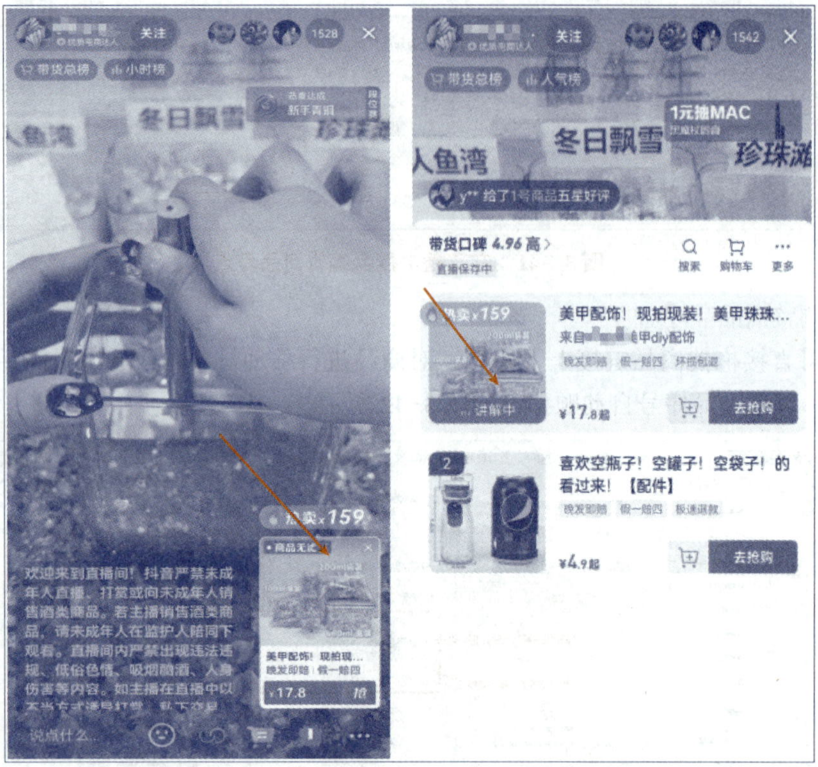

图 3-44　消费者端看到的“讲解中”的效果

除了可以在 PC 端添加直播商品、编辑商品卖点、调整商品顺序、弹出讲解卡片等，商家在手机 App 中也可以进行相应的操作：打开抖音 App，点击下方的“+”号，再点击“开直播”，即可看到直播前准备界面。这里不再具体演示。

2. 短视频带货

商家也可以通过账号发布带货短视频，将商品挂在短视频购物车上同步售卖，帮助商品累积销量。

在抖音 App，拍摄或选择短视频后，进入发布短视频页面，根据页面展示情况，选择“添加标签”→“商品”（见图 3-45）。如果是商家给自己的店铺带货，与商家自播一样，选择从“我的店铺”中添加商品；如果是达人带货，则从“选品车”或“我的橱窗”中添加商品。如果商品较多，也可以通过“搜索商品”或使用商品链接，快速定位到对应商品，选择好商品之后，编辑商品推广标题，点击“确定”即可成功添加商品。

短视频发布之后，消费者端呈现的效果如图 3-46 所示，账号上方会有一个“小黄车”，点击小黄车，消费者就可以购买该商品。

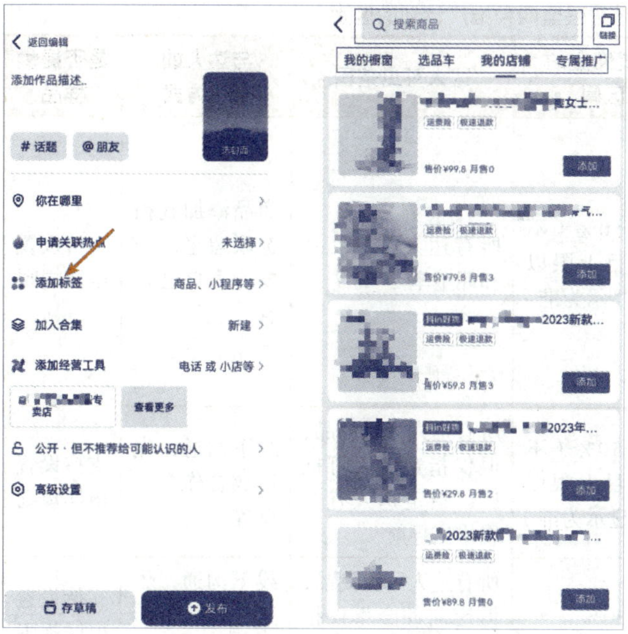

图 3-45 短视频添加带货商品

图 3-46 消费者端的短视频购物车的效果

（三）达人带货

由于商家自身的力量是有限的，因此商家可以借助众多的达人为自己带货。商家想借助达人带货，需要先开通精选联盟。精选联盟是抖音撮合商品和达人的双边平台，一边连接达人，一边连接商家。达人包括字节系各个 App（抖音、头条、西瓜、抖音火山版、皮皮虾等）的创作者。商家设置商品佣金，达人在线选择商品，通过视频和直播等方式推广，产生订单后，平台按期与商家和达人结算。

商家需要先入驻精选联盟。步骤如下：商家在抖店后台，点击“精选联盟”→“立即开通”，阅读协议内容，勾选“已阅读”方框，点击“进入巨量百应 buyin 平台”，即可完成精选联盟入驻。

商家入驻成功之后，需要建立推广计划，只有这样达人才能进行带货推广。在抖店后台，点击“精选联盟”→“推广计划”（见图 3-47），进入精选联盟商家版“投商品”界面。

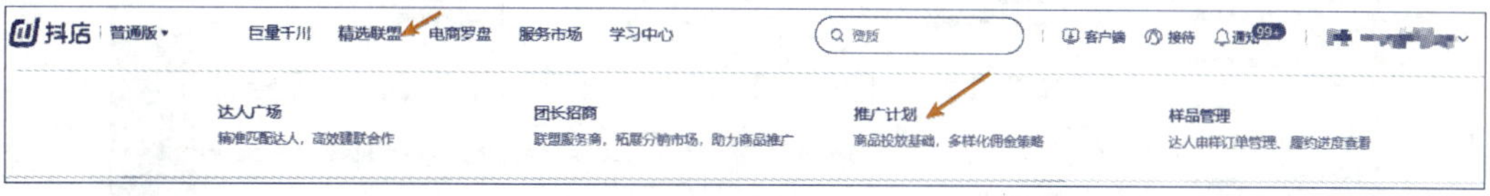

图 3-47 商家精选联盟推广计划入口

为提高商家与达人的合作效率，平台推出了普通商品、专属商品、定向佣金、阶梯佣金四种推广计划供商家使用。精选联盟四种推广计划的区别如表 3-1 所示。

表 3－1 精选联盟四种推广计划的区别

推广计划	简介	设置佣金的区间	达人可见范围	与达人的合作方式	是否提供样品
普通商品	商品将进入达人侧的选品池，可被所有达人搜索、添加、推广 * 普通计划与专属计划互斥，商品只可以被设置为其中一种； * 普通计划的佣金，只对未设置定向计划的达人生效	1%~50%（不同类目上限以后台显示为准）	所有达人可见商品和佣金率	商品添加到精选联盟里，需要达人自己查看	支持设置申样规则
专属商品	仅商家指定的达人可推广相关商品，其他达人不可推广	0%~50%（不同类目上限以后台显示为准）	所有达人可见商品，但仅指定达人可推广，指定达人有专属推广导航	线下沟通，先达成合作，后设置	支持设置申样规则
定向佣金	为指定的达人设置定向佣金率	0%~80%	所有达人可见商品，但定向佣金率仅指定达人可见	线下沟通，先达成合作，后设置	支持设置申样规则
阶梯佣金	为达人设置阶梯佣金，达人完成商家设置的销量门槛后，佣金率自动提高	基础佣金率和奖励佣金率均为0%~79%，且基础佣金率+奖励佣金率≤80%	公开：商品添加到精选联盟里，需要达人自己查看 不公开：线下沟通，先达成合作，后设置	公开：商品添加到精选联盟里，需要达人自己查看 不公开：线下沟通，先达成合作，后设置	支持设置申样规则

建立普通商品达人带货计划的步骤：在精选联盟商家版“投商品”界面，点击“普通商品”→“添加商品”，为某一个或多个商品创建普通计划，填写好佣金率等信息（见图 3-48）。普通商品计划创建成功之后，系统会投放抖店商品到精选联盟，商品将展示在选品广场，全部达人可见，达人可以将该商品链接添加到橱窗进行推广。

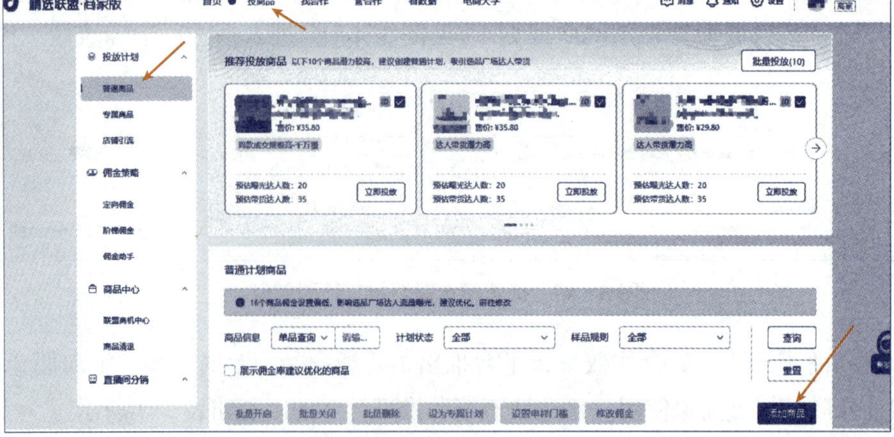

图 3－48 商家创建精选联盟普通商品达人带货计划

商家可以根据自身情况选择建立普通商品、专属商品、定向佣金、阶梯佣金等推广计划，计划建好之后，就可以通过主动联系达人、参与达人招商活动、找团长等方式进行达人带货合作。

1. 主动联系达人

新商家初期应多和中小达人建立合作，建立好基础，不要一开始就找头部达人。如图 3-49 所示，在抖店后台，商家点击“精选联盟”→“达人广场”，进入“达人广场”界面。

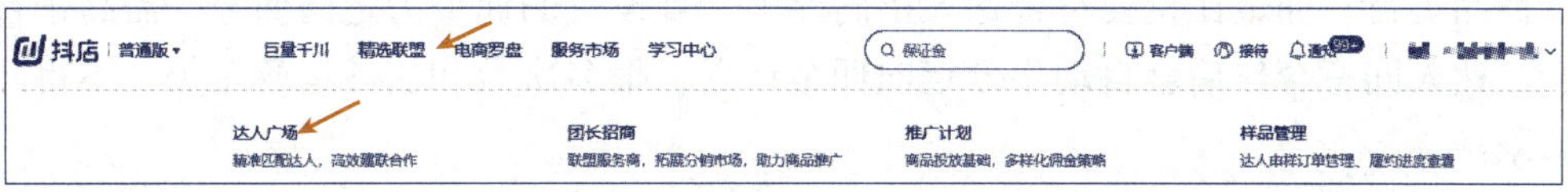

图 3-49　达人广场入口

在达人广场，商家可以根据实际需要选择“直播达人”或“短视频达人”，并且可以筛选达人的主推类目、带货数据、粉丝数据、达人属性、合作信息及其他筛选条件，筛选出符合要求的达人，如图 3-50 所示。

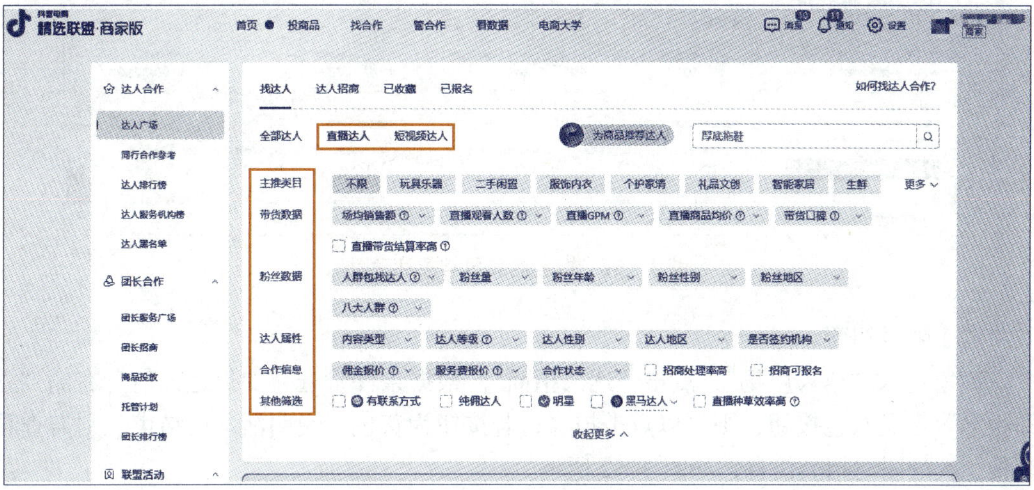

图 3-50　在达人广场筛选达人

找到达人之后，商家可以通过以下维度确认选择的达人是否合适。

（1）“同行合作参考”：输入店铺的名称，查看选择的达人是不是和同行有重复，有重复的话说明该达人是合适的。

（2）“达人排行榜”：查看带货能力、成长达人、直播热度、粉丝价值等榜单，选择合适的榜单，查看达人有没有上榜，上榜次数越多，说明达人越优质、越合适。

（3）“相似达人推荐”：在达人主页查看相似达人推荐，可以通过一个达人找到更多的达人。

商家可在达人主页查看达人的口碑分、佣金率、平均件单价、收费模式等信息，确定是否要与之合作。在联系达人时，商家要主动告知达人以下信息以提升合作成功率：店铺的基本情况，达人能获得的利益，与达人相关的店铺体验分、销量等，商品的价格、规格、卖点、佣金及链接信息，以及合作过的主播（如果有合作过的话）。

2. 参与达人招商活动

达人招商活动即达人主动发布招商信息，相当于达人主动找商家。这种方式下，选品更加精准，达人合作意愿也更高。达人招商活动包括日常招商和限时招商。

（1）日常招商。

商家在达人主页即可看到，点击“报名招商”即可参与达人的日常招商，如图 3-51 所示。若显示“日常招商关闭中”，则表示该达人没有开通日常招商的功能。需注意的是：商品类目、佣金比例要符合达人招商要求，且设置的佣金为定向佣金，需高于普通佣金，达人同意合作后会自动生效定向佣金计划，报名次数和店铺运营相关，不得超过每日限额。

图 3-51　报名达人日常招商活动

（2）限时招商。

商家进入“达人广场”，点击“达人招商”，根据条件筛选，如果达人信息右侧“立即报名”不是灰色按钮，则可以点击报名；若按钮为灰色，说明活动已结束，则需查看其他达人的限时招商信息，如图 3-52 所示。

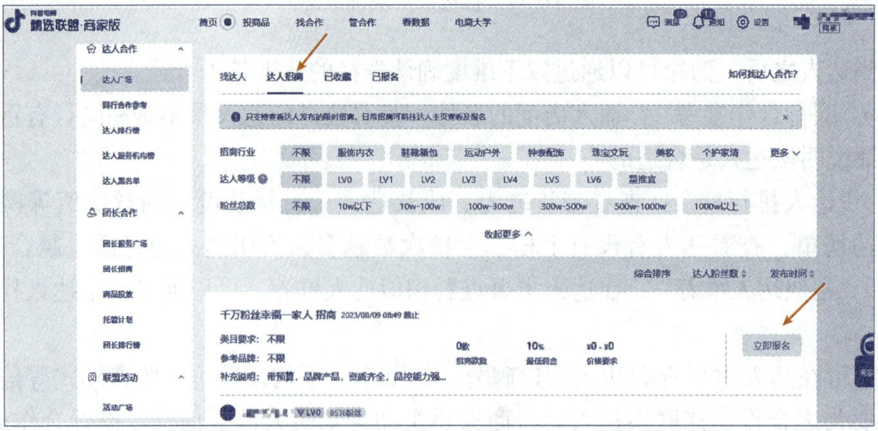

图 3-52　报名达人限时招商活动

3. 找团长

团长是连接商家和达人之间的重要渠道。团长一般有较多的抖音站内达人资源，商家只需与团长对接，达人则可以节省与商家的对接时间。如果商家没有时间找达人，则可以找团长，通过团长找到更多的达人。

在精选联盟商家版的后台，“找合作”→“团长合作”→“团长服务广场”→“找团长”，找到某个团长，点击查看该团长名下的招商活动，可以看到每一项招商活动的最低佣金率、服务费率、已报名商品及已通过商品的信息，商家可点击“立即报名”进行报名，如图 3-53 所示。

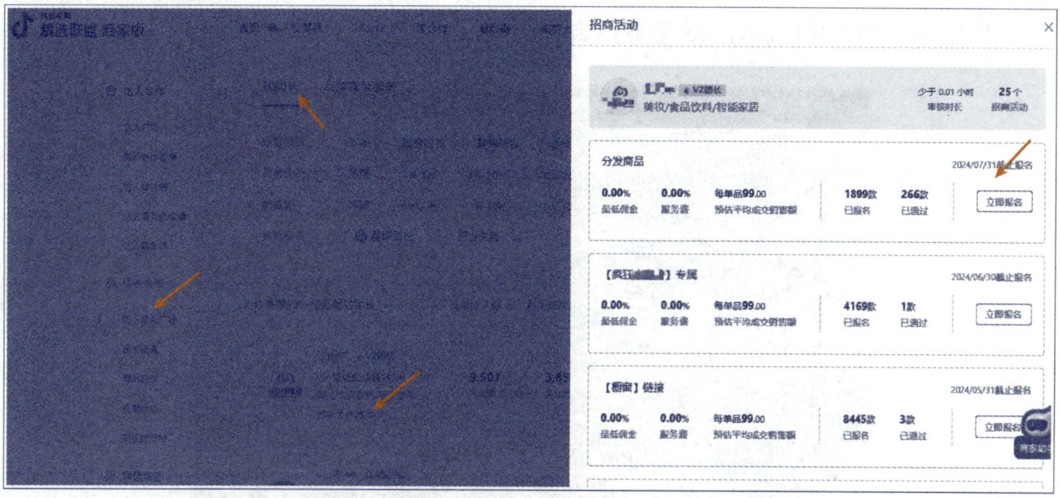

图 3－53　商家找团长

（四）广告投放

除了使用商品卡、商家自营、达人带货的方法推广抖音小店，商家也可以采用付费的方式进行广告投放，主要是通过巨量千川进行投放。巨量千川是巨量引擎旗下的电商广告平台，其深度适配抖音电商，为商家和创作者提供抖音电商一体化营销解决方案，帮助商家和达人实现高效经营。

商家可以在抖店后台点击“巨量千川”跳转到巨量千川首页（见图 3-54），或者直接输入“巨量千川”的网址 https://qianchuan.jinritemai.com/ 进入巨量千川首页。

图 3－54　从抖店后台跳转到巨量千川首页

巨量千川具有品牌推广和竞价推广两种方式。品牌推广是以树立产品品牌形象、提高品牌的市场占有率为直接目的，突出传播品牌在消费者心中确定位置的一种方式。它能很好地让用户记住这个产品是做什么的、能为自己提供什么样的解决方案。例如：消费者要买衣服，首先可能会在脑海中浮现出某个一线品牌，而非直接浮现某款产品。品牌推广主要以高曝光、高覆盖为主的方法投放，同时对投放环境的要求较高。

1. 品牌推广

品牌推广包括 FeedsLive 和内容热推，其中 FeedsLive 服务、FeedsLive 广告可以实现直播间有效观看，优化用户在直播间停留 1 分钟以上的行为，满足巨量千川用户对直播间累计观看、场观人次的引流诉求。FeedsLive 服务会直接显示直播画面，在抖音推荐流内为直播间引流，帮助广告主将直播内容传达给更多的目标人群；FeedsLive 广告也会显示直播间画面，但会弹出一个卡片，卡片上会有广告字眼。商家可在推荐流和直播间展示转化卡片和组件，在用户观看的同时增加更多营销信息曝光。商家可以根据需要选择使用 FeedsLive 服务或者 FeedsLive 广告，如图 3-55 所示。

图 3－55　抖音 FeedsLive 效果展示

内容热推可实现优选种草，为视频增加曝光量，在实现种草目标的基础上进一步通过优化投放模型提升转化率，达到更精准的投放效果。抖音内容热推效果如图 3-56 所示。

2. 竞价推广

竞价推广是通过竞价排名获取推广素材、商品在特定流量位展现机会，并根据展现次数支付费用的推广类型。竞价推广支持短视频、图文带货和直播带货，营销场景包括通投和搜索。

在巨量千川首页，选择“竞价推广”，根据需要选择“推直播间”或者“推商品”，选择“通投广告”或“搜索广告”，点击“新建计划”，根据提示一步步操作即可，如图 3-57 所示。

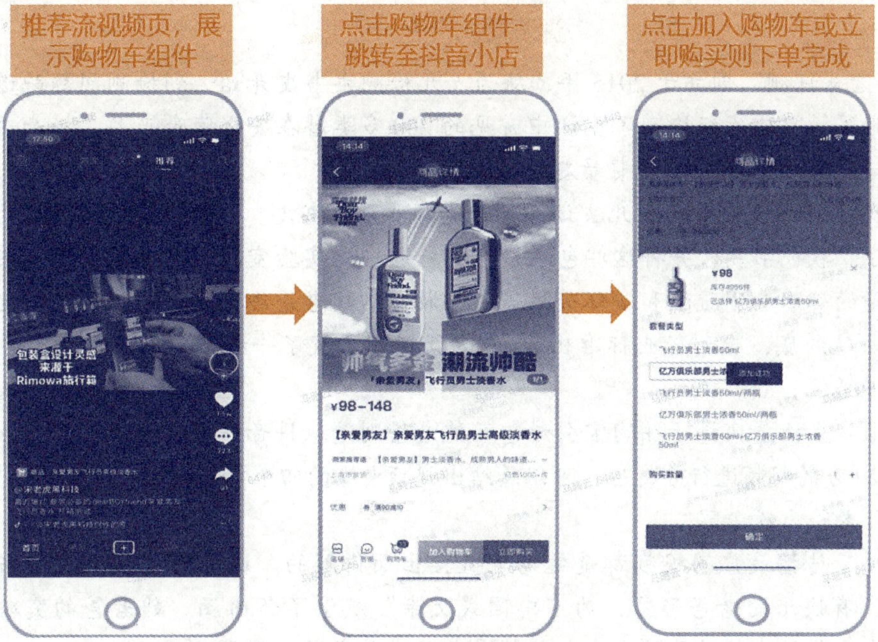

图 3－56　抖音内容热推效果展示

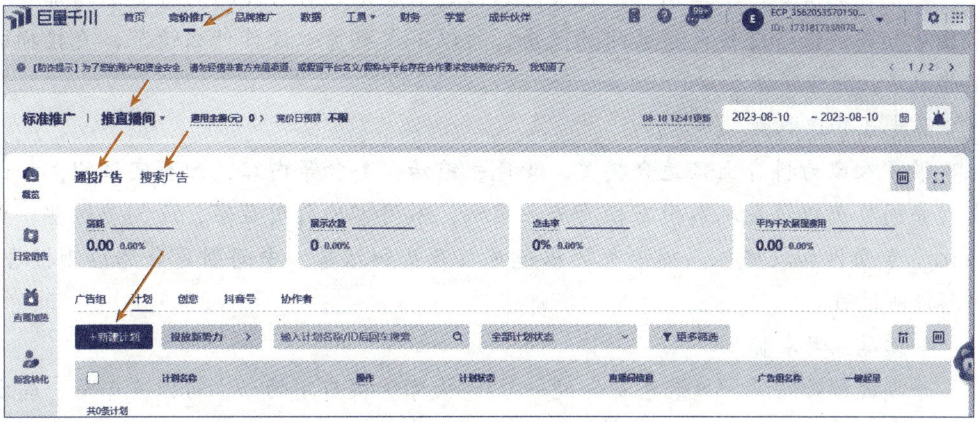

图 3－57　新建“竞价推广”计划

商家可根据自身需要，选择品牌推广或竞价推广，并持续进行投放效果的监测与数据分析，实时进行投放计划的调整。巨量千川投流是一个不断摸索的过程，商家想要成为专业的“投手”，只有经过多次的投流实践，才能取得更好的投流效果。同时，商家要根据自己的实际状况制订合理的投放计划。

课堂测试

1. 开通抖音小店，上新 3~5 件商品。

2. 开通商家自播，开播 10 分钟以上，能完整介绍一件产品。

案例分享

评测类抖音账号运营

“老爸评测”创立于 2015 年，从为女儿检测毒书皮开始，到检测问题跑道、问题表带等，目前已经检测了生活中常见的 200 多类潜在安全隐患产品，抖音粉丝超 2 000 万，抖音视频平均点赞量超过 10 万。

2015 年，魏老爸的女儿去读小学，老师要求包书皮。魏老爸在学校附近的文具店买了 7 款包书皮，并将这些包书皮送到检验中心实验室检验，结果发现包书皮含有大量的邻苯二甲酸酯和多环芳烃等化学物质。魏老爸决定站出来，和包书皮等毒产品一磕到底，直到行业标准出台。“老爸评测”成了一种颠覆行业的力量，赢得了千万粉丝。

很多主播是从抖音往淘宝引流，而魏老爸则是从抖音往微信引流。在对点赞量超过 20 万的视频进行分析后，可以总结出视频火爆的四个要点：

1. 老爸出镜讲解

抖音传播最广的视频都是魏老爸直接出面讲解的。这一有爱心、有担当、有义愤、有快乐的老爸形象，为“中国式父亲”赋予了新内涵。魏老爸的突破，在于用专业知识守护孩子的安全，并将爱孩子发展成了一项事业。

2. 主题贴近生活

一分钟说清楚一个知识点，自带悬念，自带反差。老爸评测的抖音选题都和日常生活相关，很多是针对商家的伪概念，所以不需要费心设计什么情节，直接捅破这些泡沫，就能震撼人心。

3. 专业知识取胜

很多人以为抖音上只适合搞笑、景色、绝活、美食等内容，但事实证明，知识类视频同样可以爆发。不用害怕有专业名词，不用害怕引用数字，反倒是这些，更强化了专业性和权威性。魏老爸的出镜是在开头和结尾，中间则是介绍检测报告，讲解评测过程。

4. 结尾互动求赞

每期视频的结尾，魏老爸都会说一句：“大家觉得有用的话，可以点个赞，转发给你的亲人和朋友。”抖音的竖屏视频就是需要互动。

资料来源：衡宇．抖音拥粉超二千万，稳坐科普测评类 No.1！老爸评测是如何做到的？[EB/OL].（2023-12-21）[2024-04-04].51 招生网．

〖素养园地〗

抖音发布的《2024 非遗数据报告》显示，2023 年抖音上国家级非遗相关视频累计分享量同比增长 36%；国家级濒危非遗相关视频数量同比增长 33%；00 后和 60 后最爱看国家级非遗相关内容。抖音平台成为非遗文化传播的新阵地，视频分享量激增，濒危非遗受关注，年轻用户尤其是95后、00后成为传播主力。创新内容形式如特效视频、探访直播等，让非遗文化得以生动呈现，增强了互动体验，带动用户参与和消费。

作为新媒体运营者，助力非遗文化传播的关键在于深入理解非遗精髓，创作高质量内容；利用新技术创新传播方式，提升内容吸引力；积极寻求合作，扩大传播范围；关注用户需求，及时调整策略。通过新媒体传播不仅能提升非遗文化的知名度和影响力，还能激发更多年轻人对传统文化的兴趣与热爱，为非遗文化的传承与发展注入新的活力。

训练营

1. 抖音视频不想让别人下载如何进行设置？请操作一下。
2. 如何判断抖音账号的级别？请具体分析3个账号。
3. 如何快速知道短视频文案中有没有违禁词？请操作一下。

项目实训

振兴乡村产业：家乡农产品短视频营销

一、实训背景

随着城市化的发展，乡村产业面临着转型和振兴的压力。为了推动乡村产业发展，利用抖音短视频平台进行农产品的营销成为一种有效的方式。本实训项目旨在通过制作抖音短视频来宣传和推广家乡的农产品，提升产品的知名度与销售量，为振兴乡村产业做出贡献。

二、实训任务

1. 目标

通过制作抖音短视频来宣传和推广家乡的农产品，提升产品的知名度和销售量，推动乡村产业的振兴。

2. 实训内容

对家乡的农产品进行全面了解，并根据市场需求筛选出具有潜力的产品。制订抖音短视频的创意和拍摄计划，确定视频的内容、风格和宣传重点，利用专业的抖音短视频制作工具，进行视频的拍摄、剪辑和后期制作，使视频符合宣传要求和市场需求。

三、实训步骤

1. 农产品了解与筛选

了解家乡的农产品种类、特点和优势，调查市场需求，筛选出具有潜力的产品进行宣传。

2. 短视频创意与拍摄计划

设计短视频的主题、风格和宣传重点；制订拍摄计划，包括场地、演员和拍摄设备的安排。

3. 短视频制作与编辑

使用专业的抖音短视频制作工具进行拍摄和剪辑；添加音乐、特效和字幕等元素，提升视频的吸引力。

4. 短视频发布与推广

选择适合的新媒体平台，如抖音、小红书等；发布制作好的短视频，并进行宣传推广，吸引目标用户的关注和购买。

5. 数据分析与改进

使用数据分析工具对短视频的观看量、分享量和转化率等进行分析；根据数据分析结果，优化短视频的宣传方式和内容，提升营销效果和销售量。

四、课堂路演

学生团队展示创意策划成果和实际推广效果。团队成员分工合作，通过演示、PPT等方式生动展示推广成果。小组之间互相点评，行业导师、教师共同点评，其他学生进行提问与互动，进一步加深对短视频推广的理解和掌握。

项目评价

职业素养、自我认知与评价表

班级：　　　　　　　　　　姓名：　　　　　　　　　　学号：

<table>
<tr><th colspan="6">项目三　抖音电商运营</th></tr>
<tr><th colspan="2">评价项目</th><th colspan="2">评价标准</th><th>分值</th><th>得分</th></tr>
<tr><td colspan="2">考勤（10%）</td><td colspan="2">不无故迟到、早退、旷课</td><td>10</td><td></td></tr>
<tr><td rowspan="2">工作准备（20%）</td><td>了解政策背景</td><td colspan="2">能够熟悉抖音去中心化的特点</td><td>10</td><td></td></tr>
<tr><td>准备相关材料</td><td colspan="2">能够准备好课程学习所需的材料</td><td>10</td><td></td></tr>
<tr><td rowspan="4">工作过程（45%）</td><td>流量推荐</td><td colspan="2">掌握抖音短视频的流量推荐机制</td><td>10</td><td></td></tr>
<tr><td>定位策划</td><td colspan="2">能够为抖音账号选择一个合适的定位并开设一个抖音账号</td><td>10</td><td></td></tr>
<tr><td>抖音小店</td><td colspan="2">能够开设抖音小店、进行商品上新并推广</td><td>10</td><td></td></tr>
<tr><td>抖音直播</td><td colspan="2">能够进行商家自播、短视频挂车的操作</td><td>15</td><td></td></tr>
<tr><td rowspan="3">职业素养（25%）</td><td>创新意识</td><td colspan="2">具备较好的分析、洞察、创造、解决问题的能力</td><td>10</td><td></td></tr>
<tr><td>团队合作</td><td colspan="2">具备团队合作精神，小组能够协调分工完成任务</td><td>10</td><td></td></tr>
<tr><td>职业道德</td><td colspan="2">培养正确的职业道德，具备正确的价值观，懂得担当责任，回馈社会</td><td>5</td><td></td></tr>
<tr><td colspan="4">合计</td><td>100</td><td></td></tr>
<tr><td rowspan="2">综合评价</td><td>自评（20%）</td><td>小组互评（30%）</td><td>教师评价（50%）</td><td colspan="2">综合得分</td></tr>
<tr><td></td><td></td><td></td><td colspan="2"></td></tr>
<tr><td>最佳奖项</td><td colspan="5">本人 / 小组获得最佳　　　　奖！</td></tr>
</table>

项目四

新媒体平台运营

知识目标

1. 了解什么是头条号、百家号、微博、知乎
2. 掌握头条号、百家号、微博、知乎的功能和特点
3. 了解头条号、百家号、微博、知乎的营销模式
4. 掌握头条号、百家号、微博、知乎文案的写作
5. 掌握新媒体矩阵、新媒体平台分发的概念
6. 熟悉新媒体矩阵搭建的要点
7. 了解新媒体矩阵运营部门的人员配置及分工

能力目标

1. 能够申请头条号、百家号、微博、知乎账号
2. 能够制定头条号、百家号、微博、知乎定位策略
3. 能够正确地发布头条号、百家号、微博、知乎文案
4. 能够运用所学知识实践新媒体运营矩阵的运营能力
5. 能够总结和概括新媒体运营工作

素养目标

1. 具备较好的分析、洞察、创造、解决问题的能力
2. 具备团队合作精神，小组能够协调分工完成任务
3. 培养正确的职业道德，具备正确的价值观，懂得担当责任，回馈社会

任务一

头条号运营

故事导入

小李的服装店铺通过抖音短视频引流成交了很多单，于是他对新媒体产生了浓厚的兴趣，特意来向你请教头条号平台如何运营。

课前提问

你如何回答以上问题？

相关知识点

头条号平台运营

一、头条号注册

头条号，曾命名为“今日头条媒体平台”，是今日头条旗下媒体 / 自媒体平台。一方面，头条号致力于帮助企业、机构、媒体和自媒体在移动端获得更多曝光和关注，在移动互联网时代持续扩大影响力，同时实现品牌传播和内容变现；另一方面，头条号致力于为今日头条这个用户量众多的平台输出更优质的内容，创造更好的用户体验。

头条号基于移动端今日头条的海量用户基数，通过强大的智能推荐算法、优质内容获得更多曝光。业界领先的消重保护机制能够让原创者远离侵权烦恼，专注内容创作。头条广告和自营广告能够让入驻媒体 / 自媒体的价值变现有更多可能。智能推荐、高收益、原创保护是头条号的三大特点。

2019 年 5 月起，今日头条创作者均可申请开通头条小店，通过内容变现增加收入。头条小店开通后，店铺页面将出现在作者的今日头条、西瓜视频、抖音、抖音火山版个人主页，商品可通过图文、视频、微头条、小视频、直播等多种方式展示，方便用户直接购买。

目前，头条号支持 5 种不同类型的主体注册账号，包括“个人”“企业”“国家机构”“新闻媒体”“其他组织”。

符合要求的个人、企业、国家机构、新闻媒体和其他组织登录头条号网站，填写相关资料后提交申请，通过审核后即可入驻头条号媒体平台。一个身份证最多可以注册 1 个个人头条号，一个营业执照最多可以注册 2 个机构主体的头条号，已注册过个人账号的身份证支持注册机构账号。

在电脑端百度搜索头条号，进入官网后就可以开始正式注册头条号账号了。

（1）点击“注册”按钮，通过手机验证码注册。

（2）选择头条号注册类型，个人和机构需要的证件不同，请根据自己的实际情况选择。头条号注册类型选择页面如图 4-1 所示。

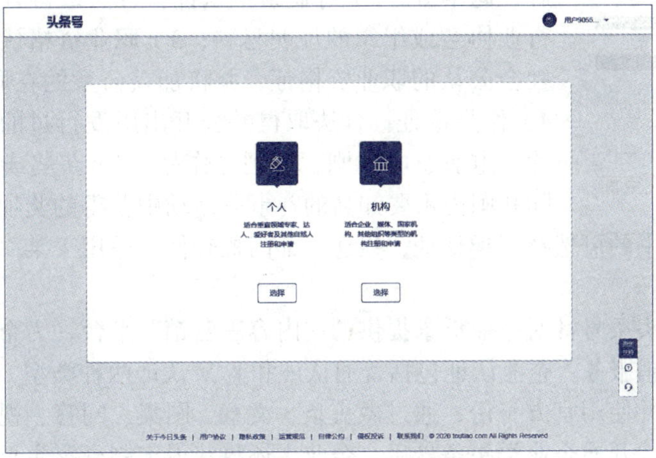

图 4－1　头条号注册类型选择页面

（3）填写账号信息。账号信息要和发文的领域相关。如果选择的是历史领域，就可以填“× × × 说历史”；如果选择的是娱乐领域，就可以填“× × × 说娱乐”。账号介绍也要相对应，以方便系统识别并判定是否为优质的创作者。接下来按要求上传账号头像。填写完成账号信息后可选择是否进行百家号、企鹅号、微信公众号的关联。填写账号信息的页面如图 4-2 所示。

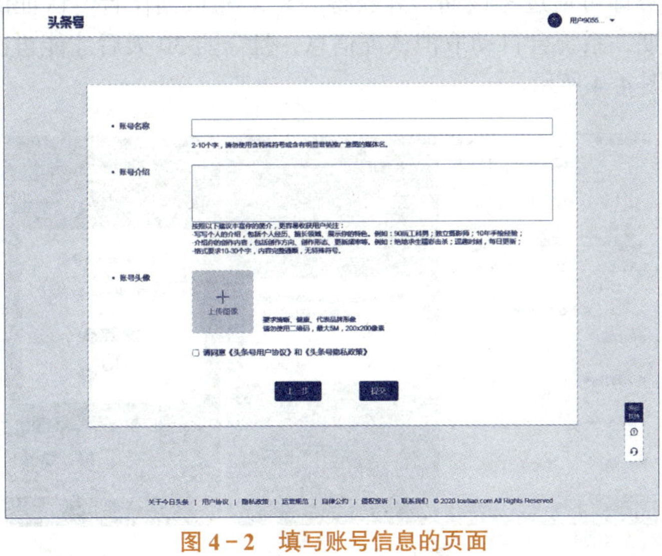

图 4－2　填写账号信息的页面

（4）实名认证。头条号必须实名认证才能发文章，需要在手机 App 上登录账号，然后进入“我的页面”，点击实名认证，根据系统提示即可完成，其间需要上传身份证正反面，根据要求进行视频认证等。实名认证页面如图 4-3 所示。

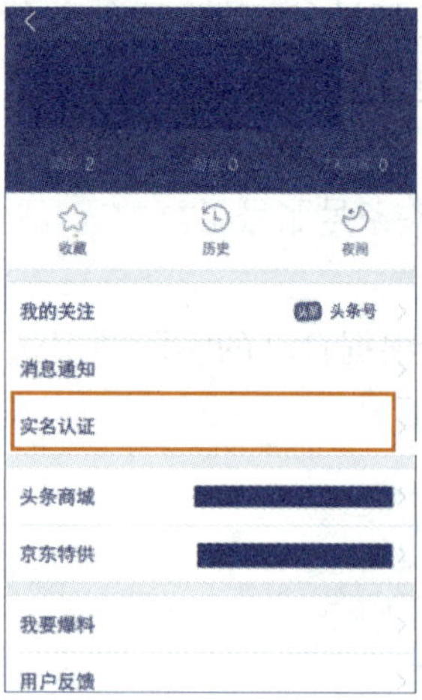

图 4－3　实名认证页面

（5）身份认证。身份认证后需进行分类认证，可选择职业认证、企业认证、兴趣认证三类。

职业认证需要以下资格证书：1）在职认证：与认证信息中单位名称、职位名称完全一致且加盖公章的在职证明、工牌、聘书等；2）行业组织认证：合法取得且社会公认的相关行业协会或组织的证明材料；3）职业资格认证：合法取得且社会公认的职业资格证，并将加盖公章的在职证明一起提交；4）作品认证：合法取得并公开出版发行过的书刊、书画、唱片、电影、电视剧、舞蹈等作品；5）获奖或成就认证：在国际和国内重要知名的赛事或活动中获得的奖项或称号的证明材料。没有资格证书的可选择兴趣认证，兴趣认证门槛较低，适用于某一分类的有特长的内容创作者。

企业认证是头条号针对企业诉求提供的“内容＋营销”平台，为企业提供免费的内容分发和商业营销服务。企业认证包括普通认证和蓝 V 认证两种类型，企业主可以获得官方认证标识，并使用官方身份，通过微头条、文章、图集、问答、视频等多种形态完成内容营销闭环。开通企业类头条号后，企业主还将获得定制商家主页、卡券发放、营销洞察等多款营销及内容创作工具。

兴趣认证是对用户在头条平台上的内容创作能力的认可，包括普通用户、创作者、优质创作者三个类型。用户可以选择自己擅长、感兴趣的领域，通过持续输出垂直领域的优质原创内容，即有机会成为优质创作者，获得平台的流量扶持。兴趣认证的步骤为：打开头条客户端→点击头像进入个人主页→申请认证→兴趣认证。选定领域后立即获得“××领域创作者”认证信息的展示，随后进入为期 30 天的考核期。考核期内，完成 4 条优质回答的任务即可通过考核期，并获得“××领域创作者”认证信息的永久展示。如果未通过考核期，系统会自动取消认证信息，且需要 30 天后才能再次申请兴趣认证。兴趣认证页面如图 4-4 所示。

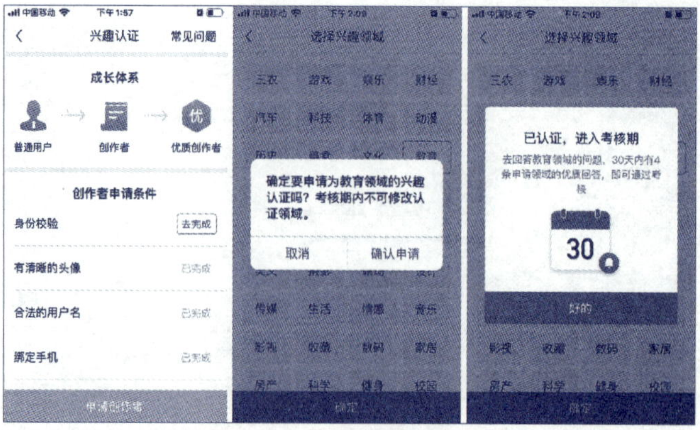

图 4－4　兴趣认证页面

二、头条号运营事项

注册完头条号后，需要进入头条号的运营界面。个人、企业、国家机构、新闻媒体和其他组织可通过头条号发微头条、写文章、拍小视频、提问等。接下来重点介绍内容管理技能。

（一）发布文章

账号主体申请头条号后先要进入新手期，在新手期是不能投放广告的。在新手期，账号主体每天只能发 1 篇文章，在非新手期，每天可以发 5 篇文章，每天坚持更新，即可通过新手期考核。发布文章一般有两种方式。

1. 手机版头条发布文章

第一种方式是打开头条首页（见图 4-5），在右上方有“发布”按钮，点击即可发微头条、写文章、拍小视频、提问、开直播、爆料等。这里发的东西是没有平台收益的，主要用于增加用户互动和黏性。

第二种方式是打开头条首页，点击右下角“我的”，上方是账号主体自己的头像和昵称，在中间位置找到“作品管理”，然后点击“作品管理”会出现一个页面，点击右上方的笔状图标，进入写文章页面（见图 4-6），即可开始创作。这里发布的作品是可以赚取收益的。

写完文章后，内容创作者需检查错别字，确保语言通畅，直接点击“发布”，只有系统审核后才算发布成功。

图 4－5 手机版头条发布文章

图 4－6 手机版头条写文章页面

2. 电脑版头条发布文章

在电脑上登录今日头条，在首页上中间位置即可看到发图文、写文章、提问题、发视频等的快速编辑发送方式。

点击图 4-7 所示的“想更加专业的发布文章？点击这里加入头条号”，或登录今日头条后点击个人账号→账号设置，进入头条号后台头条文章编辑页面，从上往下分别是工具、标题、正文。界面右侧的发文规范和发文助手（见图 4-8）可以帮助内容创作者进行文章的编辑，编辑完成后可以预览、存草稿、定时发送和立即发布。

图 4-7　电脑版头条发布文章

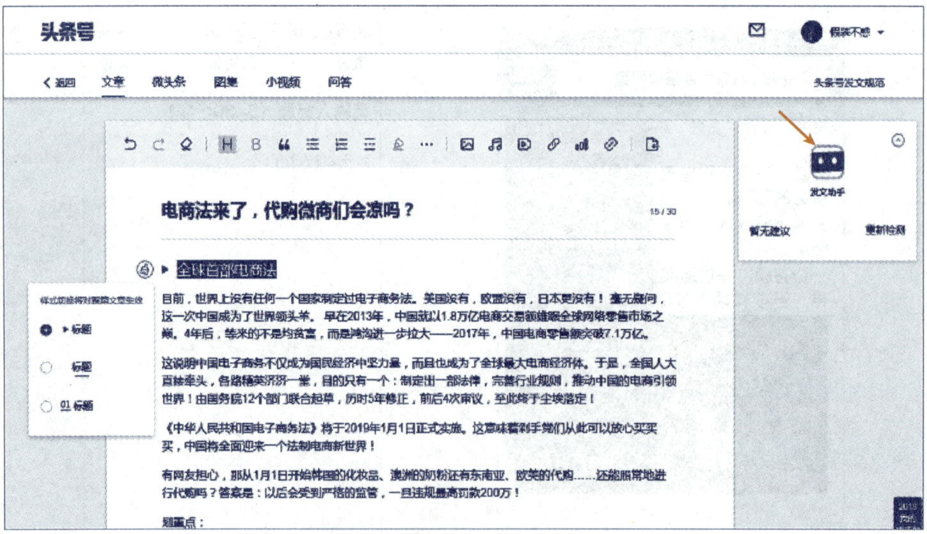

图 4-8　电脑版头条编辑文章

（二）文章内容

1. 标题

内容创作者在编辑文章时，标题应言简意赅、主题明确，从而有助于系统来判定文章内容所涉及的头条号的领域及对应用户群，便于文章可以快速地被分发给对应的用户。标题决定了用户是否会打开这篇文章，而内容决定了用户是否会收藏和转发这篇文章。一篇优质的文章或者一段精彩的视频一定要搭配一个出彩的标题，标题与内容才能相得益彰。

头条号中常见的取标题的三大思路为：

（1）名人 / 热点事件 + 八卦周边 + 解读（蹭流量 + 好奇心）；

（2）即时性社会新闻，多见于国家经济形势、社会民生（与自己有关的资讯）；

（3）明确用户获得的利益，即看完这篇文章之后，能学到什么（讲方法 + 利益点）。

标题的撰写方法和微信公众号相似，标题的创作要符合头条平台规范。

原标题：《兰州竟然引起了全国的羡慕！西安疯了，天水哭了，嘉峪关伤了……》

问题：故意引用其他城市做夸张对比

修改后：《兰州夜景魅力独特，或艳丽或庄严，或古老或时尚》

2. 头条号文章的内容及推荐机制

影响头条号文章推荐的因素包括以下几个：

（1）点击率 + 阅读完成率：点击标题并读完文章的人越多，获得推荐的概率越大。

（2）分类明确：文章兴趣点明确，获得推荐的概率越大。

（3）文题一致：做恰如其分的标题党。

（4）内容质量：优质内容才是根本。

（5）账号定位明确：文章体裁随意、宽泛的账号，获得推荐的概率较小。

（6）互动数、订阅数：读者越活跃，获得推荐的概率越大。

（7）站外热度：在互联网上关注度越高的话题，获得推荐的概率越大。

（8）发文频率：经常发文，保持活跃，获得推荐的概率越大。

内容创作者可利用头条平台的各项功能对文章内容进行优化。头条文章的电脑版编辑器操作简单，可进行对齐、字体等设置。右上角的发文助手还提供标题党检测、错别字纠正、文章配图推荐等功能。

头条号文章在发表之后，经历审核、消重两个阶段进入推荐系统，系统在识别文章时会为文章自动匹配标签。标签就如同一篇论文的“关键词”，展示了文章的主要内容。同时，平台会基于用户行为为其贴上标签，并根据文章标签匹配对应的用户标签，然后将文章推荐给其中一部分用户；如果这部分用户点开并完成阅读的比率很高，或者点赞、评论、收藏等交互行为较多，那么平台会评定这篇文章质量不错，然后根据算法将文章推荐给其他用户；平台不断分批推荐，调整推荐权重，可以较好地将文章推荐给合适的用户。所以，内容创作者在发表头条号文章时，要尽可能使用多个大标签，尽可能扩大推荐面。头条号男性用户关注的主要标签有：社会、娱乐、本地、汽车、时政、世界、财经、数码、运动等。头条号女性用户关注的主要标签有：娱乐、社会、时尚、育儿、健康、本地、情感、美食、家庭等。

3. 图片

在头条号文章中，配图也是非常重要的。一篇没有配图的文字带给粉丝或者读者的阅读体验感并不会太好。如果图片和文章内容非常贴合，就会让读者产生想象，读者很容易就会被带入情景中，产生共鸣。在引用图片时，内容创作者要避免使用有版权保护的文章图片，版权保护即相当于创作者对整篇文章，包括文字和配图均享有权益；避免使用各种浏览器搜索出来的图片、有水印的图片。内容创作者可以对文章图片进行修改，然后发布内容或者申请原创就可以了。内容创作者在头条号发文时，封面图片可以是一张图和三张图，三张图比一张图更能吸引用户注意，点击率会更高。头条号封面图如图 4-9 所示。

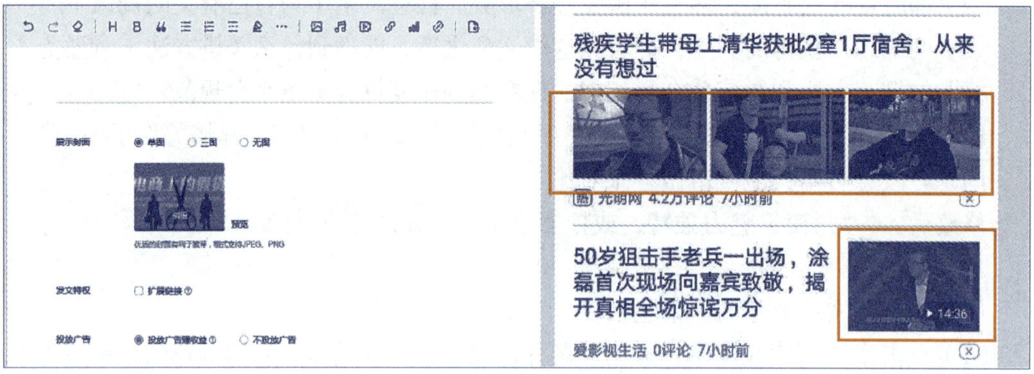

图 4-9　头条号封面图

4. 广告投放

在发布文章时，内容创作者可根据情况选择投放广告以赚取收益。头条广告是内容创作者将广告位委托给头条号平台代为运营的一种广告形式。个人、新闻媒体、企业类型的头条号都可以投放头条广告，由头条号平台对用户和广告内容进行智能匹配，实现精准推广，广告收益完全属于内容创作者。头条广告会展示在今日头条 App 的文章下方，图集类文章的头条广告会展示在图集末尾，视频不展示头条广告。

（三）内容管理

登录今日头条后点击个人账号→账号设置，进入头条号后台。

头条号后台会展示该账号的整体数据，包括粉丝数、累计阅读量、累计收入（见图 4-10）。内容管理展示创作者已发表的文章状态，包括已发表、未通过、草稿、已撤回，创作者可依据此对自己的作品进行整理。评论管理展示粉丝对作品的评论，创作者可进行评论回复，加强和粉丝的互动。在数据分析中，我们可以看到在影响文章推荐量的数据考核指标中，重点是三大阅读指标，包括阅读进度、跳出率、平均阅读速度。创作者可根据数据进行优化，具体措施如表 4-1 所示。

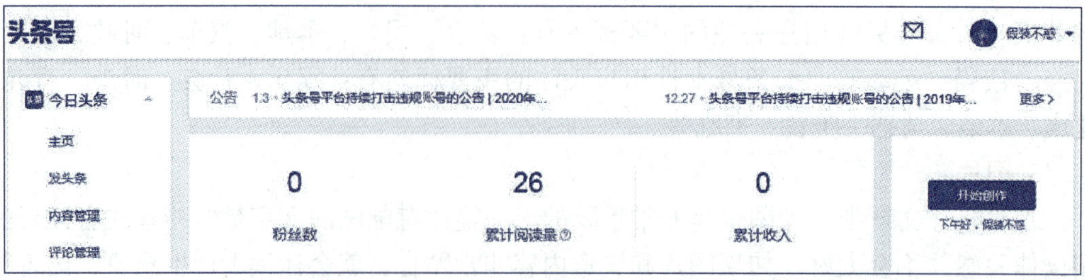

图 4-10　头条号后台主页

表 4-1 头条号运营常见问题及优化措施

常见问题	优化措施	目的
篇幅过于啰嗦、冗长	5～8张配图，中间间隔一小段文字	加快阅读进度
文章重心找不到	缩减文字，多采用小标题	强化用户对于文章内容的感知，提升阅读速度
网络新词、看不懂	口语化、直白化处理	减少用户跳出
用户反馈看完还不会做	加强内容操作性	用户的获得感加强，增加转发、收藏
进入其他无关领域	减少出现的词频	进行有针对性的推荐

课堂测试

1. 注册和完善一个头条号账号。
2. 在头条号上尝试写5篇文章，并分析粉丝数、累计阅读量。
3. 运营头条号一周，尝试通过头条号兴趣认证。

案例分享

今日头条最红美食达人：巧妇9妹

号称今日头条最红美食达人的巧妇9妹有400多万粉丝，她的视频记录的都是普通农妇忙忙碌碌的日常生活，比如大清早去种甘蔗，午饭做一笼韭菜鸡蛋馅饺子，下午带你去看看村里的千年古树，晚间再享用一盘炒田螺等。画面看起来特别原生态，运镜和剪辑不加修饰。但这位纯朴的广西妹子的另一个身份是成功女商人。2019年的灵山荔枝节期间，她提前预热抢头荔活动，使店铺取得了较好的经济效益，创造了单日销售5万斤荔枝的佳绩。

传统电商启动了农村市场，但并没有打开农产品的上行通道。电商平台的本质是比价和低价，很大程度上依赖技术、运营和营销的合力，这并不是农村商家所熟悉的竞争，这种模式缺乏足够的利润做精品电商，不利于提升附加值。中国乡村因为人员流动，与城市形成经济差异。短视频制作相对简单，年轻人极易上手，在用户层面逐步消除了原有的城乡差距。巧妇9妹不但做电商，还做线下店铺以及果园生态旅游。巧妇9妹的灵山皇帝柑做到了95%的复购率，说明网红人格与产品本身紧密捆绑，做爆款做品牌的能力会更强。

对于内容电商而言，内容与电商二者是互相依存的，以人来串联的农村网红电商做到了有效衔接。

任务二

百家号运营

故事导入

小刘是一个文艺青年，最近想开始自己的副业，听说百家号写文章获得收益比较快，特地就以下问题向你请教：

1. 百家号这个平台怎么运营？
2. 怎么样才能很快地获得收益呢？

课前提问

你如何回答小刘？

相关知识点

百家号平台运营

一、百家号注册

百家号是全球最大的中文搜索引擎——百度为内容创作者提供的内容发布、内容变现和粉丝管理平台。百家号于 2016 年 6 月启动并正式内测，9 月账号体系、分发策略升级，广告系统正式上线，9 月 28 日正式对所有作者全面开放。2018 年 2 月 6 日，百度百家号与新华社新闻信息中心达成战略合作，双方联合推出“新华社超级频道”，并在百度平台全面分发新华社新闻信息内容。

在电脑端的百度中搜索百家号，进入官网后即可点击注册账号。

（1）点击“注册”按钮，通过设置用户名、手机号、密码、验证码进行注册（见图 4-11）。注意：用户名不可更改，申请者也可以用百度旗下其他产品的账号登录。

（2）选择账号类型，填写账号信息。百家号注册类型选择页面如图 4-12 所示。账号类型包括个人、媒体、政府、企业和其他组织。每个类型需提供的材料均有严格要求。

（3）选择账户类型为“个人”后，显示百家号信息注册页面（见图 4-13）。申请者需设置账号头像、账号名称等信息。申请者应使用有精准度或个性化的名称。有精准度的名称一般包含垂直领域的关键词，如国家人文历史、科技大爆炸；个性化的名称一般具有辨识度、品牌感，如朕说、看鉴。

图 4－11　注册百度账号

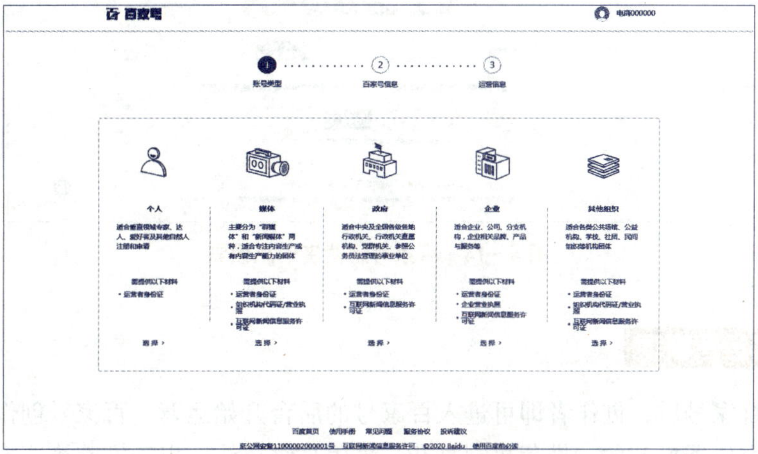

图 4－12　选择账号类型页面

图 4－13　百家号信息注册页面

（4）设置百家号运营者信息（见图 4-14），根据页面要求填写身份证号等相关信息并上传身份证照片后，点击“提交”即可。经过平台 3 ～ 7 个工作日的审核，百家号就正式开通了。

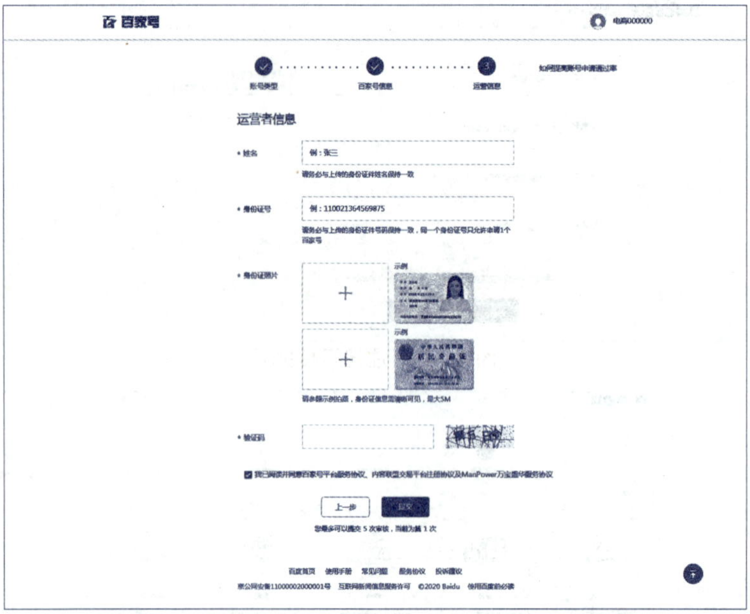

图 4-14　百家号运营者信息设置

二、百家号运营事项

注册完百家号后，创作者即可进入百家号的后台开始运营。百家号创作者的海量内容大部分是由机器推荐的，推荐机制复杂，采用高级算法。由于推荐算法不可能被人为精细化地完整解读，因此创作者需要在磨炼中不断完善内容。虽然影响推荐的因素有很多，但是点击率、阅读完成率、阅读停留时间、互动量、账号等级这五大指标在推荐机制中起着关键作用。具体如下：

影响点击率的因素：封面图、标题。

影响阅读完成率、阅读停留时间的因素：内容质量、排版、图片、文稿篇幅。

影响互动量的因素：内容质量、内容话题共鸣感。

影响账号等级的因素：内容质量、账号活跃度、账号健康度、账号垂直度。

对质量相似的文章，这五大指标的正面值越高，获得的推荐量将越多。优化与提升这五大指标是运营的重点。百家号指数就是通过对创作者的内容质量、领域专注、活跃表现、原创能力、用户喜爱这五个维度的计算而得出的客观评分结果。分数越高，代表账号的质量越好，越能获得更多的权益。

（一）发布文章

百家号的后台和头条号的后台非常相似，除了直观展示百家号的昨日收入、昨日粉丝总人数、累计阅读数外，创作者还可以在发布栏进行图文、图集、视频、动态、合辑的操作，在管理栏进行内容、评论、话题、粉丝、素材的管理。图4-15为百家号的后台首页。

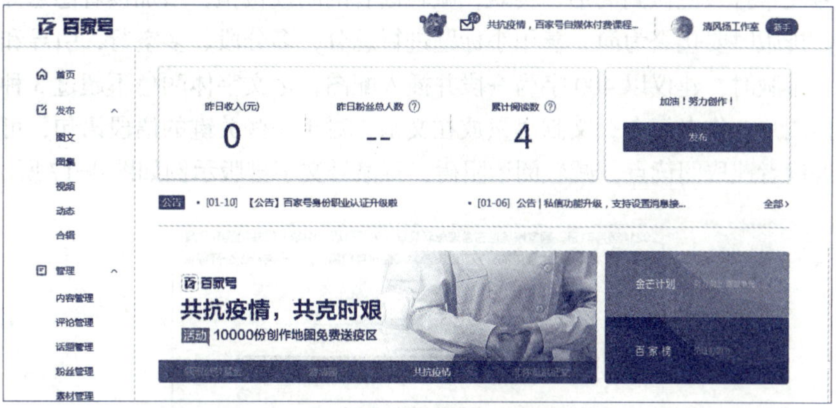

图4-15 百家号后台首页

在百家号后台首页点击“发布”，默认进入发布图文的编辑页面（见图4-16）。图文编辑页面非常简洁，创作者可直接输入标题和文字，或者将文字从Word等处粘贴过来。一般而言，图文内容1 000字左右即可，这样有利于碎片化阅读完成率的实现。

图4-16 百家号图文编辑页面

1. 标题设置

（1）创作者要根据关注群体设置标题。例如：对历史比较感兴趣的主力群体，创作者可设置带有知识悬念、直接抛出内容重点的标题。例如：清朝的人口为何会出现爆炸式增长，清末时达到4亿以上？

（2）从推荐机制入手。百家号在推送文章给需求用户群之前，会分析文章的标题领域属性，如是历史还是社会。系统对文章的标题定位辨别越精准，推送用户也会越精准，点击率就会越高。文章的标题中包含的关键词必须定位清晰、不模糊。关键词需采用明确的词条或全称。例如：标题能用“曹操”，就不要用“曹阿瞒”（曹操的小名），能用“东汉末年”，就不要用“东末”。越是定位清晰的词条，系统就越能快速并精准识别所属的领域和对应的读者群体。

2. 文章排版

百家号文章排版应做到简洁、美观，减轻读者的阅读负担，增加读者愿意停留在文章上的时间。排版时要化繁为简，善用小标题进行总分，多分段、多空行，引导和梳理文章内容结构。排版时，建议以400字为一段并插入配图，全文字体颜色不超过3种，文章开头尽量不插图片、作者简介，文献尽量放在文末。对于一些关键的语段语句，可适当加粗加深，帮助读者获取阅读点，减轻阅读阻碍。百家号文字排版示例如图4-17所示。

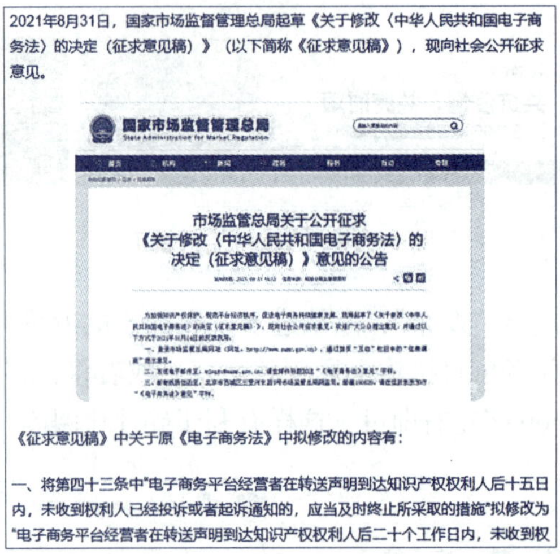
2021年8月31日，国家市场监督管理总局起草《关于修改〈中华人民共和国电子商务法〉的决定（征求意见稿）》（以下简称《征求意见稿》），现向社会公开征求意见。

《征求意见稿》中关于原《电子商务法》中拟修改的内容有：

一、将第四十三条中"电子商务平台经营者在转送声明到达知识产权权利人后十五日内，未收到权利人已经投诉或者起诉通知的，应当及时终止所采取的措施"拟修改为"电子商务平台经营者在转送声明到达知识产权权利人后二十个工作日内，未收到权

图 4-17　百家号文字排版示例

3. 配图

在百家号图文编辑器右侧的文章诊断功能会提出一些图片推荐等修改建议，如需插入图片，可以点击文章诊断→正文无图→更多，在弹出的图片选择页面可以搜索关键字，系统会显示免费正版图片。图4-18显示的是与教育部相关的免费正版图片，选定需要的图片即可将图片插入文章光标处。除了免费正版图片外，创作者还可以插入上传的本地图片，或者前期收集的素材库中的图片，或者网盘图片。

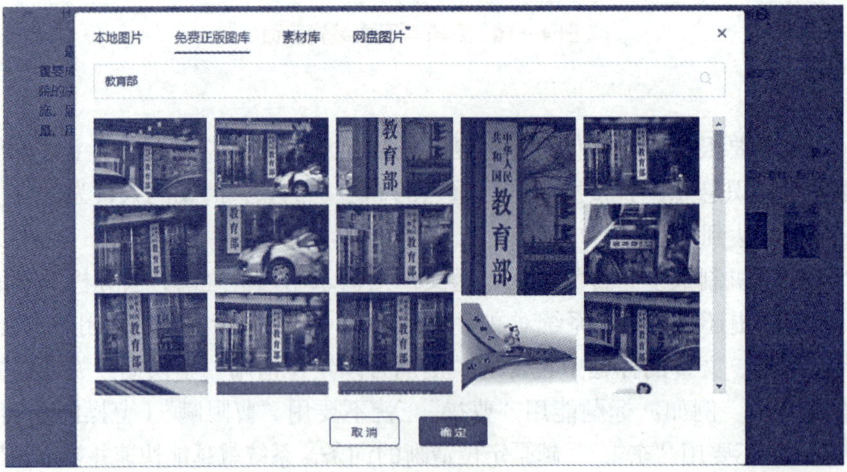

图 4-18　图片选择页面

百家号文章中的配图可直接用作文章封面图。文章配图要求清晰、无水印，且图片尺寸达 650 像素 × 420 像素以上为佳；配图表达的内容应与上下文提及的内容相呼应。配图加上文字注释说明，更能提升并展示文章的专业度和内容深度。

图文正文完成后，创作者需进行封面图的设置。封面图可从正文图片中选择。封面图尽量使用三图封面（见图 4-19）。三张图应风格统一，清晰无水印并与标题呼应，这样有利于提升视觉美感与专业度，从而吸引读者点击（见图 4-20）。图文编辑完成后，点击“发布”即可。

图 4－19　百家号文章封面图设置

图 4－20　百家号文章封面图效果

（二）内容管理

在百家号的内容管理栏，创作者可以对发布过的图文、动态等内容进行管理。创作者既可以查看已发布的内容数据，也可以删除或修改未发布的内容。创作者可分析百家号的相关数据，优化内容并提升质量。百家号内容管理页面如图 4-21 所示。

图 4-21　百家号内容管理页面

百家号注册完成后即进入新手期，在新手期内，文章推荐和阅读量都较少。通过新手期的条件是注册时间超过 7 天，百家号指数超过 500。创作者要通过新手期，就要对账号的内容质量、领域专注、活跃表现、原创能力、用户喜爱五个维度进行优化。

案例分享

方太联手百度打造知识内容 IP

1. 营销背景

2021 年方太首次联手百度打造知识内容 IP《为什么这么火》，总曝光量达 1.3 亿 +，这也让方太荣获 2021 百度营销峰会“最具价值厨房家电品牌”。各大品牌都在建立自己的内容阵地，选择哪种创新方式，能否借势借力，都是决定内容营销能否出圈的重要因素。2022 年，方太与百度再续前缘《为什么这么火 Ⅱ》，希望通过延续趣味科普的内容营销形式，助力新业务线二次营销，快速提升品牌认知度。

2. 营销方案

百度大数据分析，在厨房大家电多品类中，洗碗机需求有高流量上涨趋势。洞察到用户对洗碗机的必要性和功能性存在大量疑问，这属于认知阶段的初期。方太联手百度延续“知识和微综”的趣味知识科普形式，运用多元化方式对洗碗机知识内容进行趣味讲解；同时借势“6 · 18”高关注度、高流量、高购买量期间进行内容植入，助力内容传播和电商转化。

3. 方案执行

（1）延续趣味科普的微综形式，打造“知识＋内容”品牌产品认知。结合方太品牌全能洗碗机“洗消烘除存一体”的产品优势和设计理念，寻找相关话题，定制了趣味科普的知识主题“要不要用洗碗机”。通过街头采访/嘉宾访谈，全方位感受大众认知度，提升共鸣，内容植入“为什么选择方太洗碗机”，包括方便省心、槽洗适合老年人、可除果蔬农残、嵌洗智能分腔空间大、功能齐全、具备洗消烘除存等功能、高能气泡洗、获取更多时间享受生活。

（2）增加KOL达人“线上＋线下”深度拓展内容营销。线上：选择8个房产家居家电KOL针对洗碗机高疑问点有针对性地撰写文章，通过明星语音形式进行播报，渗透到百度平台内容体系。线下：9个KOL在不同城市线下探店，以多重身份获取产品新技能。

（3）圈定受众人群并大量曝光，助力“6·18”电商节。

（4）更多运营资源助力内容多元化渗透，提升影响力。

4. 营销效果

活动总曝光量达1.4亿＋，总播放量达742万＋；对比《为什么这么火》，总曝光量增加了1 000万＋，活动影响“方太洗碗机”资讯指数同比增长37 701%，环比增长718 125%。“6·18”期间，洗碗机业务线百度流量同比增长6%；洗碗机业务市场零售量增长9.3%，零售额增长17.1%，更推动了方太洗碗机在民众中的影响力。

资料来源：百度. 方太 × 百度：再续前缘《为什么这么火Ⅱ》内容营销[EB/OL].（2023-01-04）[2024-04-04]. 百度营销中心.

课堂测试

1. 建立和完善百家号账号。
2. 在百家号上尝试写3篇文章，分析百家号的数据，优化内容并提升质量。
3. 运营百家号一周，尝试通过百家号新手期。

任务三 微博运营

故事导入

小美是一位在校大学生，周围很多同学都在玩微博，有些同学的微博粉丝还不少，他们通过微博也赚取了不少零花钱，这让小美羡慕不已。小美深知现在是粉丝经济，粉丝越多，人气就越高，可以利用粉丝赚钱。她特意就以下问题向你请教：

1. 微博怎么运营才能快速积累粉丝？
2. 有了粉丝，怎么变现？

课前提问

你如何回答小美？

相关知识点

微博营销初识

一、微博简介

微博是基于用户关系的社交媒体平台，用户可以通过 PC、手机等多种终端接入，以文字、图片、视频等多媒体形式，实现信息的即时分享、传播和互动。微博基于公开平台架构，使用户能够实时发表内容，通过裂变式传播，让用户与他人互动并与世界紧密相连。作为继门户网站、搜索引擎之后的互联网新入口，微博改变了信息传播的方式，实现了信息的即时分享，是一种非常有效的宣传和营销渠道。

图 4-22 为微博账号主页。

图 4－22 微博账号主页

（一）微博平台的特点

1. 取消了 140 字限制

微博主在微博平台上最多可发布 2 000 字的长文档，但当字数超过 140 时，剩余的内容将被折叠，以“展开全文”的形式呈现。

2. 内容形式多样

微博主可以在微博上发布的内容包括文字、表情、图片、视频、话题、头条文章、直播、点评、音乐、投票、微公益等，以上内容均可以设置定时发布。

3. 平台开放

在不关注的情况下，微博主同样可以搜索到任何人的任何信息，并且可以对其内容进行转发、评论、点赞。

4. 推广资源丰富

微博平台自身的广告位资源十分丰富，同时第三方传媒公司在微博平台上的策划能力以及广告推广能力也很强。

（二）微博营销模式

1. 专家模式：付费阅读和打赏收入

微博里每个领域都有专家，而这些专家很多都是在微博兴起后成名的，有着自己的个人品牌。微博的盈利模式已悄然发生变化。微博的功能还在不断地变化，打赏、付费阅读、收入、广告等模式不断涌现。2017 年底微博推出“V+ 会员”，微博会将大 V 的文章、图片、直播等内容打包成一个付费项目，提供给购买“V+ 会员”的用户。常见的付费内容包括投资、教育、情感、健康和娱乐等。

2. 微商模式：社会化电子商务

微博和阿里巴巴合作后，让社会化电子商务有了更多的可能性。虽然现在微信对电商有着很大的冲击，但是对于商家来说，多头开花是常态。微博具有互动性强、传播快的优点，成了电商新品推荐的首选平台。虽然转发抽奖活动不再新鲜，但是还会有很多用户参与。

3. 媒体模式：双向传播

传统媒体是以单向进行传播的，用户只能看，没有发言的权利；而新媒体则是可以互动的，用户观看后可以发表自己的观点，有可能改变事情发展的方向。微博移动端具有很好的便利性，可以让用户随时获取信息和发布信息。发布的形式也是多种多样的，如文字、视频、直播等。

4. 明星模式：红人的影响力

很多企业现在都愿意请明星来代言，因为明星在微博上会受到大量用户的关注，从而给企业带来很大的影响力。企业选择进行微博营销是为了在营销的过程中节约推广成本。用户可自主选择喜欢的广告方式，这有利于提升广告效果和参与度，达到更好的营销效果。

（三）企业微博主页

企业微博既是企业对外公开展示品牌的平台，也是粉丝了解企业动态的窗口。企业微博不仅是企业与粉丝沟通的媒介，而且是数据化呈现企业的号召力和影响力的平台。企业微博主页内容丰富详尽，主要有以下几项：

（1）微博昵称：一般为企业名称。

（2）微博头像：体现企业的整体形象或品牌标识。
（3）企业简介：简明扼要地描述企业的产品线、服务内容及市场优势、企业愿景。
（4）友情链接：可添加网页或网站的相关链接。
（5）封面图或背景图：整个企业微博页面的形象体现。
（6）焦点图：多张图片或视频，用于宣传企业形象或活动。
（7）焦点视频：添加视频，用于宣传企业形象或活动。
（8）微博正文：企业事件、客户服务、宣传广告等。
（9）账号矩阵：领导者、员工、子品牌、机构等。
企业微博主页示例如图 4-23 所示。

图 4-23　企业微博主页示例

二、微博运营事项

（一）微博定位策略

开通微博账号不是赶潮流，没有明确定位，则没有内容，自然吸引不到用户的关注。因此微博主需要树立目标、明确目的、规划内容，即你是谁，你想做什么，你想跟谁说，你想呈现怎样的形象。微博定位策略如表 4-2 所示。

表 4－2 微博定位策略

你是谁		
你想做什么		
你想跟谁说	地域	
	性别	
	收入	
	年龄	
	教育水平	
	行为特征	
你想呈现怎样的形象		

例如：红牛的官方微博就与自身品牌形象相统一，呈现出动感、国际、活力的形象（见图 4-24）。

图 4－24 红牛官方微博首页

（二）微博内容运营

微博编辑页面如图 4-25 所示。

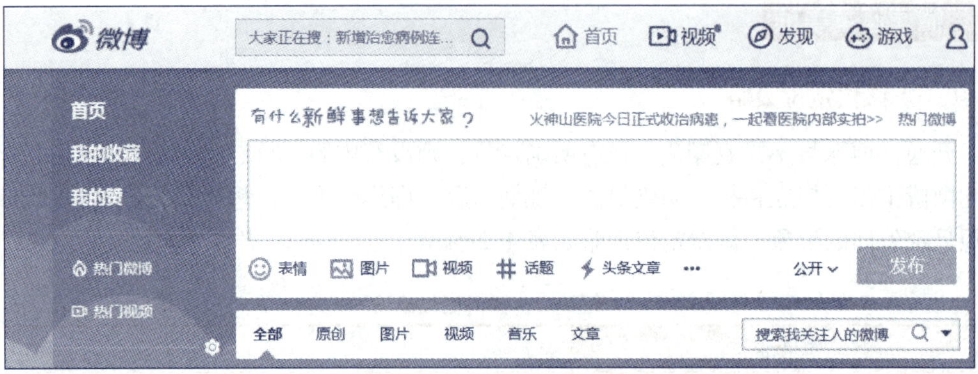

图 4－25 微博编辑页面

1. 微博功能

用户可以申请注册微博账号或用淘宝、QQ 等账号登录微博，实现以下操作：

（1）发布功能：如同博客、聊天工具一样发布内容。

（2）转发功能：将喜欢的内容一键转发到自己的微博，转发时还可以加上自己的评论。

（3）关注功能：关注自己喜欢的用户，成为这个用户的粉丝。

（4）评论功能：在微博主不关闭评论功能的前提下对任何一条微博进行评论。

（5）搜索功能：可以在两个 # 号之间，插入某一话题，如 # 某一话题 ×××#，自动搜索微博上所有包含“某一话题 ×××”的相关微博，可以展开讨论，实现信息的聚合。

（6）私信功能：点击私信，给微博上任意一个开放了私信端口的用户发送私信，这条私信将只能被对方看到，实现私密的交流。

2. 微博内容

一条好的微博（见图 4-26）需要包括以下内容。

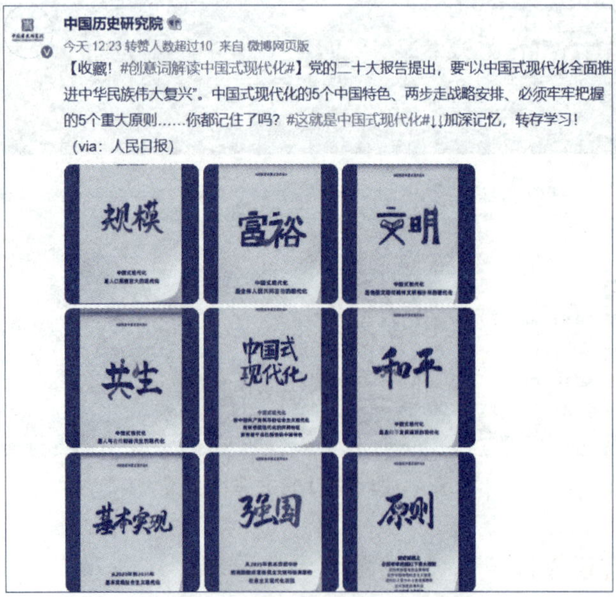

图 4－26 微博内容示例页面

（1）简洁生动、含义深刻的正文。

（2）用标题标签区别话题，用户更容易了解主题。

（3）@好友，引起好友关注，形成良性互动。

（4）可以加入链接地址，方便引流。

（5）加入图片或视频，更容易抓住用户眼球。

案例分享

华为 nova5 系列携手“微博牧场计划”产品种草

2019 年 9 月至 10 月，华为携手微博牧场计划于微博平台发起 #nova5 校园 Vlog 大赛 #。在开学季这一特殊节点，借由当下年轻人最喜爱的传播方式，华为通过征集优质原创校园 Vlog 作品，结合微博平台强大的整合营销能力，联动达人全面玩转社交影响力，实现品牌内容跨圈层传播和种草营销。

1. 黄金资源助力，打造超 IN 社交玩法

9 月 1 日，微博牧场计划官方矩阵联手华为官方账号共同发起 #nova5 校园 Vlog 大赛 #，全网征集优质 Vlog 作品，活动广邀各大高校、网友发布视频参赛（见图 4-27）。丰厚的奖品搭载当下最流行的短视频传播方式，一举点燃了网友的参与热情。活动过程中，官方设立打榜机制与一键助力 H5，花样内容强势集结，刺激用户的参与热情。粉丝与围观网友纷纷加入打 call 阵营，为自己喜爱的内容助力，触发内容破圈传播。伴随活动小高潮，微博热搜、发现页热点视窗、开机报头、视频产品等黄金资源强势跟进，全面抢占用户视线，助推活动火热进行。

图 4-27　nova5 校园 Vlog 大赛推广微博

2. 线上线下跨界联动，花式助推活动传播

在线上活动火热进行之际，微博牧场计划联动户外媒体 @iBUS 爱巴士，打造了一场线下创意活动（见图 4-28）。通过品牌定制创意双层巴士车身，覆盖 10 余条北京高校线路，让整个活动伴随线下宣传斩获众多关注。

图 4－28　微博联动户外媒体创意活动

3. 达人齐霸屏，撬动流量引爆关注

作为当下年轻用户喜爱的群体，达人的轮番助力强势引爆网络。超 300 位微博牧场玩家、微博达人以及 10 余家 MCN 机构加盟打卡活动，从各个角度展示多彩校园生活。本次活动影响力辐射各大高校与媒体矩阵，50+ 知名高校自发参与（见图 4-29），30+ 微博蓝 V 联手助力，为活动形成强力官方背书。通过达人、官方及媒体的引领，华为 nova5 手机的时尚颜值、超强摄影摄像能力及智慧视频剪辑等特点跟随活动曝光并深入消费者内心。

图 4－29　高校推广微博

4. 微博推广总结

微博牧场计划与华为 nova5 系列共建的 #nova5 校园 Vlog 大赛 # 收获众多亮眼数据。话题阅读总量达 17 亿，讨论量突破 75 万，活动原创视频播放总量达 1.75 亿，品牌声量达 850 万，实现内容与传播上的双丰收，对于华为 nova 5 的品牌价值提升起到了显著效果（见图 4-30）。华为 nova5 系列参赛作品凭借强大的摄影摄像功能在众多 Vlog 作品中崭露头角，获得网友的高度评价，成功抢占用户心智，实现品牌圈粉。

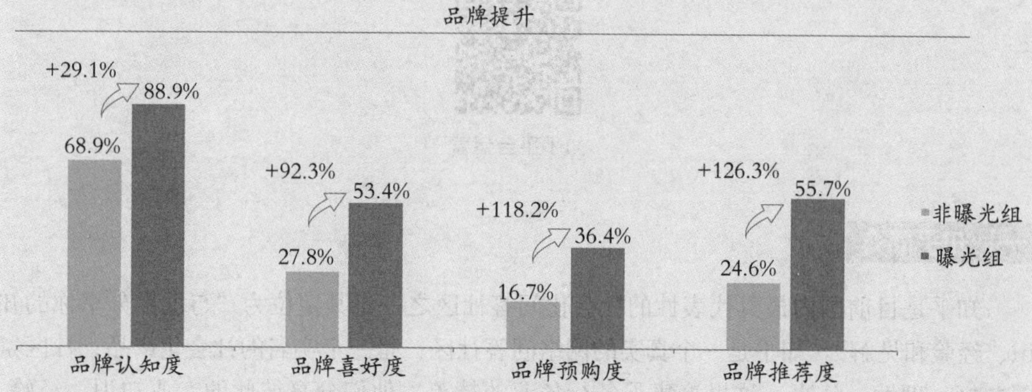

图 4－30 微博推广效果

资料来源：全球创意搜罗榜 . 携手“微博牧场计划”，华为 nova5 系列何以尽显年轻本色 ?[EB/OL].（2019-10-15）[2024-04-04]. 微博 .

课堂测试

1. 登录新浪网，注册一个个人账户，开通自己的个人微博，并完善个人资料。

2. 成功发布 5 条微博，要求有话题、图片等内容，与身边的同学互相关注，转发或评论好友的一条微博。

任务四 知乎运营

故事导入

小丽是一名电子商务专业的大学生，开了一家线上饰品店。尽管花了很多心思装修店铺，也拍摄了精美的商品图片，但还是流量惨淡、生意平平。小丽很苦恼，这时候同学小希给她出主意，让她去知乎相关专栏发布或回答问题，植入店铺的宣传，免费引流。

课前提问

小丽应该在知乎平台怎样打造自己的人设？发布什么样的问题？怎样高质量地回答别人的问题以达到宣传店铺的目的呢？

相关知识点

知乎平台运营

一、知乎简介

知乎是目前国内最具代表性的社会化问答社区之一，其定位为“与世界分享你的知识、经验和见解”。知乎是一个真实的网络问答社区，是一个实名的社会化产品，社区氛围友好、理性、认真。这里聚集了各行各业的精英，他们分享彼此的专业知识、经验、见解，为中文互联网源源不断地提供高质量的信息。准确地讲，知乎更像一个论坛：用户围绕某一感兴趣的话题进行相关的讨论，同时可以关注兴趣一致的人。知乎最基本的结构是问题和答案，一个问题对应多个答案，而答案的顺序并不是固定的。用户来到知乎，首先看到的不是一个固定的目录，而是自己所关注内容形成的时间线。

（一）话题阅读

创作者在知乎的搜索框中输入感兴趣的关键词，如“新媒体”或“移动商务”，就会发现一些有趣的话题。每个话题都包含一些问题，其中有些问题已经有人回答了。创作者阅读后，可以给喜欢的答案点赞、收藏或评论；还可以单独关注某一个问题，持续追踪这个问题的最新答案（见图 4-31）。

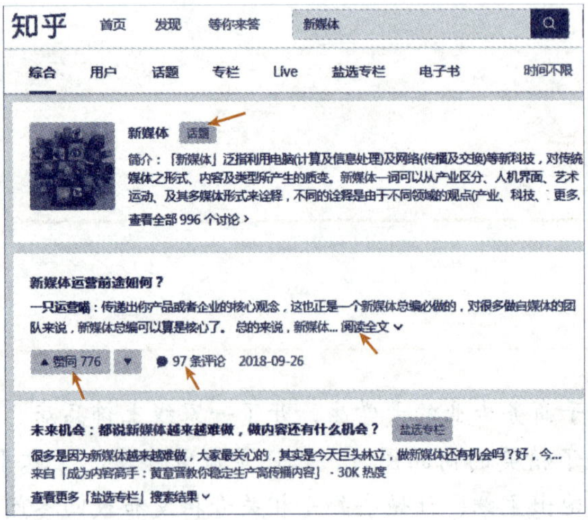

图 4-31　知乎页面

（二）关注感兴趣的人

除了话题，知乎上有很多质量较高的账号或优秀答主，创作者可以关注他们，也可以看到这些账号或答主的提问、回答、赞同和关注（见图 4-32）。

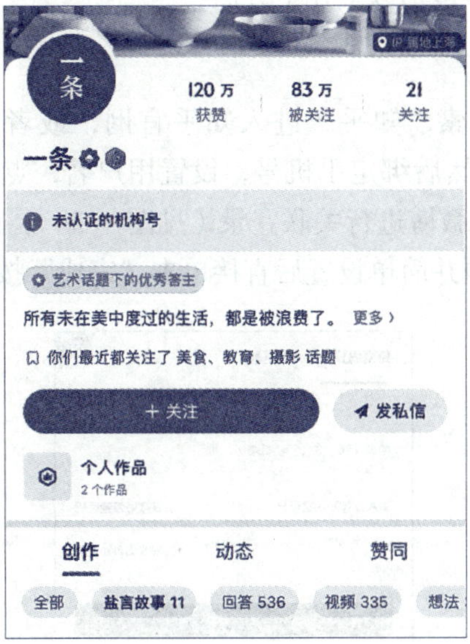

图 4－32　关注知乎账号

（三）提出、回答问题

在任何情况下，如果创作者知道问题的答案或者对问题有自己的见解，都可以发表自己的回答。如果创作者也希望他人来帮助解答自己的问题，知乎是非常适合提问的平台。创作者提问后，可为问题添加相关的话题，关注这些话题的知友就能看见该提问了，这些知友中可能就有能解答问题的人（见图 4-33）。

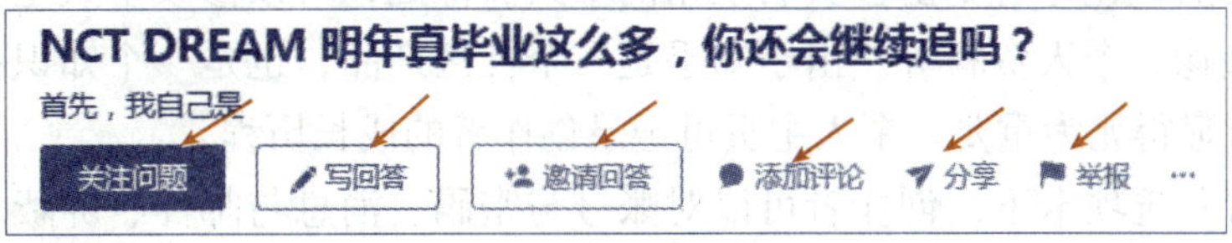

图 4－33　知乎话题

（四）协作编辑和改进

知乎支持社区成员共同编辑。例如：对于问题、话题、问题的补充说明、话题描述等，每个社区成员都可以将它们修改得更准确、合适，为社区作贡献。社区成员的共同协作可以让知乎的每一个问题和答案变得更有价值，知识在这里可以随时间不断更新，得到持续优化和改进。

二、知乎运营事项

与简书、今日头条、大鱼号、豆瓣等自媒体平台不同，知乎的优势在于其回答问题的深度。知乎主要采用问答的方式进行交流和传播，并通过“赞”的高低进行排序，利于专业垂直领域的关键意见领袖建立个人品牌。在知乎，如果创作者持续发表高质量的回答并进行互动，会比在其他自媒体平台更容易建立品牌知名度。知乎作为自媒体人青睐的优质平台，其申请流程包括以下几个方面：

（一）账号注册

创作者可通过百度搜索“知乎”进入知乎官网，或者在地址栏输入 https://www.zhihu.com 进入知乎官网，然后绑定手机号，设置用户名，点击“确定”；或者打开 App 选择社交账号微信、QQ 或微博进行关联登录（见图 4-34）。首次登录知乎后，创作者应介绍自己，选择关注的话题并简单设置后直接单击“完成”按钮。

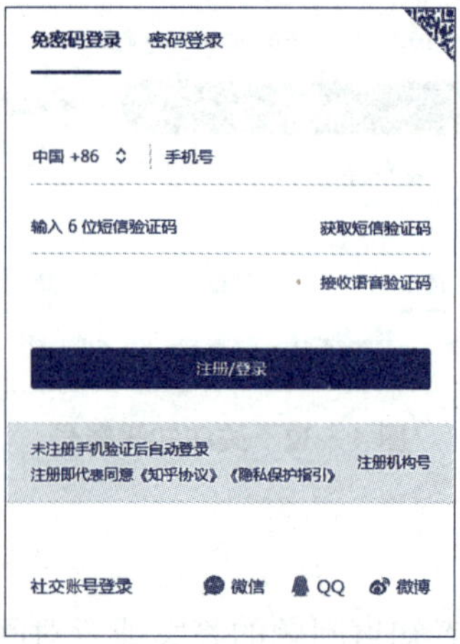

图 4－34 知乎账号注册

（二）账号设置

登录成功后，创作者单击首页右上角的个人头像处，可以修改个人主页，包括封面照片、个人头像、个人资料等。由于知乎是一个社区产品，也是一个知识积累平台，因此个人主页就显得尤为重要。个人主页可记录创作者的成长历程。

在“设置”选项卡下，创作者可以对账号与密码、消息与邮件、屏蔽、隐私和偏好进行具体设置（见图 4-35）。

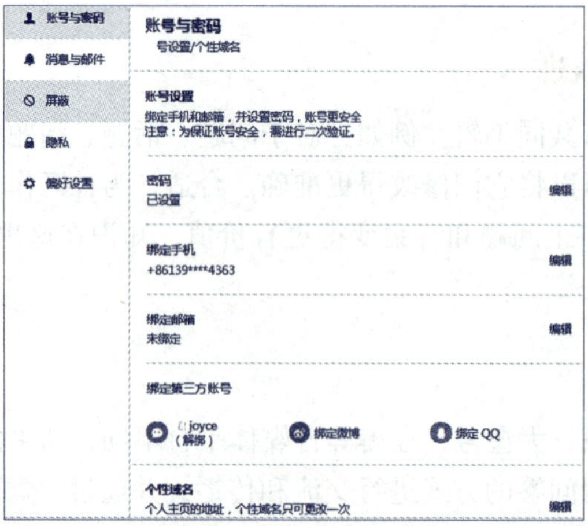

图 4－35 知乎账号设置

（三）主要功能（以知乎手机 App 为例）

知乎不断更新版本，新增了一些功能。下面介绍知乎创作面板的使用。

创作者打开知乎 App，进入知乎首页后，点击页面中的“+”按钮，可以看到提个问题、回答问题、发想法、写文章、发视频、开直播等专栏（见图 4-36）。这是知乎最基础也是最核心的功能，是内容的发源地，也是维持用户活跃度的关键。

创作者点击“回答问题”就可以在此页面上回答知乎上的问题了。创作者既可以回答知乎推荐的问题、最新的问题或者被邀请回答的问题，也可以添加自己擅长的领域，这样回答的问题就更有针对性。

创作者点击“提个问题”，在对话框中输入相关问题，并至少添加一个话题（见图 4-37），每个话题页应当显示与某个具体领域、事物或概念有较强关联的讨论。每个话题应当具有一定重要性或能产生持续的讨论。创作者可以设置文字、添加图片和视频，完成后点击“发布问题”即可，也可以选择邀请其他用户，如微信、QQ 好友回答。

创作者点击“写文章”，添加图片，输入标题，就可开始编辑正文了，对正文的格式进行修改排版后，即可发布。创作者发布文章时可绑定合适的话题，方便分类检索，文章也更容易让其他知友发现（见图 4-38）。

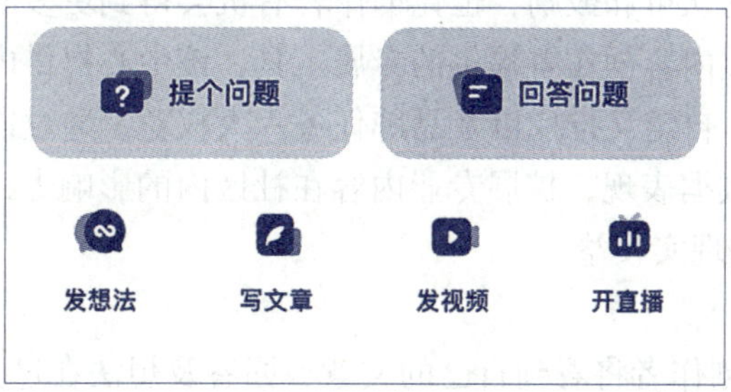

图 4－36　知乎核心功能

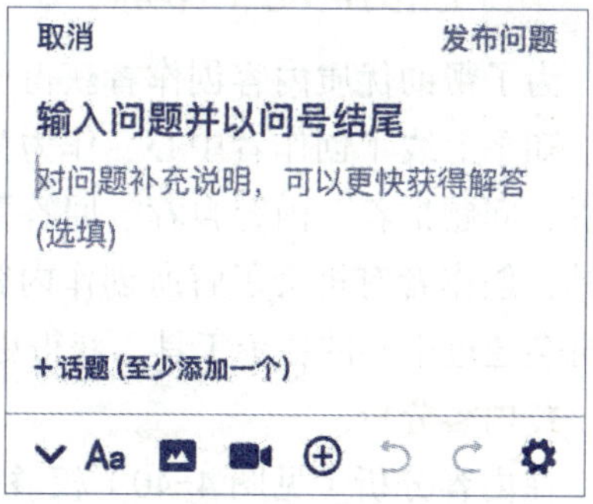

图 4－37　在知乎“发布问题”

图 4－38　在知乎“写文章”

创作者点击“发想法”可分享自己此时此刻的想法，可以添加地点、上传图片和视频（见图 4-39）。

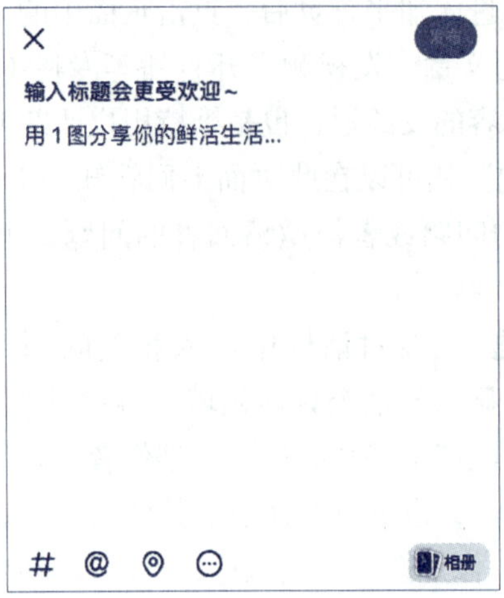

图 4－39　在知乎“发想法”

（四）创作者中心平台功能

为了帮助优质内容创作者获得更多的认可和鼓励，也让创作者有机会得到更多的收益，知乎上线了创作者中心。作为为优质内容创作者提供的专属工具，该中心提供内容分析、问题推荐、内容自荐、回答赞赏、自定义推广以及品牌任务六大权益。通过以上工具，创作者有机会了解所创作内容的数据表现，扩展专业内容在社区内的影响力，更有机会通过中心的各个工具，获得更多的现实收益。

1. 内容分析

在内容分析（见图 4-40）权益中，创作者将看到自己的文章、回答及想法在过去 7 天、14 天及 30 天中的整体数据表现。创作者也可查询单条内容的相关数据，以了解专业内容的传播效果数据，捕捉内容受众的需求和偏好。

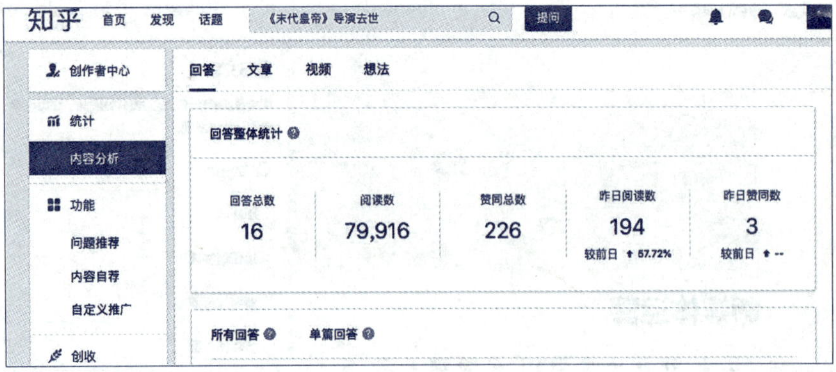

图 4－40　内容分析

2. 问题推荐

在问题推荐（见图 4-41）模块，知乎会基于算法，根据创作者所擅长的领域，以及历史回答、关注和浏览行为，为其更精准地推荐其可能感兴趣的问题，期待其能够启发更多思考和进行更多碰撞，激发更多优质内容的产生。

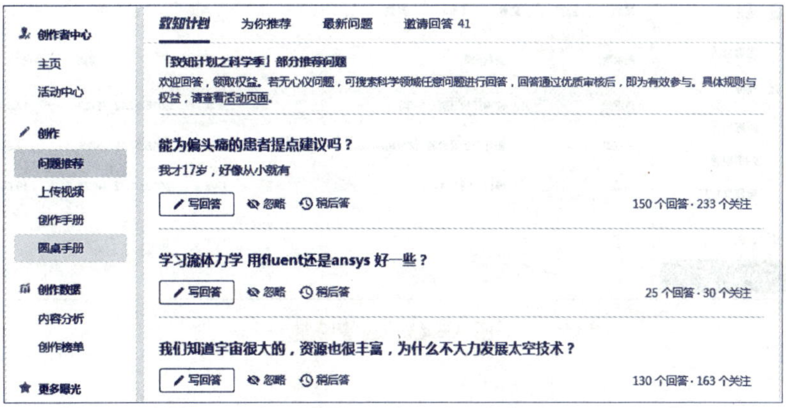

图 4－41 问题推荐

3. 内容自荐

内容自荐（见图 4-42）是指创作者可以将自己的优质内容，推荐至首页的推荐页面，这让专业的优质内容有机会得到更多曝光，也让更多知友能够看到高价值的内容。

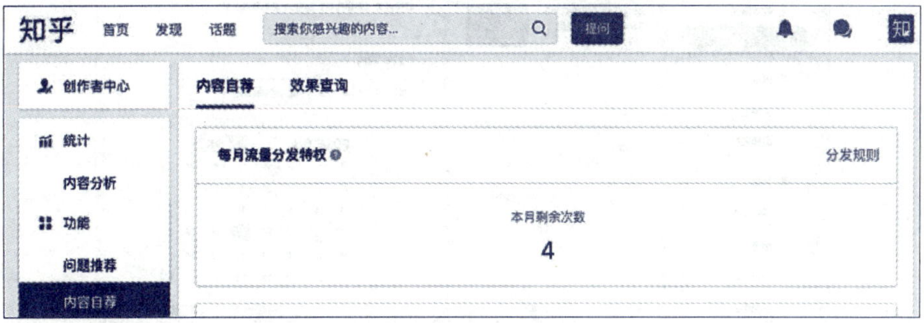

图 4－42 内容自荐

4. 回答赞赏

与专栏赞赏相同，获得回答赞赏（见图 4-43）权益的创作者可在知乎 App 端通过“设置”按钮，或在网页端勾选“开启赞赏”，打开当前回答的赞赏功能。通过回答赞赏权益获得的收入会实时地出现在回答下方的赞赏列表，并在每晚汇总并产生一条状态为审核中的交易记录。知乎会在 10 个自然日内完成审核并打款至创作者的账户。创作者可以在知乎 App 中“更多”页面的“我的余额”中查看交易与余额，也可在网页端首页右侧的“我的余额”中查看交易和提现。

5. 自定义推广

获得自定义推广（见图 4-44）权益后，创作者可通过创作者中心，选择希望推广的自己所创作的内容。该内容将以“作者推荐”的全新卡片形态，出现在移动端文章页和回答页内容的下方。该功能能够帮助创作者获得更多流量入口，让专业内容更广泛、结构化地传播。

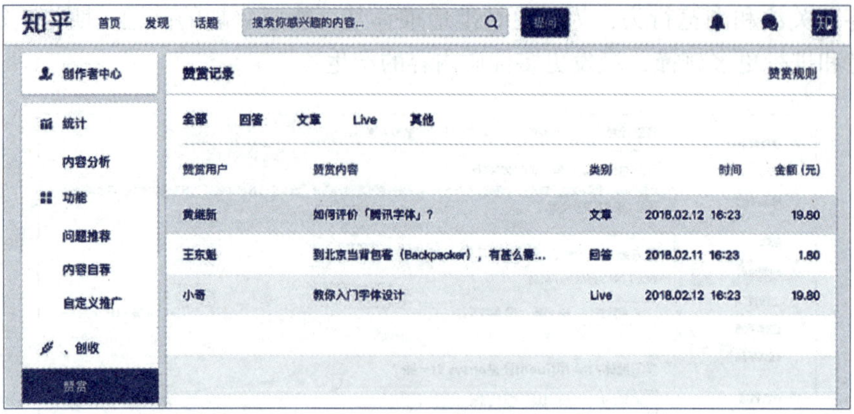

图 4-43　回答赞赏

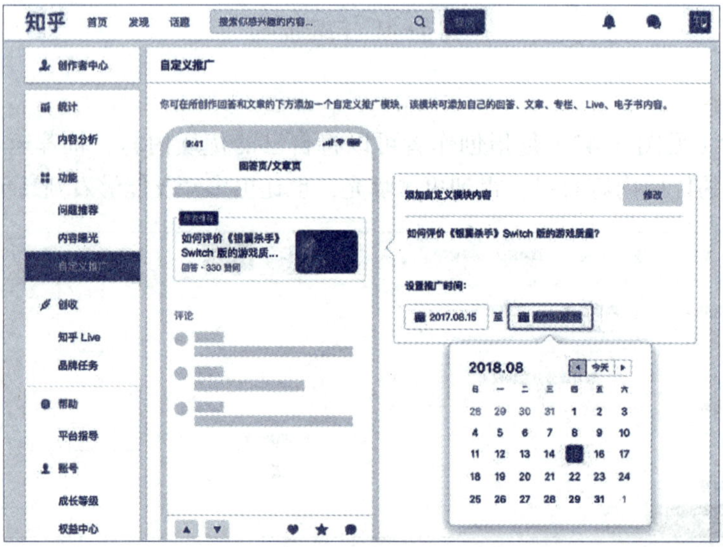

图 4-44　自定义推广

6. 品牌任务

拥有品牌任务（见图 4-45）权益的创作者，将有机会通过知乎成为优质品牌主的特约撰稿人，并获得相应的广告收入。创作者与品牌合作的内容，将以正当、合理、基于事实为基本原则。这些内容在被发布时也将带有明显的广告标识，与社区原生内容进行区隔。秉持“让广告成为有价值信息”的信念，知乎希望为优质内容创作者提供更顺畅的与品牌沟通的机会，让创作者得到更多的收益。

（五）成长等级

知乎鼓励“有深度、有价值、可沉淀”的知识、经验和见解的分享。因此，知乎根据综合内容质量、内容影响力以及创作活跃度等维度，对每位创作者进行了综合评估，得出创作者的成长等级分值。该分值每周四更新一次，不同分值区间对应不同的成长等级，最高为十级。

图 4－45　品牌任务

不同的成长等级对应不同的权益，权益逐级开放。创作者可在平台中查询现有的权益，了解更多权益的解锁方法。但是，如果创作者滥用创作者中心的权益，或累计多次违反社区管理规定，知乎将酌情收回其相应权益和创作者中心的使用权限。

课堂测试

建立一个知乎账号，然后把你学过的知识都变成回答吧！

案例分享

家居类产品知乎站内营销

1. 推广背景

临近“6·18”电商节，各大电商平台陆续开启年中促销活动，生产“某鲸扫拖一体机”的家居产品公司顺势而为，以自身品牌影响力和产品质量，在众多竞品中备受期待。

2. 营销目标

（1）树立“某鲸”在知乎站内的口碑声量，持续打造优质品牌形象；

（2）提升大众对“某鲸扫拖一体机”的认知，强化产品在智能家居、扫地机器人领域的竞争力；

（3）利用知＋推广，吸引用户下单购买，带动销量转化。

3. 推广策略

此次共邀请 6 位知乎博主为某鲸扫拖一体机进行正向品牌宣发，这些博主的粉丝数一般为 5 万～ 10 万人。共策划三个问题，通过自然流量测试，最终以“2021 年‘6·18’有哪些值得入手的家居好物？”“2021 年‘6·18’买扫地机器人有哪些建议和推荐？”这两个问题进行话题营销宣发；以“6·18”“家居好物”“扫地机器人”

等关键词为内容宣传方向，引导用户作出购买决策，树立产品价值。

4. 营销效果

在话题热榜营销中，“2021 年‘6·18’买扫地机器人有哪些建议和推荐？”6 月 4 日登上全站总热榜，累计在榜时间达 8 小时，排名第 32 位；话题总热度最高达到 67 万，且在一个月内连续登上全站热榜两次，获得极大曝光。两个话题营销获得大量优质反馈，话题总浏览量 33.4 万 +、关注量 890+、回答量 290+、总曝光量 400 万 +，并在知乎总热榜、科技热点榜连续展示 4 次，获得了极高的曝光和用户认同。

资料来源：金招网 . 营销案例：电商行业如何做好知乎营销 [EB/OL].（2021-10-13 ）[2024-04-04]. 微信公众平台 .

训练营

1. 实训目的

和你的同学们互粉起来，摆脱三零用户阶段（0 回答、0 关注、0 赞同）。你在知乎做的任何回答，今后都可以作为你的职场敲门砖。

2. 实训步骤

（1）建立知乎账号。

（2）完善知乎简介、头像等。

（3）在知乎平台提个问题、回答问题、发想法、尝试写一篇文章，并统计点赞量、评论量和转发量。

（4）开通自己的知乎创作者中心，通过努力逐步解锁各项权益。

任务五 新媒体矩阵运营

故事导入

小张是某公司的新媒体运营部总监，负责新媒体运营策略的制定及执行、内容的策划等工作。公司的新媒体部门运营的新媒体平台很多，如微信、微博、抖音等，部门人员每天要更新多个平台的内容。

课前提问

如果你是小张，你将如何发挥各个平台的最大效能？

相关知识点

新媒体矩阵运营

一、新媒体矩阵

搭建新媒体矩阵，首先要明白矩阵是什么。“矩阵”原本是一个数学术语，指一个按照长方形阵列排列的复数或实数集合。新媒体矩阵是指在多个新媒体平台上建立并运营不同的账号，以实现多渠道传播、提升品牌曝光度、增强用户互动等目标的新媒体运营策略。它是一种多平台、多账号的新媒体运营模式，是能够触达目标群体的多种新媒体渠道组合，旨在能够在不同的新媒体平台上实现全面覆盖和多维度传播。

（一）新媒体矩阵的类型

新媒体矩阵有横向矩阵和纵向矩阵两种类型。

1. 新媒体横向矩阵

新媒体横向矩阵是指企业在全媒体平台的布局，包括自有 App、网站和各类新媒体平台，如微信、微博、今日头条、一点资讯、企鹅号等，也可以称为外矩阵。知乎网友将常用的一些媒体平台整理归类，如图 4-46 所示。

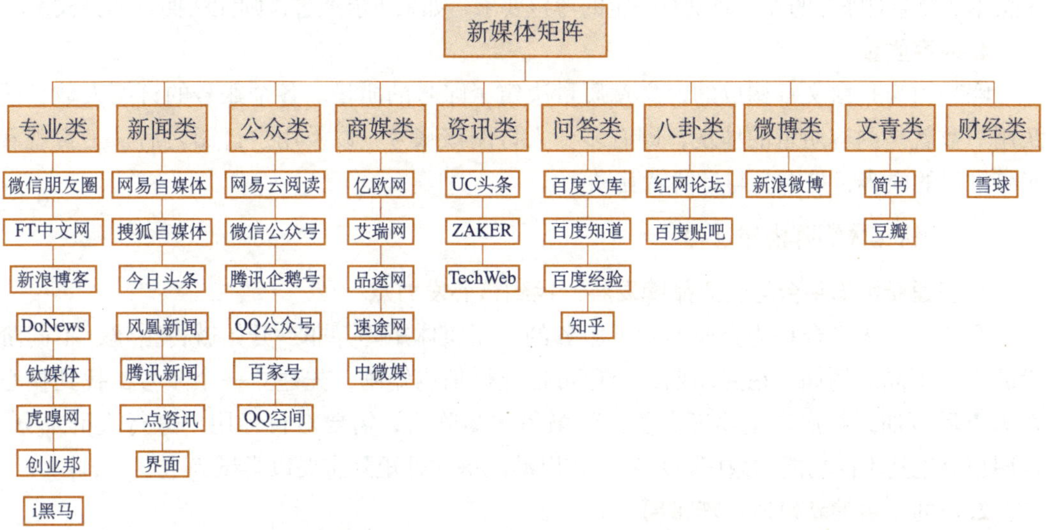

图 4－46　新媒体矩阵（不完全举例）

2. 新媒体纵向矩阵

新媒体纵向矩阵是指企业在某个媒体平台的生态布局，是其各个产品线的纵深布局，也可以称为内矩阵。这些平台一般都是大平台，如微信等。企业在微信平台可以布局公众号、服务号、社群及小程序等。表 4-3 列举了微信、今日头条和微博的部分纵向矩阵。

表 4-3　微信、今日头条和微博的部分纵向矩阵

微信	今日头条	微博
公众号	头条号	状态
服务号	抖音	新浪看点
社群	悟空问答	秒拍视频
个人号	西瓜视频	一直播
小程序	抖音火山版	爱动小视频

（二）新媒体平台优质内容的判断维度

1. 原创度

搜索引擎认定的原创是一篇文章的原创度在 70% 以上。各新媒体平台会优先推送原创度高的文章。各个平台对原创度的要求不一，需要运营者仔细区分。

2. 垂直度

不同新媒体平台的分发逻辑是不同的，不同领域的文章精准对应不同标签人群，新媒体平台会将相关内容发给对它感兴趣的人，以提升文章的点击率。因此，账号应做到小而美，内容做到聚集、有深度。

3. 活跃度

活跃度涉及各个账号每周、每月发文的数量和比例。活跃度是高质量账号的基石。有的新媒体平台会对账号的发文数量有一定的考核要求，如果不能通过，则无法拥有部分权益。

4. 内容质量

账号内容是由文章构成的，文章质量决定了账号的质量。各个账号的订阅人数、活跃用户数就是内容质量的体现，即有多少人订阅该账号，以及用户订阅之后，是否观看账号推送的内容，是否会与运营者互动。

（三）新媒体矩阵搭建过程

1. 梳理新媒体平台与企业品牌发展，找到核心发力点

企业新媒体平台是为企业的发展服务的，新媒体矩阵并非一开始就得搭建，不同阶段的重心不同。例如：在启动期，企业可搭建微信内矩阵，先建立一个账号，找到核心发力点后再加以扩展。企业确定要搭建微信内矩阵后，需要对目标用户进行人群细分，将用户分流到不同功能的微信公众号。在启动期搭建外矩阵主要以尝试为主。

2. 不同平台的新媒体矩阵布局

首先，参考各类 App 细分榜单或垂直网站名单，网罗所有的平台信息，如微博、头条等。运营者可按照一定的评分标准评估平台的用户群体和影响力，对每个平台的类型以及平台在同类平台中的排名、量级、用户活跃情况等进行细致的评分，找出平台与目标用户群的契合点。

其次，评估平台所属企业的实力，如微信是腾讯公司旗下品牌，今日头条是字节跳动公司旗下品牌。运营者应重点考察平台在企业的地位、平台在企业未来的潜力、企业目前实力及未来潜力等。如果企业实力不够，那么打造的平台产品就不能持续发展，如早期的足迹、脸萌等；运营者可通过项目及团队了解平台实力，也可通过创始人的采访报道及公司的投融资新闻作出初步判断。

最后，通过考察平台用户的纯净度、运营的自由度、粉丝的价值以及平台对运营者的扶持力度来评估运营价值。用户的纯净度是指目标用户年龄或者用户画像在该平台的用户中的占比。运营的自由度是指运营者在平台上有多大的发挥空间。粉丝的价值是指这个平台的粉丝对后续转化的作用有多大。平台对运营者的扶持力度体现在给创作者高度保护以及不从创作者所得的赞赏中抽成。

3. 合理组织新媒体矩阵运营团队

新媒体矩阵运营团队的人员配置方式包括按业务模块配置和按平台配置两种。按业务模块配置人员是指企业新媒体运营团队可以是不同业务模块的组合。新媒体工作种类通常分为四种：内容运营、活动运营、用户运营和投放运营。企业可以根据这些业务模块分别配置人员。按平台配置人员是指按照不同平台进行人员分配、搭建团队。

（四）搭建企业新媒体矩阵的作用

1. 内容形式多元化

每个平台都有独特的内容风格。例如：公众号以图文为主，微博以 140 字内的短状态加照片为主，抖音以 15 秒到 1 分钟的视频为主。企业在多个平台上建立账号，可以使内容形式多元化，吸引不同受众群体。例如：共青团中央入驻到 00 后聚集的 B 站，发布原创视频吸引这些年轻用户关注，用户可以发弹幕进行评论。

2. 分散风险

企业集中在某一平台运营，如果不幸出现“黑天鹅事件”，如被封掉，则会前功尽弃。建立矩阵也是纳西姆·尼古拉斯·塔勒布在《反脆弱》一书中提到的在遇到波动和不确定性的情况下一种可靠的解决办法。

3. 协同放大宣传效果

建立矩阵后，不同平台的产品及调性可以形成互补。例如：进行事件营销时，企业可以先在微博上造势，再在微信上进行转化，最后在今日头条等媒体网站分发品牌公关稿以达到协同放大的营销效果。用户可能在微博上看到品牌宣传，对这个品牌产生印象，后来在微信上又看到该品牌的宣传，可能就会产生消费冲动。

课堂测试

请分析有书的新媒体矩阵是如何运营的。

二、新媒体平台分发

（一）新媒体平台分发规则

在新媒体矩阵运营过程中，运营者应将内容向多个平台进行发送，其目的是提高品牌影响力，快速占领头部流量。例如：微信公众号的内容优先发布后，会在微博、头条等平台再进行分发，形成了一个账号 IP、全网多面的内容信息覆盖网络，塑造全网 IP。

从平台账号打造的角度来说，因为每个平台对原创的定位是有区别的，分发的顺序势必会造成有的平台权重高、有的平台权重低。例如：创作者将在头条号发布过的内容再发送到百家号时，百家号对内容的判断可能就不是 100% 原创了，那么势必会造成百家号给予创作者的推荐量相对就会低，这是比较轻的情况，比较严重的情况是百家号官方就会判断这是伪原创或者搬运。

优秀的内容本身就是吸引用户注意力的重要手段。每个平台都有自己的发文规定，只要是原创文章，是可以在各大平台发布的，但是如果与平台签约，则要以签约合同为准。如头条号的“千人万元计划”，就要求签约的创作者的原创文章须先在头条号发表，3 个小时后才能发表到其他平台。各平台对于流量的分发通道决定了其市场占有率和用户渠道。例如：今日头条通过今日头条 App、今日头条 PC 端，百家号通过百度搜索等，大鱼号通过 UC 浏览器，企鹅号通过 QQ 浏览器等进行内容推送，而这些不同的信息媒介在互联网中用户的占比是不同的，谁都渴望信息流第一时间让用户看到，所以这就涉及一个问题：平台信息推送的时间成了抢夺用户的关键因素之一。

运营者需要在了解各平台资源及发文要求，分析企业用户分布及需求的基础上做出选择（见表 4-4），抓住 1 ～ 2 个重点核心平台，其他平台不做重点考虑。例如：运营者主要运营微信公众号，那么首发必然是微信公众号，然后将内容发送至一些中小型自媒体平台，如搜狗号、趣头条等。这样做的目的不是获取大面积流量，而是形成矩阵，让原创内容得到保护。

表 4－4 新媒体平台资源分析

分类	项目	一点号	头条号	大鱼号	企鹅媒体平台	微信公众平台	网易号
收益	赞赏	有	有	有	有	无	无
	特别收益计划	点金计划	千人万元计划	大鱼计划	芒种计划	无	自媒体亿元奖励计划合伙人 2.0
	CPM 广告	无	头条广告	广告收益	流量主	流量主	广告收益
	民间邀约资金	有	无	无	无	无	无
	榜单 & 颁奖奖金	1. 分享榜 2. 赞赏榜 3. 图集榜 4. 深度报道榜	1. 金字节 2. 金秒奖	无	无	无	无
资源	免费图片	视觉中国	东方 IC	无	无	无	无
	免费 GIF 图	SOOGIF 动图	无	无	无	SOOGIF 动图	无
	免费音频	虾米音乐	无	无	无	QQ 音乐	无
	插入商品链接	待启动	有	有	无	无	无

（二）新媒体平台分发工具

1. 乐观号

乐观号是一个新推出的自媒体约稿平台，自媒体创作者可以通过它投稿赚钱。乐观号的功能十分齐全，不仅包含原创检测，而且有热点追踪、智能排版和爆文搜索等功能。最重要的是一键分发功能，创作者可以同时登录多个平台账户，操作非常方便。

2. 简媒

简媒支持头条号、百家号、企鹅号、大鱼号等多个自媒体平台，基本上主流平台都被纳入其中。简媒拥有智能标签系统，用户可以通过标签来筛选账号。创作者通过简媒不仅可以一键发文，还可以在后台统计多个平台文章的数据，真正实现了通过一个平台管理多个自媒体账号的功能。

3. 微小宝

微小宝是一个多平台运营助手，既可以管理公众平台的版本，也可以对自媒体平台和微信公众号平台进行分开管理。运营者通过微小宝可以批量管理百家号、大鱼号、公众号、头条号、企鹅号、一点号、搜狐号、网易号等多个自媒体平台。

三、新媒体私域项目运营

（一）运营流程

新媒体私域项目运营需综合考虑内容策划、用户增长、用户留存和变现等方面，整体的运营流程包括以下几个方面。

（1）目标设定：确定私域项目的长期和短期目标，如粉丝数量、用户活跃度、收入目标等。

（2）受众定位：确定目标受众群体，了解他们的兴趣、需求和行为，以便有针对性地提供内容。

（3）内容策划：制订内容发布计划，包括主题、频次、形式（文章、视频、图片等）和发布平台；优化内容，确保内容有价值、有吸引力，满足受众需求。

（4）用户增长：通过多种方式增加用户关注，如社交媒体宣传、合作推广、线下活动等；设置引导关注的措施，如免费赠品、特别活动等。

（5）用户留存：提供持续的、有价值的内容，吸引用户持续关注和参与；设置互动环节，增加用户黏性，如投票、问答、互动游戏等。

（6）用户运营：了解用户需求，通过调查问卷、用户反馈等方式进行用户运营和服务优化；定期与用户互动，回复评论、私信等，增加用户黏性。

（7）变现策略：制订变现计划，选择合适的变现方式，如广告、赞助、付费会员、电商推广等；保持变现与用户体验的平衡，避免过度商业化而影响用户黏性。

（8）数据分析：定期对运营数据进行分析，了解用户行为、阅读习惯等，优化运营策略；通过数据分析发现用户痛点，改进内容和服务。

（9）运营推广：通过社交媒体、口碑传播、合作推广等方式扩大项目影响力；不断进行推广创新，增加项目曝光度。

（10）持续优化：定期评估项目运营效果，发现问题并进行优化改进；根据用户反馈和市场变化不断调整运营策略。

（二）案例分析

某公司为食品类电商企业，主要销售各种传统月饼产品，有线上线下销售渠道及店铺。临近中秋，公司以“美味中秋，一口传统月饼暖心的味道”为主题开展新媒体项目推广活动。具体实施过程为：

第一阶段：活动策划和准备

目标设定：增加传统月饼的销售量，吸引更多用户参与月饼品尝活动。

活动时间：中秋节前 1 周至中秋节当天。

资源准备：确定公众号、微博、知乎、头条等线上平台资源，筹备实体店铺和社区合作资源。

第二阶段：内容策划和准备

内容主题：介绍中秋节传统月饼的不同品种、历史背景和制作工艺，以及与中秋节相关的传统文化。

内容发布计划：每周发布 2 篇月饼品尝推荐文章，包括图片展示和品尝心得分享。

第三阶段：线上运营

公众号推送：每周定期推送中秋节传统月饼品尝推荐，鼓励用户在文章下留言和分享自己的月饼品尝心得。

微博、知乎、头条等平台：发布月饼品尝推荐内容，鼓励用户转发和参与投票互动。

第四阶段：线下推广

实体店铺促销：在实体店铺提供免费品尝传统月饼活动，吸引顾客前来试吃和购买。

社区推广：参与社区中秋节庆活动，提供赞助或赠品，增加品牌曝光和用户互动。

第五阶段：用户互动和奖励

品尝投票：在公众号或其他平台开展月饼品尝投票活动，让用户投票选择最喜爱的月饼品种，并赠送优惠券奖励。

品尝分享活动：鼓励用户在社交媒体分享月饼品尝照片和心得，参与抽奖活动，增加品牌曝光和用户互动。

第六阶段：数据分析与优化

定期分析销售数据、用户行为和互动情况，评估活动效果和用户反馈。

根据数据分析结果，优化推广策略和内容形式，调整促销活动和优惠力度，提高用户参与度和购买转化率。

各种线上线下推广活动，包括品尝传统月饼、参与投票和分享活动等，不仅提高了用户参与度和互动性，还可以让用户更加深入地了解中秋节传统文化，增加用户对品牌的好感度和忠诚度。公司定期进行数据分析和优化，取得了良好的推广效果和销售成果。

〖直通职场〗全媒体运营师国家职业技能标准

全媒体运营师是指综合利用各种媒介技术和渠道，采用数据分析、创意策划等方式，从事对信息进行加工、匹配、分发、传播、反馈等工作的人员。全媒体运营师的工作内容涵盖了运用网络信息技术和相关工具进行数据化分析，指导媒体运营和信息传播的匹配性与精准性；负责对文字、声音、影像、动画、网页等信息内容进行策划和加工；将信息载体向目标受众进行精准分发、传播和营销；采集相关数据，根据实时数据分析、监控情况，精准调整媒体分发的渠道、策略和动作；建立全媒体传播矩阵，构建多维度、立体化的信息出入口，对各端口进行协同运营。

全媒体运营师国家职业技能标准

思考：你是否需要获得该项职业技能证书？请搜索并获取更多相关信息。

〖素养园地〗

在新媒体平台运营中，团队合作精神至关重要。个人需融入团队，团队成员应积极沟通，共享资源，共同面对挑战。在精益求精的道路上，个人应主动学习，紧跟行业动态，提升专业技能，为团队注入活力。

同时，个人应勇于承担责任，细致入微地处理每项任务，确保内容质量达到要求。面对反馈，个人应保持开放的心态，及时调整策略，与团队成员携手提升运营效果，优化用户体验。

在团队合作中，个人不仅要追求个人卓越，更要助力团队整体提升，团队成员共同推动新媒体平台向更高目标迈进。通过不懈努力，实现个人与团队的共同成长与成功。

项目实训

新媒体运营效果数据分析报告

一、实训背景

随着新媒体的迅猛发展，越来越多的企业开始重视新媒体运营，并将其作为品牌宣传和市场营销的重要手段。然而，仅仅进行新媒体运营并不足够，需要对运营效果进行科学的数据分析，以进一步优化运营策略和提升效果。本实训项目旨在通过对新媒体运营数据的分析，为实训者提供有效的数据支持，帮助他们评估运营效果，发现问题，并提出改进方案。

二、实训任务

选择具体运营项目，每3～4人组成一个团队，从前期运营的平台账号中挑出一个最有潜力的项目，或者从周边企业中搜集新媒体运营需求，搭建新媒体运营矩阵，至少跨两个平台，进行深度运营，由企业或团队提出用户数、软文、活动等具体目标，通过对新媒体运营数据的分析，全面评估运营效果，发现问题，并提出可行的改进方案，以提升品牌曝光度、用户互动率及转化率。

三、实训步骤

1. 数据整理与收集

收集并整理新媒体运营过程中产生的各项数据，包括访问量、阅读量、转发量、留言量、互动率等指标。

2. 数据分析方法选择

根据目标和数据特点，选择适合的数据分析方法，如趋势分析、用户行为分析、关键指标分析等。

3. 数据分析与运营效果评估

运用选定的数据分析方法，对数据进行深入分析，评估运营活动在品牌曝光度、用户互动率及转化率方面的表现。

4. 问题发现与改进方案提出

通过数据分析结果，发现存在的问题，如用户流失率高、用户互动率低等，并提出相应的改进方案以优化运营策略。

5. 报告撰写与汇报

将数据分析结果和改进方案整理成综合报告，包括问题与原因分析、改进方案建议等，并进行口头汇报。

四、课堂路演

实训结束后，小组成员形成实训总结报告，小组之间互相点评，行业导师、教师共同点评。

项目评价

职业素养、自我认知与评价表

班级：　　　　　　　　　　　　　姓名：　　　　　　　　　　　　学号：

<table>
<tr><th colspan="6">项目四　新媒体平台运营</th></tr>
<tr><th colspan="2">评价项目</th><th colspan="2">评价标准</th><th>分值</th><th>得分</th></tr>
<tr><td colspan="2">考勤（10%）</td><td colspan="2">不无故迟到、早退、旷课</td><td>10</td><td></td></tr>
<tr><td rowspan="2">工作准备（20%）</td><td>了解政策背景</td><td colspan="2">能够熟悉新媒体矩阵的知识</td><td>10</td><td></td></tr>
<tr><td>准备相关材料</td><td colspan="2">能够准备好课程学习所需的材料</td><td>10</td><td></td></tr>
<tr><td rowspan="3">工作过程（45%）</td><td>定位策划</td><td colspan="2">能够制定头条号、微博、知乎、百家号等定位策略</td><td>10</td><td></td></tr>
<tr><td>入门技能</td><td colspan="2">能够正确地发布头条号、微博、知乎、百家号文案</td><td>10</td><td></td></tr>
<tr><td>自学扩展</td><td colspan="2">初步运营头条号、微博、知乎、百家号，至少 10 名粉丝</td><td>25</td><td></td></tr>
<tr><td rowspan="3">职业素养（25%）</td><td>创新意识</td><td colspan="2">具备较好的分析、洞察、创造、解决问题的能力</td><td>10</td><td></td></tr>
<tr><td>团队合作</td><td colspan="2">具备团队合作精神，小组能够协调分工完成任务</td><td>10</td><td></td></tr>
<tr><td>职业道德</td><td colspan="2">培养正确的职业道德，具备正确的价值观，懂得担当责任，回馈社会</td><td>5</td><td></td></tr>
<tr><td colspan="4">合计</td><td>100</td><td></td></tr>
<tr><td rowspan="2">综合评价</td><td>自评（20%）</td><td>小组互评（30%）</td><td>教师评价（50%）</td><td colspan="2">综合得分</td></tr>
<tr><td></td><td></td><td></td><td colspan="2"></td></tr>
<tr><td>最佳奖项</td><td colspan="5">本人 / 小组获得最佳　　　　　奖！</td></tr>
</table>

参考文献

[1] 郭晓斌，袁欣．新媒体运营（慕课版）[M]．北京：人民邮电出版社，2022.

[2] 刘亚男，胡令．新媒体营销：营销方法＋平台工具＋数据分析 [M]．北京：人民邮电出版社，2021.

[3] 林海．新媒体营销 [M].2 版．北京：高等教育出版社，2021.

[4] 陈庆，黄黎，徐艺芳，等．移动商务文案写作 [M]．2 版．北京：人民邮电出版社，2023.

[5] 李东进．新媒体营销与运营 [M]．北京：人民邮电出版社，2022.

[6] 张亮．从零开始做运营 [M]．北京：中信出版社，2015.

[7] 林华安，张盈，陆焰，等．新媒体平台运营实战：从入门到精通 [M]．北京：人民邮电出版社，2019.

[8] 杜鹏，佟玲．新媒体营销（微课版）[M]．北京：人民邮电出版社，2021.

[9] 赵海建．抖音电商：教你如何从建号、引流到带货 [M]．北京：化学工业出版社，2020.

[10] 黑马程序员．数据分析思维与可视化 [M]．北京：清华大学出版社，2019.

[11] 勾俊伟，刘勇．新媒体营销概论 [M]．2 版．北京：人民邮电出版社，2019.

[12] 关健明．爆款文案：把文案变成“印钞机”[M]．北京：北京联合出版公司，2017.